U0083322

古代歷史文化研究輯刊

九 編

王明蓀 主編

第13冊

宋代綱運研究

韓桂華 著

國家圖書館出版品預行編目資料

宋代綱運研究／韓桂華 著 — 初版 — 新北市：花木蘭文化出
版社，2013〔民 102〕
目 2+226 面；19×26 公分
（古代歷史文化研究輯刊 九編；第 13 冊）
ISBN：978-986-322-195-1（精裝）
1. 漕運　2. 宋代
618　　　　　　　　　　　　　　　　102002675

ISBN-978-986-322-195-1

9 789863 221951

古代歷史文化研究輯刊
九　編　第十三冊　　　　　　ISBN：978-986-322-195-1

宋代綱運研究

作　　者	韓桂華	
主　　編	王明蓀	
總 編 輯	杜潔祥	
出　　版	花木蘭文化出版社	
發 行 所	花木蘭文化出版社	
發 行 人	高小娟	
聯絡地址	235 新北市中和區中安街七二號十三樓	
	電話：02-2923-1455／傳眞：02-2923-1452	
網　　址	http://www.huamulan.tw 信箱 sut81518@gmail.com	
印　　刷	普羅文化出版廣告事業	
初　　版	2013 年 3 月	
定　　價	九編 27 冊（精裝）新台幣 45,000 元	

宋代綱運研究

韓桂華　著

作者簡介

韓桂華，祖籍江蘇宿遷，1957年生於台北。中國文化大學史學系、所畢業。研究所求學時，有幸得親炙名師，受錢穆、黎東方、楊家駱、蔣復璁、梁家彬、宋晞、程光裕……等先生薰陶，傳道授業之外，渠等身教言教所展現的風範，更是一生受用無窮。其間，並追隨朱重聖、宋晞教授研讀宋史，敦聘為碩士、博士論文指導教授，完成論文。曾任職於古美術品公司，於文物研究略有涉獵。目前任教於中國文化大學史學系，講授史學導論、宋史、中國手工業文明史等課程。

提 要

綱運之名，初見於唐，其時為漕運改革下之創新方法，即運用「綱」法，將漕運物資與人船組織行運，甚為合理而有效。宋代綱運，承唐而來，然而在「集權中央，強幹弱枝」基本國策下，政權、軍權、財權收歸中央，為應需要，全國各地每年將各類物資，如米糧、錢帛、香藥、馬匹、軍須……等，輸送上京。影響所及，綱運已有與漕運等義趨勢，甚且泛指一切官屬物資之大宗運輸。此種超越前代之發展，正顯示綱運之於宋代，有其時代意義與重要性。基於此一旨趣，本文乃廣蒐史料，參考當代學者相關著作，運用歸納、綜合、分析、比較等史學方法，並輔之以圖表，就「宋代綱運研究」為題探討之。全文凡分六章：

第一章「緒論」：旨在說明唐代以前漕運發展概況。以時代為經，行漕史事為緯，就上古至隋，各時代漕運大事，擇要述之，以明其脈絡淵源。

第二章「綱運由來與涵義」：分二節，第一節「唐代『綱運』」，將唐代漕運分為起始、興盛、衰落三時期，藉以了解綱運創立之時代背景及發展環境；再就「劉晏創立綱運」，詳述其改革漕運經過及綱運由是創立等要點。第二節「宋代綱運涵義」，先述中唐至五代十國，綱運涵義已有變化；再就兩宋時期綱運涵義，指出基於政軍情勢、財政需要，及南盛北衰經濟發展等因素主導下，漕運空前發達，於是綱運之法廣為採用，其涵義亦因而有狹義與廣義二者。

第三章「綱運類別與名稱」：分二節，第一節「物資類別」，分為稅物、貢品、收購物三大項，內中就各類物資詳細臚列、統計、分析，充分彰顯宋代綱運物資龐雜之特色。第二節「綱運名稱」，先指出綱運名稱，有依物資種類、品質、起解或交納地點，及運輸方式等原則而定；再論分綱準則，有依船隻數目、物資計量、綱運人數，及其他等標準而分。

第四章「運輸路線與方法」：分二節，第一節「運輸路線」，分就全國綱運中樞－北宋開封、南宋臨安，黃河流域、江淮、閩廣、四川等地區，及海道綱運等路線詳述之。第二節「運輸方法」，有轉般與直達二法，先述轉般法有設立轉般倉、分段轉輸與回綱運鹽及糴米代發等要點；再論轉般破壞，直達推行之經過。

第五章「綱運組織與管理辦法」：分二節，第一節「綱運組織」，可分為上層管理機構，職司統籌、規劃、管理綱運運作大計，包括中央之三司、戶部與其他相關權責機構，及地方之發運司、轉運司、總領所及其他相關權責機構；中層監督單位，職司監督、催促綱運，包括催綱、提轄、巡檢等官司；下層搬運單位，負責執行實際搬運工作，包括押綱官吏以及篙工、水手、火手、裝卸、牽輓、拉拽等勞力人夫。第二節「管理辦法」，先述綱運裝發、運程及收納之制；再述依各種標準所訂立之賞罰辦法，以收酬獎懲勸之效。

第六章「結論」：總結前述各章論述要點，並指出宋代綱運非僅為交通運輸不可缺少之環節，更為攸關國計民生及國家興衰之關鍵。

目次

第一章　緒　論

綱運之名，始見於唐。其初，乃爲漕運改革下一創新運法。及至宋代，綱運已有與漕運等義趨勢，〔註1〕且進而泛指一切官屬物資運輸。此種超越前代之發展，正顯示出綱運之於宋代，有其時代意義與重要性。然則睽諸相關史料與近人論著，卻少有獨立條示或專章研究此一課題者。〔註2〕有鑑於此，乃不揣固陋，勾稽史料，試以「宋代綱運研究」爲題，就其由來與涵義、類別與名稱、運輸路線與方法，及其管理組織等方面，分章探討之，以期藉此明瞭宋代綱運全般面貌。

宋代綱運既沿唐代漕法而來，本章擬先就唐代以前漕運概況，以時代爲經，行漕路線與史實爲緯，擇要述之，俾能明其發展脈絡及淵源。

何謂漕運？蓋漕者，水轉穀也。〔註3〕漕運本義，即由水道運輸米穀。〔註4〕其後因需求日增，米穀之外，亦有運其他物資者；且水道之外，亦有陸

〔註1〕 參見脫脫，《宋史》（點校本，臺北：鼎文書局，民國72年11月三版），卷一七五，〈食貨〉上三，「漕運」條。徐松輯，《宋會要輯稿》（以下簡稱《宋會要》，臺北：新文豐出版公司，民國65年10月初版），〈食貨〉四二～四五，「漕運二、三、四、五、六」。又，本書第二章「綱運由來與涵義」中將詳加探討此一問題。

〔註2〕 按，檢視相關史料，唯《宋會要》，〈食貨〉四五，〈漕運〉五、六，以「綱運令格」及「綱運設官」爲條目。另近人論著，僅有王瑞明，〈宋代綱運與階級矛盾〉（《歷史研究》，1980年第十期），頁81～89，文中對宋代綱運機構、種類有所論述，但以五分之三篇幅就宋代綱運弊端，闡述統治者與被統治者間之階級對立與矛盾，實有偏重政論之瑕。

〔註3〕 按，《史記索引》於〈平準書〉中注云：「說文云：『漕，水轉穀也。』」一云車運曰轉，水運曰漕也。參見司馬遷，《史記》（點校本，臺北：鼎文書局，民國75年10月三版），卷三〇，〈平準書〉第八，頁1422。

〔註4〕 按，水道運輸較陸道經濟省力。參見史念海，《中國的運河》（西安：陝西人

—1—

路轉輸者。

　　自來漕運率以通京師為目的，〔註5〕即所謂「國都之漕」。〔註6〕三代以前，漕運之法不備。〔註7〕三代之世，據王應麟考證《禹貢》「州末繫河，先儒以為運道」，〔註8〕「至於青達濟，揚達泗，荊止於南河，雍止於西河」，〔註9〕以為正是唐裴耀卿之節級轉輸法。不過，呂祖謙則持保留態度，以為「所載者不過是朝廷之路，所輸者不過幣帛九貢之法。」〔註10〕

　　所謂幣帛九貢之法，杜佑《通典》有云：

　　禹定九州，量遠近，制五服，任土作貢。……百里賦納總（禾藁曰總，供飼馬），二百里納銍（銍刈謂禾穗），三百里納秸服（秸，藁也；服，藁役）四百里粟，五百里米。〔註11〕

其中，又依物之輕重精粗，分為近賦、遠賦。〔註12〕至若數千里漕運，其費百倍，則未聞也。

　　此誠如《通典》引孫武曰：

　　夫帝王處四海之內，居五千里之中，焉能盡專其利，是以分建諸侯，以其利而利之。使食其土毛之實，役其民氓之故，賦稅無轉徙之勞，徭役無怨曠之歎。〔註13〕

民出版社，1988年4月第一版），第一章〈遠古時期自然水道的利用〉，「水道交通的便利」，頁1～2；及第二章〈先秦時期運河的開鑿及其影響〉，「運河的萌芽」，頁11～12。

〔註5〕 參見王恢，《中國歷史地理》上冊（臺北：學生書局，民國65年4月初版），第三編〈運河〉，緒言，頁277。

〔註6〕 章如愚，《群書考索》（明正德戊辰年刻本，臺北：新興書局，民國58年9月出版），續集卷四六，頁10上～下。

〔註7〕 馬端臨，《文獻通考》（以下簡稱《通考》，武英殿本，臺北：新興書局，民國52年10月出版），卷二五，〈國用考〉三，漕運，引呂祖謙云：「古者，天子中千里而為都，公侯中百里而為都。天子之都漕運東西南北所貢入者，不過五百里。諸侯之都，漕運所貢入者，不過五十里。」（頁247～248）。

〔註8〕 王應麟，《玉海》（合璧本，臺北：大化書局，民國66年12月出版），卷一八二，〈食貨〉，「漕運」條，頁1。

〔註9〕 同上。另，據史念海考證，《禹貢》乃戰國時人著，所言貢道，乃著者理想之全國水道交通網。見史念海，前引書，第一章，頁7～10。

〔註10〕 同註7。

〔註11〕 杜佑，《通典》（武英殿浙刻本，臺北：臺灣商務印書館，民國76年12月臺一版），卷四，〈食貨〉四，賦稅上，頁25中。

〔註12〕 同前書，卷一〇，〈食貨〉十，漕運，頁55上：「物重而粗者為近賦，物輕而精者為遠賦。」

〔註13〕 同前書，卷四，〈食貨〉四，賦稅上，頁26下。

天子、諸侯各有王畿、封土，衣食租稅，自足以供，而「無轉徙之勞」。是故三代之世，漕運之法仍未足論。

　　春秋戰國，是中古以前一大劇烈變動時代。其時王綱解紐，諸侯爭霸，各國國君致力政治、經濟、軍事改革，以圖富國強兵，稱霸中原，於是漕運始稍講論。雖然，此時所講漕運，〔註14〕皆是「出征轉輸」、「行運之漕」，〔註15〕所謂國都之漕，尚未討論。然而在此爭事攻戰、軍事頻仍之時，吳之邗溝與魏之鴻溝開鑿，卻對後世漕運有深遠影響。〔註16〕前者爲第一條溝通江淮間人工運河；後者則將當時黃河與淮河支流丹、睢、濊、沙、潁諸水連通，〔註17〕使豫、魯、蘇、皖間之淮河流域運道爲之溝通。〔註18〕

　　至秦併六國，一統天下，廢封建行郡縣，全國性大規模遠距離漕運於焉肇始。〔註19〕秦居關中，四塞之地，形勢險固，〔註20〕首都咸陽，人文薈萃，兵食仰給，所需甚殷。據研究，其時全國主要糧產區有四：一在山東臨淄附近，二於濟、泗之間，三是鴻溝流域，四爲江淮下游。〔註21〕皆在徵發之列。此外，始皇在世，北征匈奴，南服百越，兵馬倥傯，糧餉孔亟。據《通典》云：

　　　　秦欲攻匈奴，運糧，使天下飛芻輓粟，起於黃、腄、琅琊負海之郡，

　　　　轉輸北河，率三十鍾而致一石。〔註22〕

可知遠在今日山東半島近海之黃（山東黃縣）、腄（山東文登）、琅琊（山東膠南）等地，亦不惜耗費，（按：一鍾爲六斛四斗）陸路轉輸運糧。南方則鑿

〔註14〕同註8，頁1～2。

〔註15〕同註7。另，史念海亦以爲，春秋之世，對於水道的大規模利用並不多。見史念海，前引書，第一章，頁4～7。

〔註16〕有關邗溝與鴻溝之開鑿，近人已多有論述，請參見史念海，前引書，第二章，頁22～28、38～53。武漢水利電力學院，中國水利史稿編寫組，《中國水利史稿》上冊（北京：水利電力出版社，1979年8月第一版），第二章第三節，頁91～95。

〔註17〕同上。

〔註18〕《史記》，卷二九，〈河渠書〉第七：「滎陽下引河東南爲鴻溝，以通宋、鄭、陳、蔡、曹、衛，與濟、汝、淮、泗會。」頁1407。

〔註19〕林駉，《古今源流至論》（明末翻刻元圖沙書院本，臺北：新興書局，民國59年2月新一版），續集卷三，「漕運」條有云：「秦爲漕運之倡乎！」

〔註20〕顧祖禹，《讀史方輿紀要》（聚珍版，臺北：樂天出版社，民國62年10月初版），卷一，頁33。

〔註21〕史念海，前引書，第三章，頁67～68。

〔註22〕《通典》，卷一〇，〈食貨〉十，漕運，頁55。

靈渠（湘、灘之間），以通漕運。〔註23〕

　　漢初，行黃老，與民休養生息，「漕轉山東粟以給中都官，歲不過數十萬石。」〔註24〕及至武帝，一改綏靖，專事撻伐，朝鮮、匈奴、東甌、南越、西南夷，連年征戰，〔註25〕繕道餽糧，遠者三千，近者千餘里。〔註26〕於是山東（崤山以東）赴京之漕糧，竟歲達六百萬石之多。〔註27〕如此高額量之運輸，必有通暢便捷之渠道相配合。其時主要渠道，河渭之外，鄭當時曾鑿漕渠引渭水，自長安經華陰入黃河。〔註28〕經由此漕渠，則關東漕粟，比原先循渭而上，可節省一半運程。〔註29〕

　　東漢建都洛陽，地處河、洛之間，於是光武帝建武二十五年（西元48），重開陽渠，「引洛水為漕」，〔註30〕由洛入河，從而溝通洛陽與中原之水運交通。此外，明帝永平十三年（70），汴渠開成，〔註31〕則為東漢漕運史上之大事。按自戰國以來，鴻溝即為河、淮間重要連通水道；其後，漸為汴渠取代。汴渠又稱汳水，為濟水東南入泗之支流，與鴻溝同水門受黃河水。西漢末，黃河數次決溢，王莽始建國三年（11），黃河大改道，「河汴決壞」，「汴渠東侵，日月彌廣，而水門故處，皆在河中。」〔註32〕不僅百姓怨歎，且洛陽與淮河之水路亦淤塞不通。於是乃有永平十三年之汴渠修成，河汴分流。此下，並成為東漢以後河淮間漕運要道。

　　三國、兩晉、南北朝是吾國史上又一大動盪時代，政權更迭，倏興倏滅，時而分立，時而統一，漢人以外，胡族長期掌握北方政權。此時期漕運多配合運事需求而行。徵諸文獻，如三國時蜀漢諸葛亮，以木牛流馬，運糧出祁

〔註23〕王恢，前引書，第二編第一章第四節，頁289～290。

〔註24〕《史記》，卷三〇，〈平準書〉第八，頁1418。

〔註25〕同上，頁1420～1422。

〔註26〕班固，《漢書》（點校本，臺北：鼎文書局，民國75年10月三版），卷二四下，〈食貨志〉第四下，頁1173。

〔註27〕同註24，頁1441。

〔註28〕同註26，頁1161。《史記》，卷二九，〈河渠書〉第七，頁1409-1410。據史念海考證：漕渠入河，而非入渭。參見史念海，前引書，第三章，頁75～82。

〔註29〕《史記》，卷二九，〈河渠書〉第七：「異時關東漕粟，從渭而上，度六月而罷。……引渭穿渠……，度可令三月罷。」頁1409。

〔註30〕范曄，《後漢書》（點校本，臺北：鼎文書局，民國75年10月三版），卷三五，〈張純列傳〉，頁1195。

〔註31〕同前書，卷二，〈顯宗孝明帝紀〉第二，頁116。

〔註32〕《後漢書》，卷七六，〈循吏列傳〉第六六，王景，頁2464～2465。

山（甘肅西和縣西北）、斜谷（陝西武功西南）。〔註 33〕曹魏齊王正始二年（241），鄧艾建議開廣漕渠，既可大積軍糧，又通運漕之道。於是「每東南有事，大興軍眾，泛舟而下，達於江淮，資食有儲。」〔註 34〕

東晉成帝咸和六年（331），以海賊寇抄，「運漕不繼，發王公以下千餘丁，各運米六斛。」〔註 35〕穆帝升平三年（359），以「比年出軍，糧運不繼，王公以下十三戶借一人，一年助運。」〔註 36〕哀帝隆和元年（362），「西中郎將袁眞進次汝南，運米五萬斛，以饋洛陽。」〔註 37〕

北魏自經略江淮，於是「轉運中州以實邊鎮。」〔註 38〕其時有司請於水次，隨便置倉，乃有小平、石門、白馬津、漳淮、黑水、濟州、陳郡、大梁等八處邸閣之設置（按：儲備糧粟之所），「每軍國有須，應機漕引，自此費役微省。」〔註 39〕孝文帝太和七年（483），薄骨律（寧夏靈武西南）鎮將刁雍請造船二百艘，一運二十萬斛，方舟順流，五日而至沃野鎮（今內蒙古臨河縣），輕於車運十倍。〔註 40〕

至若此時期運道興建，雖云是軍事目的大於漕運作用，但溝通江、淮、河、海四大水系之運河網已大致初步形成。如三國時曹操之開白溝、利漕渠、平虜渠、泉州渠，晉之修改邗溝，南朝整修泗水，北魏都洛陽後之修浚汴渠等，〔註 41〕均有相當貢獻。

至隋，天下復歸統一。然而歷經前此近四百年之紛亂，人口結構、經濟發展均有變化。永嘉亂後，人口大量南移，造成南方經濟繁榮。而此時政治中心仍在長安，如何將關東與江南物資輸往關中，供應京師所需，即成當務之急。

〔註 33〕陳壽，《三國志》（點校本，臺北：鼎文書局，民國 75 年 10 月三版），卷三五，〈蜀書‧諸葛亮傳〉第五，頁 925。

〔註 34〕《三國志》，卷二八，〈魏書‧鄧艾傳〉，頁 775～776。

〔註 35〕房玄齡等，《晉書》（點校本，臺北：鼎文書局，民國 75 年 10 月三版），卷七，〈成帝紀〉，頁 176。

〔註 36〕同前書，卷八，〈穆帝紀〉，頁 203。

〔註 37〕同前書，卷八，〈哀帝紀〉，頁 207。

〔註 38〕《通典》，卷一〇，〈食貨〉十，漕運，頁 55 下。

〔註 39〕同上。

〔註 40〕魏收，《魏書》（點校本，臺北：鼎文書局，民國 75 年 10 月三版），卷三八，〈刁雍列傳〉，頁 868～869。

〔註 41〕參閱史念海，前引書，第四章，頁 104～147。《中國水利史稿》上冊，第四章第三節，頁 269～291。

隋文帝開皇三年（584），以京師倉廩尚虛，為備水旱，於是詔「蒲、陝、虢、熊、伊、洛、鄭、懷、邵、衛、汴、許、汝等水次十三州，置募運米丁。」〔註42〕又於衛州（河南淇縣東北）置黎陽倉，洛州（河南洛陽）置河陽倉，陝州（河南陝縣）置常平倉，華州（陝西華縣）置廣通倉，轉相灌注，〔註43〕以漕關東與汾（山西汾陽）、晉（山西臨汾）之粟，供給京師。此外，更遣倉部侍郎韋瓚，向蒲（山西永濟）、陝以東，募人能於洛陽運米四十石，經砥柱之險，達於常平者，免其征戍。〔註44〕然以渭水多沙，流有深淺，漕者苦之，於是次年（585），乃有廣通渠之開鑿。是渠引渭水，自大興城東至潼關三百餘里，轉運通利，關內賴之。〔註45〕開皇七年（587），於揚州（江蘇江都）開山陽瀆，以通江淮漕運。〔註46〕

煬帝即位，大肆興作，大業元年（605），營東都，徙富賈數萬家以實之。又開通濟渠，自西苑引穀、洛水達於河，自板渚（河南滎陽汜水鎮東北三十五里）引河通於淮。〔註47〕大業四年（608），開永濟渠，引泌水南達於河，北通涿郡（今北京附近）。〔註48〕大業六年（610），穿江南河，自京口（江蘇鎮江）至餘杭（杭州），八百餘里，廣十餘丈。〔註49〕

經過文、煬二帝，相繼致力開鑿之永濟渠、通濟渠、山陽瀆與江南河，總長約五千公里，流經今河北、河南、安徽、江蘇與浙江五省，溝通海河、黃河、淮河、長江、錢塘江五大水系，使得當時之水上交通，以洛陽為中心，西通關中，北抵河北，東南經淮河，渡長江，南達太湖、浙右，而把政治中心所在之關中、華北，與經濟繁榮富庶之江南相連通，形成南北一線之全國運輸網。惜隋之國祚短暫，大運河尚未發揮作用，即已土崩瓦解，卻為此下唐代盛世奠立通漕運糧之良好基礎。

綜上所述，漕運之施行，實與各時代政治體制、財經制度、軍事緩急、

〔註42〕魏徵等，《隋書》（點校本，臺北：鼎文書局，民國75年10月三版），卷二四，〈食貨志〉，頁683。
〔註43〕同上。
〔註44〕同上。
〔註45〕同上，頁684。
〔註46〕同前書，卷一，〈高祖紀上〉，頁25。
〔註47〕同前書，卷三，〈煬帝紀上〉，頁63。
〔註48〕同上，頁70。
〔註49〕司馬光，《資治通鑑》（點校本，臺北：洪氏出版社，民國63年9月初版），卷一八一，〈隋紀〉五，頁5652。

交通狀況諸端息息相關。而漕運之目的，約之有三：通京師、供軍旅、實倉廩。其中尤以通京師爲首務。就前二者而言，誠如《冊府元龜》，〈邦計部‧漕運〉緒言所云：

> 若乃京師大眾之所聚，萬旅百官之仰給，邦畿之賦豈足充用？逮於奉辭伐叛，調兵乘郭，或約齎以深入，或贏糧而景從，曷嘗不漕引而致羨儲，飛輓而資宿飽。乃有穿渠鑿河，乘便利之勢；創法立制，極機巧之思。斯皆賢者之心術，古人之能事。〔註50〕

事大體重，不可輕忽。就後者而言，府庫充、倉廩實，正乃國運昌隆、太平盛世之貌。《管子》有云：「倉廩實知禮節，衣食足知榮辱」，所涉又非民食一事所能盡言，實繫國計民生之大端。職是之故，乃以「宋代綱運研究」爲啓始，期收引玉之效。而此略述唐以前之漕運概況，如是云云。

〔註50〕王欽若等，《冊府元龜》（明崇禎十五年刻本，臺北：清華書局，民國 56 年 3月初版），卷四九八，〈邦計部‧漕運〉，頁 1 上～下。

第二章　綱運由來與涵義

宋代綱運承唐而來，唐代綱運則為漕運改革下之創新方法。本章即就唐代「綱運」與宋代綱運涵義，分為二節探討之。

第一節　唐代「綱運」

「綱運」既為唐代漕運新法，自有其產生之時代背景，故此再分述唐代漕運始末與綱運創始云。

壹、唐代漕運始末

唐與漢並稱吾國史上兩大盛世，而漕運於唐又與其盛衰榮枯相關聯。〔註1〕就政治方面言，都城長安，地處關中，雖「號稱沃野，然其土地狹，所出不足以給京師，備水旱」，〔註2〕故需轉漕給用。就軍事方面言，兵制變革，至為關鍵。蓋唐代兵制凡三變：初行府兵，繼募礦騎，終而方鎮。〔註3〕唐初行府兵，為兵農合一之制，凡所用度，如米食、介冑、戎具皆為自備，〔註4〕「且居無事時耕於野」，若四方有事，「則命將以出，事解輒罷。」〔註5〕兵不需國養，故尚無兵食問題。而高祖、太宗之世，水陸漕運，歲不過二十萬

〔註1〕 參見全漢昇，〈唐宋帝國與運河〉（收入全漢昇，《中國經濟史研究》上冊，香港：新亞研究所，民國65年3月出版），第一～六章，頁269～360。

〔註2〕 歐陽修、宋祁，《新唐書》（點校本，臺北：鼎文書局，民國75年10月三版），卷五三，〈食貨志〉三，頁1363。

〔註3〕 同前書，卷五○，〈兵志〉，頁1323～1324。

〔註4〕 同上，頁1325。

〔註5〕 同上，頁1328。

石，〔註6〕足用矣。其後，府兵漸壞，至玄宗開元十一年（723），乃有十二萬「長從宿衛」之召募。次年（724），更名「彍騎」。〔註7〕兵食仰給，全賴大農，於是漕粟漸多。〔註8〕安史亂起，方鎮勢盛，彊臣悍將兵布天下，據要險、專方面之外，土地、民賦已非天子所有。〔註9〕而天子所倚恃者，惟京師禁軍耳。此即肅、代以後，漕運切要之勢。

就經濟方面言，長久以來重心已漸南移。據《尚書・禹貢篇》，《史記・河渠書、貨殖列傳》及《漢書・溝洫志》諸文獻所載，知三國以前北方土地肥沃，水利興盛，農產豐富，而南方則不如遠甚。這在《史記・貨殖列傳》太史公對其時全國風土之總評中可見一斑：

> 總之，楚越之地，地廣人稀，飯稻羹魚，或火耕而水耨，果隋蠃蛤，不待賈而足，地埶饒食，無飢饉之患，以故呰窳偷生，無積聚而多貧。是故江淮以南，無凍餓之人，亦無千金之家。沂、泗水以北，宜五穀桑麻六畜，地小人眾，數被水旱之害，民好畜藏，故秦、夏、梁、魯好農而重民。三河、宛、陳亦然，加以商賈。齊、趙設智巧，仰機利。燕、代田畜而事蠶。〔註10〕

南方雖無飢饉之患，亦無積聚而多貧。反之，北方則是五穀桑麻六畜興旺，農商皆盛。其中尤以關中地區「膏壤沃野千里」，「好稼穡，殖五穀」，「貨物而多賈」，秦都咸陽，漢都長安，「四方輻湊並至而會，地少人眾」。故僅此一地，「於天下三之一，而人眾不過什三，然量其富，什居其六」。〔註11〕知其時北方無論政治、經濟皆爲重心所在。

然而自三國以降，情勢漸變。爰自東漢末年，軍閥紛爭，三國鼎立，戰事不斷；西晉滅亡，五胡亂華，北方長期處於動亂之中，社會經濟遭受嚴重破壞，造成「百姓流亡，中原蕭條，千里無煙，飢寒流隕，相繼溝壑」〔註12〕

〔註6〕 同註2，頁1365。

〔註7〕 同註5，頁1327。

〔註8〕 《通考》，卷二五，〈國用考〉三，漕運引呂祖謙論云：「唐中、睿以後，府兵之法壞，聚兵既多，所以漕運不得不詳。大抵這兩事常爲消長，兵與漕運常相關。所謂宗廟社饗之類，十分不費一分，所費廣者，全在用兵，所謂漕運全視兵多少。」

〔註9〕 《新唐書》，卷五〇，〈兵志〉，頁1324～1328。

〔註10〕 《史記》，卷一二九，〈貨殖列傳〉，頁3270。

〔註11〕 同上，頁3260～3262。

〔註12〕 《晉書》，卷一〇九，〈慕容皝載記〉，頁2823。

之淒涼景象。直至北魏孝文帝實行改革，頒均田詔，勸課農桑，方使北方農業漸次復甦。北魏末賈思勰著《齊民要術》，即反映出當時黃河中、下游地區農業技術與發展概況。〔註13〕其後北齊、北周、隋亦行均田，生產恢復，農商又興。

　　反觀四百年間，南方在三國時期孫吳積極經營下，「穀帛如山，稻田沃野，民無飢歲」，〔註14〕儼然彊富之國，堪與魏蜀較勁。東晉偏安，北人南遷，人口激增，造成生產力與技術面之急遽提升，加以南朝持續苟安，少有戰亂之安定生活，在在有利於南方經濟發展。這段轉變，史籍有載：

> 江南之爲國盛矣，雖南包象浦，西括邛山，至於外奉貢獻，內充府實，止於荊（湖北江陵）、揚二州。……自晉氏遷流，迄於太元之世，百許年中，無風塵之警，區域之內，晏如也。及孫恩寇亂，殲亡事極，自此以至大明之季（457～464），年踰六紀，民戶繁育，將囊時一矣。地廣野豐，民勤本業，一歲或稔，則數郡忘飢。會土帶海傍湖，良疇亦數十萬頃，膏腴上地，畝直一金，鄠（陝西戶縣）、杜（西安東南）之間，不能比也。〔註15〕

可知南朝時江南發展，一日千里，即爲昔時號稱沃野之關中都邑，亦非能比。其荊、揚二州尤爲繁盛，「荊城跨南楚之富，揚部有全吳之沃，魚鹽杞梓之利，充仞八方，絲綿布帛之饒，覆衣天下」，〔註16〕成爲長江中、下游各據一方之商業大都會。此外，建康爲六朝之都，人文薈萃、百業繁庶，自更是凌駕荊揚之上。據《隋書・地理志》云：「舊京所在，人物本盛，小人率多商販，君子資於官祿，市廛列肆，埒於二京（長安、洛陽）。」〔註17〕

　　綜言之，三國至隋唐之際，北方因長期處於兵燹動盪之中，社會經濟發展遲滯不前，而此同時之南方，卻在大量人力投入，長期穩定發展下，已非昔日吳下阿蒙，竄升成爲全國經濟發達、物產富饒之重要財賦地區。這種經濟重心南移之**趨勢**，正是促使隋煬帝修大運河、下江南之重要誘因。而唐代漕運即在此基礎下，配合著當時政、軍、經情勢需要，開展出漕運史上另一

〔註13〕　參見繆啓愉，《齊民要術導讀》，成都：巴蜀出版社，1988年8月第一版。
〔註14〕　《三國志》，卷四七，〈吳主傳〉第二，注引吳書所云，頁1130～1131。
〔註15〕　沈約，《宋書》（點校本，臺北：鼎文書局，民國75年10月三版），卷五四，〈孔季恭等列傳〉，史臣曰，頁1540。
〔註16〕　同上。
〔註17〕　《隋書》，卷三一，〈地理志〉下，頁887。

新頁。以下即就史實，依時代先後，將唐代漕運分爲起始、興盛、衰落三期探討之，以知其始末。

一、起始時期

從唐初至玄宗開元以前，約是唐代漕運第一階段，謂之起始時期。初，高祖、太宗之時，「用物有節而易贍」；〔註18〕貞觀、永徽之際，「祿廩數少」，〔註19〕水陸漕運，歲不過二十萬石，故漕事簡約。

此時期主要轉漕東南之粟，漕運路線，據《新唐書·食貨志》載：「江淮租米至東都輸含嘉倉，以車或駄陸運至陝」，〔註20〕再由河至渭，漕轉長安。其中洛陽至陝州一段，因有三門底柱之險，〔註21〕最爲艱難。蓋自底柱而下，一百二十里「夾岸巍峰重嶺，干霄蔽日」，「水流迅急，勢同三峽，破壞舟船，自古爲患」。〔註22〕因慮其「多風波覆溺之患」，「失嘗十七八」，且「率一斛得八斗」，費多而得少。故唐初乃棄水運而從陸路。然陸路三百里，中經崤山「峻阜絕澗，車不可方軌」，〔註23〕亦非坦途，車馬駄載，備極艱辛。於是又興水運之說，爲克服底柱之險，高宗顯慶元年（656），苑西監褚朗議鑿三門山爲梁，以通陸運，時發卒六千鑿之，竟未成功。旋，將作大匠楊務廉又創鑿岩爲棧（輓路），以輓漕舟。但逆水輓船，諸多不易。據史書云，其時「輓夫繫二鉱於胸，而繩多絕，輓夫輒墜死」，〔註24〕人以爲苦。此後至開元以前，仍以陸運爲主。〔註25〕

〔註18〕 同註6。

〔註19〕 《通典》，卷一〇，〈食貨〉十，漕運，頁57上。

〔註20〕 同註6。

〔註21〕 《讀史方輿紀要》，卷四六，〈河南〉一，名山「底柱」：（頁1928）「底柱山，亦曰三門山。在今（清）河南府陝州城東南十里，山西平陸縣東南五十里大河中……《元和志》，禹鑿底柱，二石見于水中若柱然，河水至此分爲三派，流出其間，故亦謂之三門。（《陝志·三門》：中神門、南鬼門、北人門。惟人門修廣可行舟，鬼門尤險，舟筏入者，鮮有得脫。三門之廣，約三十丈，其東百五十步，有峰特立，斯爲底柱。）」

〔註22〕 同上。

〔註23〕 《讀史方輿紀要》，卷四六，〈河南〉一，名山「三崤山」，頁1927。

〔註24〕 同註6。

〔註25〕 《資治通鑑》，卷二〇九，〈唐紀〉二五，〈中宗景龍三年〉：「是歲，關中飢，米斗百錢，運山東、江、淮穀輸京師，牛死什八九。」知其時陸運之艱，以致大傷牛力。頁6639。

二、興盛時期

　　玄宗開元至安史之亂前，為唐代漕運第二階段，謂之興盛時期。玄宗之世，正值唐代國勢鼎盛，其時關中地區，地狹人稠，「所出不足以給京師」；加以官員人數激增，俸祿支出沈重；〔註26〕以及廢府兵，行彍騎（如前述），使得漕運日益迫切，漕糧額數節節上升，以應需求。此可由玄宗初年，首度委任漕運專使看出端倪。蓋漕運之有使，據載始於玄宗先天中（712～713），任李傑為「水陸發運使」。〔註27〕開元初（713），李傑「每歲冬初起運（糧）八十萬石，後至一百萬石。」〔註28〕運糧數已由唐初一、二十萬石，增至一百萬石，漕事亦由簡而繁達至極盛。

　　由於漕糧需求增加，廣開漕路及改革漕運成為致力焦點。漕運路線仍以東南運道為主。其中由洛陽至陝州一段，裴耀卿以「陸運無由廣致」，若能「變陸為水，則能盈餘」。〔註29〕並嘗就其考察運道所得上言：

> 江南……水陸遙遠，轉運艱辛，功力雖勞，倉儲不益。竊見每州所送租及庸調等，本州正月、二月上道，至揚州入斗門，即逢水淺，已有阻礙，須停留一月以上。三月、四月後，始渡淮入汴，多屬汴河乾淺，又船運停留，至六、七月後，始至河口，即逢黃河水漲，不得入河。又須停留一兩月，待河水小，始得上河。入洛即漕，洛乾淺，船艘隘鬧，般載停滯，備極艱辛。〔註30〕

由江南至東都停滯日多，而得行日少，兼之「江南之人，不習河事，轉雇河師水手，重為勞費。」〔註31〕因此主張循漢隋漕路遺迹，瀕河設倉，節級轉運。「使江南之舟不入黃河，黃河之舟不入洛口」，「水通則舟行，水淺則寓於倉以待」，則「舟無停滯，而物不耗失。」〔註32〕時為開元十八年（730），玄

〔註26〕據《通典》，卷一七，〈選舉〉，及卷一九，〈職官〉載，太宗貞觀六年（632），內外文武定員六百四十二人；及高宗顯慶初（656），內外文武官一品以下，九品以上，激增至一萬三千四百六十五員。至玄宗時則又增至一萬七千六百八十六人。

〔註27〕《新唐書》，卷一二八，〈李傑列傳〉，頁4461。

〔註28〕《通典》，卷一○，〈食貨〉十，漕運，頁57下。

〔註29〕王溥，《唐會要》（點校本，臺北：世界書局，民國52年4月二版），卷八七，頁1596。

〔註30〕《通典》，卷一○，〈食貨〉十，漕運，頁56下～57上。

〔註31〕《新唐書》，卷五三，〈食貨志〉三，頁1366。

〔註32〕同上。

宗未加重視。

事隔三年，京師雨水，穀價大漲，玄宗將幸東都，耀卿再以漕事奏對，始行其言。其法有三：其一、設倉儲糧。於洛陽至陝州瀕河要處設倉，如在黃、汴河交叉點之河陰（河南河陰縣東）置河陰倉，河西之孟州河清（河南孟縣西南十五里）置柏崖倉，黃河北岸三門之東置集津倉，西置鹽倉（亦稱三門倉）。〔註33〕並將隋時陝州常平倉改為太原倉，華陰廣通倉改為永豐倉。〔註34〕並擴建洛陽含嘉倉與長安太倉，〔註35〕以備分段轉輸之用。

其二、為避底柱之險，於三門山北岸開路十八里，以車陸運。

其三、節級轉輸。針對前述由江南直達長安諸缺失，改採分段運輸之法。〔註36〕即江南物資，由江淮泝鴻溝而上，至河陰縣悉納入河陰倉，江南漕船放歸；「官自顧船載運」，由河口分入河、洛。入洛者納洛陽含嘉倉貯存；入河者逐級送納柏崖倉、集津倉，再由三門山北岸十八里陸運至鹽倉貯納，水通即運至太原倉，水細便止。此段由河陰西水陸聯運至太原倉之運程，即稱為北運。陝州以西，由太原倉浮渭，逐級送納永豐倉，而至長安太倉，以實關中。〔註37〕

經過裴耀卿之改革漕運，設倉節級轉輸，使運量增至前所未有之數，三年凡運七百萬石，平均歲運約二百三十餘萬石，比唐初多達十倍，而運費也較陸運省三十萬緡。〔註38〕不過，此中所運，黃河中、下游之晉、絳（山西新絳）、魏（河北大名）、濮（山東鄄城）、邢（河北邢台）、貝（河北清河）、濟（山東荏平）、博（山東聊城）諸州漕米，占有相當分量。〔註39〕

「北運」漕路，由裴耀卿所創，然終因艱險，行之三年而罷，又起南路陸運。開元二十九年（741），陝郡太守李齊物再創新法，鑿底柱成漕，並開山巔為挽路，〔註40〕欲另闢蹊徑安流通漕。但以黃河泥沙淤積，及開

〔註33〕劉昫，《舊唐書》（點校本，臺北：鼎文書局，民國75年10月三版），卷四九，〈食貨志〉下，頁2114～2115。

〔註34〕參見同上，及《隋書》，卷二四，〈食貨志〉，頁683。

〔註35〕參見楊希義，〈略論唐代的漕運〉，《中國史研究》，1984年第二期，頁53～66。

〔註36〕以上水次設倉，轉相灌注之法，實承隋而來，參見第一章。

〔註37〕《舊唐書》，卷四九，〈食貨志〉下，頁2114～2115；《新唐書》，卷五三，〈食貨志〉三，頁1366～1367。

〔註38〕《新唐書》，卷五三，〈食貨志〉三，頁1366～1367。

〔註39〕同上。

〔註40〕同上。

挽道時「棄石入河，激水益湍怒」，〔註41〕旋亦淤塞不通。至於南路陸運，即在此等改革措施中，始終存留續用。即便當裴耀卿興漕路，北運盛行時，亦未全廢。〔註42〕開元初，李傑爲陸運使，再作改革，由洛陽含嘉倉至陝州太原倉，陸運「置八遞場，相去每長四十里，每歲冬初起運八十萬石，後至一百萬石」，「每遞用車八百乘，分爲前後，交兩月而畢，其後漸加」，〔註43〕頗有成效。至天寶七年（748），運至二百五十萬石，〔註44〕較之裴耀卿行北運時運量有過之而無不及。不過此亦爲陸運之極限，其時每遞用車一千八百乘，自九月至正月，歷時五月而畢，勞費不貲又耗時。故天寶九年（750）九月，河南尹裴迥以遞重恐傷牛，再加改革，「以遞場爲交場，兩遞簡（間）擇近水處爲宿場，分官押之，兼防其盜竊」，〔註45〕以陸運爲主，水運爲輔，稍釋勞費。下至代宗大曆（766～779）以後，循此水陸運，每歲四十萬石入關。〔註46〕

　　玄宗天寶年間，水陸轉運使韋堅改革關中漕運，成效卓著，堪與裴耀卿相媲美。關中漕渠是東南運道最後一段，亦即由河入渭通至長安，主要是泝渭水而上，而渭河通漕，其來久遠，但囿於渭川水力，大小無常，流淺沙深，縈洄曲折，爲提高漕運能力，玄宗天寶元年（742），陝郡太守兼水陸轉運使韋堅，循漢隋運渠，「於咸陽擁渭水作興成堰，截灞、滻水傍渭東注，至關西永豐倉下與渭合」，〔註47〕即於渭水之南，鑿成一條與渭水平行之人工漕渠，頗有截彎取直之效。渠成，並「於長安城東九里長樂坡下，滻水之上架苑牆，東面有望春樓，樓下穿廣運潭以通舟楫。」〔註48〕天寶三年（744）、漕山東粟四百萬石，創下唐代漕糧之最高運量。〔註49〕

　　先是，韋堅「於江淮轉運租米，取州縣義倉粟，轉市輕貨，差富戶押船，若遲留損壞，皆徵船戶。」〔註50〕知所漕糧米之外，亦有輕貨，即各地土、

〔註41〕同上，頁 1367～1368。

〔註42〕同上。

〔註43〕《通典》，卷一〇，〈食貨〉十，漕運，頁 57 下。

〔註44〕同上。

〔註45〕同上。

〔註46〕同上。

〔註47〕《舊唐書》，卷一〇五，〈韋堅列傳〉，頁 3222～3223。

〔註48〕同上。

〔註49〕按，《通典》，卷六，〈食貨〉六，賦稅下有載：「折粟一斛，輸米六斗。」是四百萬石粟，應折米二百四十萬石。

〔註50〕《舊唐書》，卷四八，〈食貨志〉上，頁 2086。

特產。此事，據《舊唐書・韋堅傳》載：

> （韋）堅預於東京（洛陽）、汴（河南開封北）、宋（河南商丘南）
> 取小斛底船三二百隻置於潭側，其船皆署牌表之。若廣陵郡船，即
> 於袱背上堆積廣陵所出錦、鏡、銅器、海味；丹陽郡船，即京口綾
> 衫段；晉陵郡船，即折造官端綾繡；會稽郡船，即銅器、羅、吳綾、
> 絳紗；南海郡船，即瑇瑁、真珠、象牙、沈香；豫章郡船，即名瓷、
> 酒器、茶釜、茶鐺、茶碗；宣城郡船，即空青石、紙筆、黃連；始
> 安郡船，即蕉葛、蚺蛇膽、翡翠。船中皆有米，吳郡即三破糯米、
> 方文綾。凡數十郡。駕船人皆大笠子、寬袖衫、芒屨，如吳、楚之
> 制。……及此潭成，陝縣尉崔成甫……作歌詞十首，白衣缺胯綠衫，
> 錦半臂，偏袒膊，紅羅抹額，於第一船作號頭唱之。和者婦人一百
> 人，皆鮮服靚妝，齊聲接影，鼓笛胡部以應之。餘船洽進，至（望
> 春）樓下，連檣彌亙數里，觀者山積。京城百姓多不識驛馬船檣竿，
> 人人駭視。〔註51〕

不僅詳盡記下江南各地輸往關中之豐富物資，並且生動描寫出其時船隊集結
廣運潭熱鬧喧騰之景況。而玄宗睹此盛況，不禁歡悅下詔曰：

> 古之善政，貴于足食，將欲富國，必先利人。朕以關輔之間，尤資
> 殷贍，比來轉輸，未免艱辛，故置此潭，以通漕運。萬代之利，一
> 朝而成，將允懷於永圖，豈苟求於縱觀。其陝郡太守韋堅，始終檢
> 校，夙夜勤勞，賞以有功，則惟賞典。宜特加三品，仍改授一三品
> 京官兼太守，其判官等則量與改轉。仍委韋堅具名錄，奏應役人夫
> 各酬庸直，兼放今年地稅。且啓鑿功畢，舟檝已通，其押運綱既涉
> 遠途，又能先至，各賜一中上考，船天（夫）等宜共賜錢一（二）
> 千貫，以充晏樂。又賜其潭名廣運。〔註52〕

褒明潭成通渠乃萬代之利。於是由主其事者韋堅至副判、專知檢校、孔目
官、「押運綱」，及應役人夫、船夫等，一律等差行賞。蓋以韋堅所漕江南物
資龐雜，漕船眾多，為便管理，乃依郡望區分，並各署牌標明。觀此似已使
用「綱運」。

〔註51〕同註47。
〔註52〕《冊府元龜》，卷四八三，〈邦計部〉，褒寵，頁37上～下。

三、衰落時期

安史之亂後至唐末爲唐代漕運第三階段，亦即衰落時期。此時北方歷經八年安史戰亂，經濟蕭條，民生凋蔽，物資匱乏。而淮水以南因未經戰火，經濟繁盛，物資充裕。這種南盛北衰之經濟發展，加以北方藩鎮坐大，稅源減少，造成此後唐室中央用度，悉取決於江淮。於是漕運江淮物資，即成第一要務。首先於大亂之後，代宗時有劉晏之整理改革漕運，其法雖善，然因受制於藩鎮，終不可與興盛期漕運相比。及至憲宗元和中興，對藩鎮用兵成功，漕運再振。但亦猶如曇花一現，好景不常。此下唐室中央雖力圖振興，頹勢終不可挽，末又以黃巢之亂，江南財賦之區爲之破壞，而終至滅亡。

歷來漕運江淮物資，均由東南運道而上。然安史亂時，漕路一再阻絕。肅宗末年，爲取得江淮糧米、軍需等物資，於是改行關中、江漢間之運道。「是時（寶應元年〔762〕）淮、河阻兵，飛輓路絕，鹽鐵租賦，皆泝漢（水）而上」。〔註53〕但「自江漢抵梁（陝西南鄭）、洋（陝西洋縣），迂險勞費」，〔註54〕運量又小，且其間並非完全平靜無事。〔註55〕而關中卻需求甚殷，據《舊唐書・食貨志》云：「自兵興已來，凶荒相屬，京師米斗萬錢，官廚無兼時之食，百姓在畿甸者，拔穀挼穗，以供禁軍。」〔註56〕糧荒嚴重，軍食無著。凡此種種，乃有代宗時劉晏之改革漕運，致力恢復東南運道，轉輸江淮物資。劉晏整治漕運，不僅使中衰之唐代漕運再度起死回生，且其所創立綱運法，更爲宋代綱運之濫觴，故本節將另段詳述於后。

經過劉晏改革，南北漕運復通，但此時每年能運至關中之漕米，最高不過四十萬石，較之亂前，約僅及六分之一。關於此點，全漢昇先生指出主要是由於戰後特殊新形勢使然。亦即跋扈軍人阻撓運河交通，使其連繫南北之作用不能盡量發揮，從而削弱中央政權之經濟基礎。此後唐帝國終因南北經濟與軍政重心之不得密切連繫，導致國勢日衰，榮光不再。〔註57〕

德宗建中年間（781～784），由於藩鎮與中央衝突擴大，運道也開始大規模受阻，時通時絕。其間位於運河南北航線要衝位置之徐州甬橋（位今安徽

〔註53〕同前書，卷四九，〈食貨志〉下，頁2117。
〔註54〕《資治通鑑》，卷二二三，〈唐紀〉三九，代宗廣德二年，頁7164。
〔註55〕參見《舊唐書》，卷一三八，〈韋倫列傳〉，頁3780～3781；及《新唐書》，卷二〇二，〈蕭穎士列傳〉，頁5768～5769。
〔註56〕《舊唐書》，卷四九，〈食貨志〉下，頁2118。
〔註57〕全漢昇，前引文，第四章第四節，頁338～339。

宿縣北二十里，元和四年，改爲宿州）、渦口（安徽懷遠東北）、汴州，便成爲雙方爭奪焦點。以建中二年（782）爲例，時李正己、田悅等強藩占據甬橋、渦口，而襄（湖北襄陽）、鄧（河南鄧縣）又淪於梁崇義手中，一時之間，「南北漕引皆絕，京師大恐。」〔註58〕德宗爲保漕路暢通，一則抽調各地軍馬進討，一則任猛將張萬福爲濠州（安徽鳳陽）刺史，武裝護航漕運糧餉。事在《資治通鑑》卷二二七，德宗建中二年有載：

> 時內自關中，西暨蜀、漢，南盡江、淮、閩、越，北至太原，所在出兵。而李正己遣兵扼徐州甬橋、渦口，梁崇義阻兵襄陽，運路皆絕，人心震恐。江、淮進奉船千餘艘，泊渦口不敢進。上以和州刺史張萬福爲濠州刺史，萬福馳至渦口，立馬岸上，發進奉船，淄青將士停岸睥睨不敢動。〔註59〕

不過運路眞正暢通，則是其後李納將李洧以徐州甬橋歸命，〔註60〕及劉玄佐（本名洽）率中央軍大敗藩鎮兵於徐州，「江淮漕運始通」。〔註61〕

然而這也只是短暫通航，以後運道仍常爲雄藩切斷，以致江淮物資不能大量運往關中。這種局面，直至憲宗「元和中興」才有改觀。

憲宗元和年間（806～821），採強硬削藩政策，並大力整頓漕運，使二者相互爲用，即削藩以通漕運，通漕以利削藩。其具體作法爲，其一，續命幹臣重兵屯駐運道要衝，如張建封〔註62〕、韓弘〔註63〕之分鎮徐、汴。憲宗曾有〈與韓弘詔〉云：

> 卿文武全略，邦家重臣，自居大藩，厥有成績。輯寧百姓，嚴整三軍，使予無憂，惟爾之力！……朕以梁宋之地，水陸要衝，運路咽喉，王室藩屏，人疲易散，非卿之惠不能安；師眾難和，非卿之威不能戰。今眾方悅附，人又知歸，鎮撫之間，事難暫報。雖戀深雙

〔註58〕《新唐書》，卷五三，〈食貨志〉三，頁1369。

〔註59〕《資治通鑑》，卷二二七，〈唐紀〉四三，德宗建中二年，頁7302。

〔註60〕《舊唐書》，卷一四五，〈劉玄佐列傳〉，頁3931～3933有云：「李洧以徐州歸順，……由是轉輸路通。」

〔註61〕同註59，頁7311～7312：「（建中二年〔781〕十一月）辛酉，宣武節度使劉洽，神策都知兵馬使曲環，滑州刺史襄平李澄，朔方大將唐朝臣，大破淄青、魏博之兵於徐州。……魏博、淄青軍解圍走，江淮漕運始通。」

〔註62〕同前書，卷二三三，〈唐紀〉四九，德宗貞元四年，頁7516～7517：「張建封爲徐、泗、濠節度使。」

〔註63〕《舊唐書》，卷一三，〈德宗本紀〉下，貞元十五年八月，頁391：「韓弘任爲宣武軍節度使。」

關，積十年而頗勞，然倚爲長城，捨一日而不可，勉卿忠力，布朕

腹心。宜體所懷，即斷來表。〔註64〕

倚重之深，溢於言表。知韓弘坐鎮汴州對運路通暢卓有貢獻。

其二，積極整理江淮財賦，期大量增加關中漕運物資，以應需要。是時，

尤以元和九至十二年（814～817），討伐淮西之役，殊爲切要。《新唐書‧王

播傳》云：

帝討淮西也，切于饋餉，（王）播引程异自副，异尤通萬貨盈虛，使

馳傳江淮，哀財用以給軍興，兵得無乏。〔註65〕

時王播領諸道鹽鐵轉運使，引介程异充鹽鐵轉運副使，整理江淮財賦。《舊唐

書‧程异傳》有載：

時淮西用兵，國有不足，异使江表以調征賦，且諷有土者，以饒羨

入貢。至則不剝下，不浚財，經費以贏，人頗便之。〔註66〕

又據〈李翛傳〉云：

時宿師於野，饋運不集。浙西重鎮，號爲殷阜，乃以翛爲潤州（江

蘇鎮江）刺史，浙西觀察使，令設法鳩聚財貨。淮西用兵，頗賴其

賦。〔註67〕

知江南財貨之重要。

這些江淮物資運輸路線，主要有三：一是元和十一年（816），初置淮、

潁水運使，將揚子院漕米自淮陰（江蘇淮陰西南）泝淮入潁，至項城（河南項

城東北）入溵水（汝水支流），輸于郾城，「以饋討淮西諸軍，省汴運之費七萬

餘緡。」〔註68〕二爲由運河北向輸往河陰，以供各地軍費之用。按：河陰位

於運河與黃河交叉點，自裴耀卿、劉晏先後改革漕運，實行分段轉輸法後，成

爲江淮物資北運之重要轉運口岸。三則輸往京師，以應中央用度需求。

大批江淮物資源源赴京，其中以李巽任轉運使時，漕糧額數達到中唐最

高點。據《舊唐書‧食貨志》載：

（李）巽既爲鹽鐵（轉運）使，……增置河陰敖倉。……舊制，每

〔註64〕白居易，《白氏長慶集》（上海涵芬樓影印本，四部叢刊正編集部，臺北：臺灣
　　　　商務印書館，民國68年11月臺一版），卷四○，〈與韓弘詔〉，頁24上～下。

〔註65〕《新唐書》，卷一六七，〈王播列傳〉，頁5115～5116。

〔註66〕《舊唐書》，卷一三五，〈程异列傳〉，頁3737～3738。

〔註67〕同前書，卷一六七，〈李翛列傳〉，頁4240～4241。

〔註68〕《資治通鑑》，卷二三九，〈唐紀〉五五，〈憲宗元和十一年〉，頁7728。

歲運江淮米五十萬斛，至河陰留十萬，四十萬送渭倉。劉晏歿，久
不登其數，惟巽秉使三載，無升斗之闕焉。〔註69〕

四十萬石漕米量，可比劉晏，並與元和中興之勢相輝映。

　元和中興，猶如曇花一現。憲宗以後，藩鎮再度坐大。穆宗長慶年間
（821～824）漕運咽喉汴州、徐州相繼兵亂，〔註70〕運量因而減少。文宗至
宣宗時代，除宣宗大中初（847），裴休改革漕運，典使三歲，「漕米至渭河倉
者一百二十萬斛，更無沈舟之弊。」〔註71〕此外，自大和（827～836）以來，
雖以「重臣領使者，歲漕江、淮米不過四十萬石，能至渭河倉者十不三四。」
此中原因主要是「漕吏狡蠹，敗溺百端」，以致「官舟沈溺者歲七十餘隻。」
〔註72〕奸吏舞弊，漕法大亂，使運量減至十餘萬石。

　及至懿宗咸通年間（860～874），由於漕船不堅以及龐勛之亂，漕運每況
愈下，甚而出現「饋運不繼」、「漕驛路絕」之窘境。關於漕船之不耐使用，
《資治通鑑》卷二二六有載：「及咸通中，有司計費以給之，無復羨餘。船益
脆薄易壞，漕運遂廢矣。」〔註73〕而蘇軾在其〈論綱梢欠折利害狀〉中更詳
言之：

咸通末，有杜侍御者，始以一千石船分造五百石船二隻，船始敗壞。
而吳堯卿者，為揚子院官，始勘會每船合用物料實數，估給其錢，
無復寬剩。專知官十家即時凍餒，而船場遂破，饋運不繼。〔註74〕

　至於龐勛之亂，肇因於咸通時南詔擾邊，而久戍桂州（廣西桂林）不得
代還之徐、泗（安徽泗縣東南）戍卒怒而作亂，擁龐勛為主，〔註75〕由湘水
入長江，下淮南，返徐州，繼而攻陷南北交通要衝都梁城（胡三省注：都梁
城在泗州盱眙縣北都梁山），「據淮口，漕驛路絕」。〔註76〕

　前此，咸通三年（863）五月，為征南詔，徵諸道兵赴嶺南，由湖南水運，

〔註69〕《舊唐書》，卷四九，〈食貨志〉下，頁2119～2120。
〔註70〕參見《資治通鑑》，卷二四二，〈穆宗長慶二年〉，頁7818～7819。《舊唐書》，
　　　　卷一五六，〈王智興列傳〉，頁4138～4140。
〔註71〕《舊唐書》，卷一七七，〈裴休列傳〉，頁4593～4594。參見同書，卷四九，〈食
　　　　貨志〉下，頁2122。
〔註72〕同上。
〔註73〕《資治通鑑》，卷二二六，〈唐紀〉四二，德宗建中元年，頁7289。
〔註74〕蘇軾，《東坡七集》（四部備要，臺北：中華書局，民國65年6月臺二版），
　　　　卷三一，「論綱梢欠折利害狀」。
〔註75〕《資治通鑑》，卷二五一，〈唐紀〉六七，懿宗咸通九年，頁8120～8121。
〔註76〕同上，頁8133～8134。

自湘江入靈渠，並由江西水運，以饋行營諸軍。但因湘漓泝運，功役艱難，以致廣州屯軍乏食。時，有潤州人陳磻石詣闕獻計，奏言：

> 江西湖南泝流，運糧不繼軍期，臣有奇計，以饋南軍。……臣弟聽思昔曾任雷州（廣東海康）刺史，家人隨海船至福建往來，大船一隻，可致千石。自福建不一月至廣州，得船數十艘，便可致三、五萬石。〔註77〕

於是以磻石爲鹽鐵巡官，往揚子縣（江蘇儀徵東南）專督海軍，軍不闕供。〔註78〕

　　僖宗時，爆發王仙芝、黃巢之亂。亂軍由山東、河南而下，直至廣州，然後北返，於廣明元年（881）十二月攻陷長安。〔註79〕所至之處，燒殺劫掠，殘破不堪。而向所倚重之「江右海（淮）南，瘡痍既甚，湖湘荆漢，耕織屢空」，〔註80〕至若財賦所在之東南府州「遭賊之處，農桑失業，耕種不時」，就中廣州、荆南、湖南等地，「盜賊留駐，人戶逃亡，傷數最甚。」〔註81〕

　　其後亂事雖平，然東南財賦之區遭此浩劫，尚難平復，藩鎮諸將又乘勢再起，「自擅兵賦，迭相吞噬」。此時朝廷已無力制止：

> 江淮轉運路絕，兩河、江淮賦不上供，但歲時獻奉而已。國命所能制者，河西、山南、劍南、嶺南西道數十州。大約郡將自擅，常賦殆絕，藩侯廢置，不自朝廷，王業於是蕩然。〔註82〕

因而漕運路絕，王業蕩然，大唐帝國終至分崩離析，走向滅亡之途。而有唐一代之漕運興衰史，亦至此告終。

貳、劉晏創立綱運

一、生平傳略

　　劉晏，字士安，曹州（山東曹縣）南華人。玄宗封泰山，〔註83〕晏始八

〔註77〕《唐會要》，卷八七，〈漕運〉，懿宗咸通三年五月，頁1599。
〔註78〕同上。
〔註79〕《舊唐書》，卷一九下，〈僖宗本紀〉，頁708～709。
〔註80〕同上，頁704～705。
〔註81〕同上。
〔註82〕同註77，頁720～721。
〔註83〕按，玄宗封泰山，事在開元十三年（725），依此計算，則劉晏當生於開元五～六年間（717～718）。參見《舊唐書》，卷八，〈玄宗本紀〉上，頁188～189。《新唐書》，卷五，〈玄宗本紀〉，頁131～132。

歲，獻頌行在，授秘書省正字，號爲神童，名震一時。天寶中（742～755）累調夏（山西夏縣）、溫（河南溫縣）縣令，所至以能聞，有惠迹，民刻石以傳。

及祿山反，永王璘署晏右職，固辭不就。詔拜度支郎中，兼侍御史，領江淮租庸使。晏至吳郡而璘反，守餘杭，發義兵堅壁，璘遂自晉陵（江蘇武進）西走，晏終不言功。其後累仕彭原（甘肅寧縣）太守、隴（陝西隴縣）、華刺史，河南尹，戶部侍郎兼御史中丞、度支、鑄錢、鹽、鐵等使，又入爲京兆尹。皆能總大體，號爲稱職。後爲時宰蕭華所忌，酷吏敬羽構之，貶通州（四川達縣）刺史。

代宗寶應二年（亦即廣德元年〔763〕），領東都、河南、江淮諸道轉運、租庸、鹽鐵、常平使。時新承兵戈之後，中外艱食，京師斗米千錢，禁膳無積食，幾旬百姓按穗以供。晏乃以轉運爲己任，浮淮、泗，達汴入河，西循底柱、砥石，觀三門遺跡，至河陰、鞏（河南鞏縣）、洛，見宇文愷梁公堰，廝河爲通濟渠，視李傑新堤，凡運道所至躬親履踏，盡得利病之由。然畏爲人牽制，至江淮乃移書宰相元載，盡陳運之四利、四病。且自以「見一水不通，願荷鍤而先往，見一粒不運，願負米而先趨」，焦心苦形，期報明主。於是載盡以漕事委之，晏乃得盡其才，大肆整頓改革漕運。凡歲致四十萬斛，自是關中水旱，物不翔貴。再遷吏部尚書，又兼益湖南、荊南、山南東道轉運、常平鑄錢使，與第五琦分領天下金穀。

晏善財計，知人任使，所領要務，皆一時之選。雖權貴干請，欲假職任者，晏厚以廩祿奉之，然未嘗使親事，是以人人勸職。又馭下嚴明，無人能比。所部吏居數千里外，奉教令如在目前，頻伸諧戲不敢隱。平居輒粗樸儉約，善訓諸子，咸有學藝；重交敦舊，人多稱之。任事十餘年，權勢之重，比於宰輔，要官重職，頗出其門。既有材力，視事敏速，乘機無滯。然挾權貴，固恩澤，有口舌者以利啖之，使不得訾短。故議者頗詬之。蓋大曆因循時政，軍國之用，皆仰於晏，而未嘗檢轄。

德宗立，楊炎入相，銜宿怒，欲報前仇。初，楊炎爲吏部侍郎，晏爲尚書，盛氣不相得。及晏治元載罪，炎坐貶。至是，炎陰構其罪，晏先罷轉運使，貶爲忠州（四川忠縣）刺史。繼又以「陰謀作亂」，於建中元年（780）七月，詔賜死，時年六十五。家屬徙嶺表，坐累數十人，天下以爲冤。淄青節度使李正己上表，以爲「誅晏太暴，不加驗實。先誅後詔，天下駭惋」，請

還其妻子。不報。興元初（784），帝漸悟，乃許歸葬。貞元五年（789），擢晏子執經爲太常博士，少子宗經爲秘書郎。執經請削官贈父，特追贈鄭州（河南鄭州市）刺史，又加司徒。

初，炎議籍沒，眾論不可，乃止。然已簿錄其家，唯雜書兩乘，米麥數斛，人服其廉。晏歿二十年，而韓洄、元琇、裴腆、李衡、包佶、盧徵、李若初繼掌財利，皆晏所辟用，有名於時。而舊史推明其功，以爲「管、蕭之亞」云。〔註84〕

二、創立綱運

肅、代之際，新承大亂之後，京師空窶，運路阻絕，不得已鹽鐵、租賦泝漢而上，已如前述。代宗寶應元年（762）五月，朝議以「寇盜未戢，關東漕運，宜有倚辦」，〔註85〕而劉晏以素膺是職，用事多能見稱，遂由通州刺史遷爲戶部侍郎、京兆尹、度支鹽鐵轉運使。二年（763），再拜吏部尚書同平章事，依前充使。晏自受命，不辭勞苦，勘察河道，而歸結出「運之利病，各有四、五焉」。茲謹據史籍所載條列於後以明之〔註86〕。先述四利：

> 京師三輔百姓，唯苦稅畝傷多，若使江、湖米來，每年二、三十萬石，即頓減徭賦，歌舞皇澤，其利一也。
>
> 東都殘毀，百無一存。若米運流通，則飢人皆附，村落邑廛，從此滋多。受命之日，引海陵之倉，以食鞏、洛，是計之得者，其利二也。
>
> 諸將有在邊者，諸戎有侵敗王略者，或聞三江、五湖、貢輸紅粒，雲帆桂楫，輸納帝鄉，軍志曰：「先聲後實，可以震耀夷夏。」其利三也。
>
> 自古帝王之盛，皆云書同文，車同軌，日月所照莫不率俾。今舟車既通，商賈往來，百貨雜集，航海梯山，聖神輝光，漸近貞觀、永徽之盛，其利四也。

〔註84〕《舊唐書》，卷一二三，〈劉晏列傳〉，頁3511～3516。《新唐書》，卷一四九，〈劉晏列傳〉。

〔註85〕同前書，卷四九，〈食貨志〉下，頁2117。

〔註86〕《冊府元龜》，卷四九八，〈邦計部・漕運〉，頁21上～22下。另，參見《舊唐書》，卷一二三，〈劉晏列傳〉，頁3511～3514。《新唐書》，卷一四九，〈劉晏列傳〉，頁4794～4795。《唐會要》，卷八七，轉運鹽鐵總敘，頁1589～1590。

認為漕運若通，一可減輕關中百姓負擔，二可興復殘破東都；兩京既甦，有諸中形於外，則可震耀夷夏，壯大邊威；並可促進商業繁興，再造盛世。

然而欲使運路暢通，困難重重，實非易事，因又舉四病：

> 函、陝凋殘，東周尤甚。過宜陽（河南宜陽）、熊耳（山名，位今河南宜陽縣西百里）、（至）武（虎）牢（河南汜水縣西）、成皋（汜水縣西北），五百里中，編戶千餘而已。居無尺椽，人無煙爨，蕭條悽慘，獸遊鬼哭。牛必羸角，輿必說輹（脫輻），棧車輓漕，亦不易求。今於無人之境，興此勞人之運，固難就矣，其病一也。

> 河、汴有初，不修則毀瀦，故每年正月發近縣丁男，塞長茭，決沮淤，清明桃花已後，遠水自然安流，陽侯、宓妃，不復太息。頃因寇難，總不捫拓，澤滅水，岸石崩，役夫需於沙，津吏旋於潯，千里迴上，周水舟行，其病二也。

> 東垣（河南新安縣東）、底柱、澠池（河南澠池）、二陵（即崤山，位今河南洛寧縣北六十里）北河運處，五、六百里，戍卒久絕，縣吏空拳。奪攘姦宄，窟穴囊橐。夾河為藪，豺狼猖狷，舟行所經，寇亦能往，其病三也。

> 東自淮陰，西臨蒲板（黃河津渡處，位今山西永濟西），亙三千里，屯戍相望。中原（軍）皆鼎司元侯，賤辛（亦）儀同青紫，每云食半菽，又云無挾纊，輓漕所至，船到便留，即非單車使折簡書所能制矣，其病四也。

痛陳大亂之後，陝洛之間殘破淒涼，人煙稀少，若興漕輓，人員、車、牛徵集困難；戰亂之際，河汴已淤，舟行不通，此又一難；長久以來，北運緣河，盜寇藪聚，漕運再通，治安堪虞；加以戰後中原地區，強藩林立，驕縱無忌，漕輓之間，截留需索，非所能制。

然則，劉晏既「以轉運為己任」，即不畏艱難，針對漕運諸病，制定出一套具體務實而又可行之改革方案。其主要內容，徵諸史料，約有八點，茲一一分述於後。

（一）開通渠道：河渠為漕運之本，渠道不通，漕運難復。經過劉晏實地勘察，當務之急，首在疏通汴渠、伊婁河以及浚治丹楊湖。汴渠，即煬帝時所開之通濟渠，「西通河洛」、「南達江淮」，為連通河淮之主要水道。但由於渠首受黃河之水，泥沙含量過大，且洪枯期水量相差懸殊，故河、渠接口

處之汴口堰（即梁公堰），〔註87〕最易淤塞。唐初每至正月即發近縣丁男「塞長茭，決沮淤」，疏通堰口，以暢其流。安史亂後，由於長期疏於治理，致使澤滅岸崩，泥沙淤塞，無水行舟。晏乃與「諸道節度使均節賦役」，便宜行事，終於「疏浚汴水」，〔註88〕恢復航運。

　　伊婁河，爲邗溝由揚子入長江之渠道，始鑿於玄宗開元二十六年（734）。蓋自唐初以來，揚子以南至江之漕渠已淤塞不通，〔註89〕漕船多繞道瓜洲（江蘇儀徵東），「紆迴六十里」，又「多爲風濤所損」。〔註90〕其時，潤州刺史齊澣，「乃於京口埭下直趨渡江二十里，開伊婁河二十五里」，至揚子立埭，與漕渠相通，「歲利百億，舟不漂溺」。〔註91〕然至肅宗上元年間（760～761），伊婁河再次淤塞，江南漕船過江之後，只得卸船載車，「陸運至揚子」。晏乃再次疏浚，改陸運「而載以舟」，致使運費由原來「斗米費錢十九」，降至斗米四錢，「減錢十五」。〔註92〕

　　丹楊湖，即練湖，唐時，屬潤州丹陽縣，位縣北旁臨江南運河（時稱官河）。每至春夏雨水漲滿，運河水乾淺，可「得湖水灌注」；若霖雨泛溢，即「開瀆洩水，通流入江」，〔註93〕知練湖有調節運河水量功能。但代宗時，湖已漸爲百姓築堤取地作田，湖水面積縮小，「無處貯水」，功能遽減。至夏秋雨多，因不得北流，而南向奔注，淹沒近縣良田，爲害甚大。永泰二年（766）四月，劉晏據刺史韋損呈報，乃「分官吏主丹楊湖，禁引灌，自是河漕不涸」。〔註94〕而有關劉晏修治丹楊湖始末之奏狀，今惟見存於《嘉定鎮江志》中，

〔註87〕《通典》，卷一七七，〈州郡〉七，河南府河陰縣：「汴口堰，在縣西二十里，又名梁公堰。隋文帝開皇七年（587），使梁睿增築漢古堰，遏河入汴也。」頁940。

〔註88〕《資治通鑑》，卷二二三，〈唐紀〉三九，〈代宗廣德二年〉，頁7164。

〔註89〕按，據研究指出，山陽瀆與江南運河流經之長江三角洲，由於陸沈與各種自然因素影響，長期以來形成南部以太湖爲中心，北部以高郵湖爲中心兩個蝶形窪地，而揚州所在之蜀岡則爲介於兩蝶形窪地間之頂點。隨著長江三角洲之向外推移與江面之逐漸變窄，揚子以南至江間之河渠，因此最易爲泥沙隔斷。參見陳吉餘，〈長江三角洲的地貌發育〉，《地理學報》，1959年第六期；轉引自楊希義，前引文，頁55。

〔註90〕《唐會要》，卷八七，〈漕運〉，頁1597。

〔註91〕《新唐書》，卷四一，〈地理志〉五，江南道潤州丹徒縣，頁1056～1057。

〔註92〕同前書，卷五三，〈食貨志〉三，頁1368。

〔註93〕盧憲，《嘉定鎮江志》（清道光二十二年丹徒包氏刻本，北京：中華書局，1990年5月出版），卷六，〈地理山川〉，練湖，頁31上～32下。

〔註94〕同註92。

甚是可貴。茲謹據以錄之於後：

> 唐東都、河南、江淮等道轉運使，檢校戶部尚書兼御史大夫劉晏狀，
> 得刺史韋損、丹陽耆壽等狀，上件湖案圖經，周迴四十里，比被丹
> 徒百姓築隄橫截一十四里，開瀆口洩水，取湖下地作田。其湖未被
> 隔斷已前，每正（至）春夏，雨水漲滿，側近百姓引漑田苗；官河
> 水乾，又得湖水灌注。租庸轉運及商旅往來，免用牛牽。若霖雨泛
> 溢，即開瀆洩水，通流入江。自被築隄已來，湖中地窄，無處貯水，
> 橫隄壅礙，不得北流。秋夏雨多，即向南奔注，丹陽、延陵、金壇
> 等縣，良田八、九千頃，常被淹沒。稍遇亢陽，近湖田苗無水灌漑。
> 所利一百一十五頃田，損三縣百姓之地。今已依舊漲水為湖，官河
> 又得通流，邑人免憂旱潦。奏聞中書門下，牒浙西觀察使與韋損，
> 勿使更令修築，致有妨奪。永泰二年四月十九日。〔註95〕

丹楊湖不僅具有調節運河水量功能，更可適時灌漑鄰近農田。待劉晏分官主
吏重新恢復舊觀後，漕運、灌漑兩蒙其利。

（二）雇傭運輸：針對戰後人力短缺、民生凋蔽等實際問題。廣德二年
（764），集度支、鹽鐵、轉運諸使於一身之劉晏，乃大膽採用「以鹽利（榷
鹽所得）雇傭，分吏督之」〔註96〕辦法，取代前此「州縣取富人督漕輓，謂
之『船頭』」，〔註97〕硬性差派之法。其時，「自江淮至渭橋，率十萬斛傭七千
緡」，「不發丁男，不勞郡縣，蓋自古未之有也」。〔註98〕此法不僅使官得其人，
民獲其利，且盡革以往「人不堪命，皆去為盜賊」〔註99〕之弊害。

（三）創立綱運：針對盜寇橫行，強藩林立等問題，確保航運安全，劉
晏進而改革漕運組織，創立綱運法。即將船隻、人員組隊，以「十船為綱」，
「每綱三百人，篙工五十人」，〔註100〕始于揚州轉運，「遣運將，押至河陰」。
〔註101〕漕運船隊經此合理有效編組，以及軍將強勢武力護航下，乃能安全行
漕。不過，由於汴水至黃河一段，水勢迅急，航渡不易，據文獻記載，其時

〔註95〕同註93。
〔註96〕同註92。
〔註97〕《新唐書》，卷一四九，〈劉晏列傳〉，頁4797～4798。
〔註98〕《舊唐書》，卷四九，〈食貨志〉下，頁2117。
〔註99〕同註97。
〔註100〕同註92。
〔註101〕王讜，《唐語林》（點校本，臺北：世界書局，民國64年4月三版），卷一，〈政
事〉上，頁23。

「將吏典主數運之後，無不髮白者」。〔註102〕

（四）分段組綱：綱運法創立，爲加強漕運效能，又進一步改革裴耀卿之分段法。按裴耀卿於開元時期，已將原本由江南直達長安之漕法，改爲以河陰爲中間轉運站，江南漕船至此而歸。此時，劉晏有鑒於江、汴、河、渭水力（勢）各有不同，再細分爲四段。據《新唐書・食貨志》載：

> 隨江、汴、河、渭所宜。……江船不入汴，汴船不入河，河船不入渭；江南之運積揚州，汴河之運積河陰，河船之運積渭口，渭船之運入太倉。〔註103〕

如此分段，使操舟篙工各在其所熟悉水域中，隨水勢大小，河道曲折，靈活航駛，應付裕如，從而減少因不諳他段水域險阻，翻船覆溺之事。其間，「緣水置倉，轉相受給」，是沿用耀卿時良好倉儲制度，配合四段綱運，使漕運效能大增。

（五）改善運輸工具：工欲善其事，必先利其器。漕運之利器，乃舟船也。江、汴、河、渭水勢既有不同，適航船隻自各有所異。劉晏深明此理，乃於揚子置十場造船，〔註104〕專門製造能適應各水域轉運航行之船隻。其如造「歇艎支江船」二千艘，每船載重千斛，適航於汴水，往來於揚州至河陰水域。由河陰上三門，則改乘「上門塡闕船」，以應河險。〔註105〕此外，爲杜絕造船不堅，循私舞弊等事，乃就船場經費厚與其值。此事《資治通鑑》卷二二六有載：

> 晏於揚子置十場造船，每艘給錢千緡。或言：「所用實不及半，虛費太多。」晏曰：「不然，論大計者，固不可惜小費，凡事必爲永久之慮。今始置船場，執事者至多，當先使之私用無窘，則官物堅牢矣。若遽與之，屑屑校計錙銖，安能久行乎！異日必有患吾給多而減之者；減半以下猶可也，過此則不能運矣。」其後五十年，有司果減其半。……漕運遂廢矣。

晏之洞燭機先，深謀遠慮，令人歎服。蘇軾即曾評曰：「以此知天下之大計，未嘗不成於大度之士，而敗於寒陋之小人也。」〔註106〕堪爲允論。

〔註102〕同上。
〔註103〕同註92。
〔註104〕同註101。
〔註105〕同註92。
〔註106〕同註74。

　　此外，關於牽船繩索、漕米包裝方式，亦多有改進。繩索多取材於「巴、蜀、襄、漢麻枲竹篠為絢挽舟」，並「以朽索腐材為薪」，使「物無棄者」，以避免「繩索斷絕，輓夫輒墜死」〔註107〕等慘事。而漕米包裝，則由原本之散運改為「囊米」〔註108〕方式，即以麻袋或蒲包盛裝，以便於分段裝卸存放，並可防止中途「揚擲」耗損，「砂礫糠粃雜乎其間」〔註109〕等弊端。

　　（六）教習漕卒：因江、汴、河、渭，水力不同，已「各隨便宜，造運船」，〔註110〕如前所述。因此必須培訓能適應各水域與各類船之水手、篙工，以利行船。據《新唐書》，卷五三〈食貨志〉三所載，透過實際行船經驗，「未十年，人人習河險」。

　　（七）安全措施：除前述各綱運以軍將強勢護航、押運外，劉晏並於運河兩岸設置警衛。《全唐文》，卷四六，代宗「緣汴河置防援詔」云：

> 如聞自東都至淮泗，緣汴河州縣，自經寇難，百姓凋殘，地闊人稀，多有盜賊。漕運商旅，不免艱虞。宜委王綰各與本道節度計會商量，夾河兩岸每兩驛置防援三百人，給側近良沃田，令其營種，分界捉搦。

防援之制自此而生，使漕運安全更多加一層保障。

　　（八）獎勵制度：有鑑於押運之辛勞，特創立獎勵制度，「十運無失，授優勞，官其人。」〔註111〕

　　經過劉晏大力改革，南北漕引復通，「歲轉粟百一十萬石，無升斗溺者。」〔註112〕這正是劉晏漕運改革之成果。不過，這也是最高年運量。另據《舊唐書・食貨志》云：

> 舊制，每歲運江淮米五十萬斛至河陰，留十萬，四十萬送渭倉。晏沒，久不登其數。

知每年運至關中，約四十萬石，比開元、天寶時代，減少六分之一。其原因已如前述。然此並不稍損劉晏之能名。司馬光云：「唐世推漕運之能者，惟晏

〔註107〕同註92。
〔註108〕同上。
〔註109〕同註98。
〔註110〕《資治通鑑》，卷二二六，〈唐紀〉四二，〈德宗建中元年〉，頁7288～7289。
〔註111〕同上。
〔註112〕同註92。

爲首，後來者皆遵其法度云。」〔註113〕其中，尤以創立「綱運」，影響深遠，不僅使唐代漕運組織化、制度化，而且相沿至宋，已成爲泛指官屬物資運輸之代稱。

第二節　宋代綱運涵義

綱運之法劉晏創立，古所未有，下至宋代，五百年間，〔註114〕時移勢變，其涵義已有變化。然此變化乃順應時勢，配合當代政軍情勢、經濟發展等因素，逐漸衍生而來。宋承唐制，綱運涵義，有所變，有所不變。不變者，其爲漕法也。所變者，擴而大之，泛指大宗官物之運輸。本節即就宋代以前，以及兩宋時期，分作二期探討之。

壹、宋代以前綱運涵義分析

一、中唐至唐末

此所謂中唐，指代宗時劉晏創立綱運起。其時，舉凡船隻打造、人員訓練、製繩、包裝，乃至分綱組隊、押運護航，以及安全措施、獎勵制度（已如前述），均所創制，有一定法度。而其中將船隻、人員、物資依一定數量，分綱而運之法，即所謂「綱運」。此法創行，一則基於當時藩鎮驕縱，盜寇橫行等政情、治安因素考量，人船編組即是劃定責任區，有利於監押，護航人員維護航運安全。再則，由於漕運米糧量大積重，雖已採行囊米包裝，減少途中揚擲耗損、偷盜糝雜等弊端，仍是運之不易。因此乃化整爲零，定量裝載，分綱承運，使繁中有序，合理而有效。綱運之利，諸如所述，配合分段轉輸之法，成爲劉晏漕法改革方案中重要環節。

劉晏之後，主漕事者，殆皆遵行其法。惟此時國勢已漸衰，漕運與國勢相倚，亦走入衰落時期。直至懿宗咸通末（874），或變其法，以致船場敗壞，「漕運遂廢」。

至若漕運物資，除以米糧爲大宗外，其他各類物資亦不少。如《冊府元龜》，卷四八五，「濟軍」條載：

〔註113〕《資治通鑑》，卷二二三，〈唐紀〉三九，〈代宗廣德二年〉，頁7164。

〔註114〕按，自劉晏於唐代宗廣德二年（763）創立綱運，至宋太祖建隆元年（960）開國，其間歷時一百九十八年，而兩宋國祚凡三百二十年（960～1279），取其成數，故云「五百年間」。

元錫爲宣州觀察使，長慶二年（822），進助軍綾絹一萬匹，弓箭器械共五萬二千事。

知綾絹等紡織品與軍器物資有之。又，由本章第一節所述，玄宗時，韋堅鑿廣運潭，廣集江南各地土、特產於長安，更是種類繁多。而米糧以外，各類轉運物資，統稱爲「輕貨」。當劉晏改革漕運時，米糧與輕貨之運輸路線與方式有所不同。蓋米糧積重，故採水路以綱法運輸，亦即行綱運法；輕貨則從陸路，據《新唐書》，卷五三，〈食貨志〉云：「輕貨自揚子至汴州，每駄費錢二千二百，減九百，歲省十餘萬緡。」駄者，以騾、馬、驢、駝之屬，背負而行者也。〔註115〕由每駄減錢九百，歲省十餘萬緡計，大約歲運輕貨一百二十駄左右。較之米糧，少輒四十萬石，多至一百一十萬石，兩者孰重孰輕，判然分明。因知劉晏時綱運之法，乃專施於數量龐大，由水路轉輸之米糧。至於他類輕貨數量較少，由陸路駄載，而未用此法。

後越七十年，至文宗開成初（836），輕貨轉輸有「長定綱」之法，據載：

故事，州縣官充綱，送輕貨四萬，書上考。開成初，爲長定綱，州擇清彊官送兩稅，至十萬遷一官，往來十年者授縣令。江淮錢積河陰，轉輸歲費十七萬餘緡，行綱多以盜抵死。判度支王彥威置縣遞群畜萬三千三百乘，使路傍民養以取傭，日役一驛，省費甚博。而宰相亦以長定綱命官不以材，江淮大州，歲授官者十餘人，乃罷長定綱，送五萬者書上考，七萬者減一選，五十萬減三選而已。〔註116〕

其時，所輸輕貨，爲各州縣兩稅徵入之錢。〔註117〕而數目之多，由「十萬遷一官」，「江淮大州，歲授官十餘人」計，知一州歲運至少百萬緡。〔註118〕由於運錢至鉅，江淮至河陰，路途遙遠，又欲遏止沿途偷盜之風，乃須擇「清彊官」押送，爲酬其辛勞，並定下獎勵入官之法，是謂之「長定綱」。後雖因置遞驛送，以及授官太濫，罷之。但由此可知，因稅制改變，賦錢增多，昔

〔註115〕參見趙效宣，《宋代驛站制度》（臺北：聯經出版公司，民國72年9月初版），頁188。

〔註116〕《新唐書》，卷五三，〈食貨志〉三，頁1371。

〔註117〕按，唐代之行兩稅法，始於德宗建中元年，楊炎之議，改爲徵錢。參見《舊唐書》，卷四八，〈食貨志〉上，頁2093；《新唐書》，卷五二，〈食貨志〉二，頁1351～1352。

〔註118〕據《新唐書》，〈食貨志〉上載：「至德宗相楊炎，遂作兩稅法。……歲斂錢二千五十餘萬緡，米四百萬斛，以供外；錢九百五十餘萬緡，米千六百餘萬斛，以供京師。」知兩稅法行，錢數遽增，較之米糧，亦非少數。

日陸路輕貨，亦成重勞，故有綱法之採用。

二、五代十國

　　唐亡之後，五代十國分據南北，實為唐末藩鎮割據之延續。而漕運所賴之大運河，此時亦為之分隔。淮水以北，為五代統治，淮水以南，則先後屬吳、南唐轄土。北方五代，除後唐立都洛陽外，其餘後梁、後晉、後漢、後周四代，皆立都於汴。其時主要著眼點，即在於汴州位居水陸要衝，長久以來已成為漕運線上重要都會，漕運會集，便於取給。故當朱溫以宣武軍（治於汴州）節度使崛起，代唐之後，即都於汴。〔註119〕而石晉雖起自河東，即位後仍都於汴，則純係基於經濟因素考量。此在晉太祖遷都詔書中，即曾有云：

> 為國之規，在於敏政，建都之法，務要利民。……當數朝戰伐之餘，
> 是兆庶傷殘之後，車徒既廣，帑廩咸虛。經年之輓粟飛芻，繼日而
> 勞民動眾，常煩漕運，不給供須。今汴州水陸要衝，山河形勝，乃
> 萬庾千箱之地，是四通八達之郊。爰自按巡，益觀宜便，俾升都邑，
> 以利兵民。汴州宜升為東京，置開封府。〔註120〕

明言因汴州交通便利，都此則可省「勞民動眾」漕輓之擾。如此京師易於供膳，漕事亦省；加以半條運河，汴渠又淤，〔註121〕以及政局動盪等因素，五代時期漕事，實少有可論。其可論者，惟後唐莊宗、明宗，以及後周世宗三世耳。

　　李存勗於同光元年（923）滅後梁，國號唐，都於洛陽，因有漕運之勞。同光三年（925），吏部尚書李琪奏請立轉漕獎勵辦法，據載：

> 同光三年，吏部尚書李琪奏請敕下諸道，合差百姓轉般之處，有能
> 力運官物到京者，五百石以上，白身授一初任州縣官，有官者依資
> 次遷授，欠選者便與放選。千石以上至萬石者，不拘文武，顯示賞
> 酬，免令方春農人流散。此亦轉倉贍軍之一術也。敕租庸司下諸州，

〔註119〕按，梁太祖朱溫即位時，即「升汴州為開封府，建名東都」。參見薛居正，《舊五代史》（點校本，臺北：鼎文書局，民國75年10月三版），卷三，〈梁書〉三，〈太祖紀〉，頁48。

〔註120〕同前書，卷七七，〈晉書〉三，〈高祖紀〉，頁1020。

〔註121〕按，自唐昭宗乾寧四年（897），清口（江蘇淮陰西南）之戰以來，淮人決汴，而成污澤，不復通漕。參見《舊五代史》，卷一三四，〈楊行密列傳〉，頁1782。

有應募者，聞奏施行。〔註122〕

知仍行轉般之法，爲恐差民搬運，有妨農時，故李琪建議改爲招募「有能力者」，並依所運多寡酬賞。由此推知，其時轉漕非行綱運，而是以重賞招人競運。

當時，漕米主要來自黃河中、下游地區，以河、洛爲通航幹道，行轉般法，沿河設有「船般倉」，〔註123〕至洛口則由洛河直運京師，但由洛河上岸至儲糧倉口尚有一段距離，轉運不易。於是後唐明宗（李嗣源）時，曾於洛河北岸另鑿一彎，直至倉門下卸，使困難迎刃而解。事據《五代會要》有載（《通考》略同）：

> （長興）四年（933）三月三日，三司奏，洛河水運，自洛至京往來牽船下卸，皆是水運，牙（衙）官每人管定四十石，今洛岸至倉口稍遠，牙官運轉艱難，近日例多逃走。今欲於洛河北岸，別鑿一彎引船，直至倉門下卸，其工欲於諸軍傔人內差借。從之。（注云：尋，命捧聖衛指揮使朱洪實，鑿開河灣，至贍國倉門。）〔註124〕

其中「牙官每人管定四十石」，按：牙官，據近人考証，唐時已有，應爲武吏。〔註125〕由武人管押四十石轉運，雖未稱綱，實乃法綱運而來。

後周世宗爲五代難得英主，即位後南征北討，收淮南，復三關，威震夷夏。爲應需要，並致力整頓漕運，曾疏汴水、通蔡河、浚五丈河、治永濟渠以通漕運，雄圖大略，正待展現，即以英年而逝，在位僅短短六年，然已爲後來之宋，奠下通漕基礎。無怪全漢昇先生有云：「與其說周世宗是五季末葉的皇帝，毋寧說他是北宋帝國的創始者。」〔註126〕

茲據史籍所載，試觀周世宗整治漕運之成果。

〔註122〕《通考》，卷二五，〈國用考〉三，漕運，頁244上。另，參見王溥，《五代會要》（點校本，臺北：世界書局，民國52年4月二版），卷二七，〈漕運〉，頁329；《舊五代史》，卷五八，〈李琪列傳〉，頁785～786。

〔註123〕《通考》，卷二五，〈國用考〉三，漕運，頁244上，有云：「（後唐明宗）長興二年（931）敕，應沿河船般倉，依北面轉運司船般倉例，每一石於數內，與正銷破二升。」另，參見《五代會要》，卷二七，〈漕運〉，頁330。

〔註124〕同上。

〔註125〕唐剛卯，〈衙前考論〉，收入《宋史論集》（河南許昌：中州書畫社，1983年第一版），頁124～144。按，唐氏此文，首先考證「衙前的源流」，認爲衙前之稱，「唐時已有」；衙字本作牙，「武吏爲牙前將」。推翻聶崇岐先生〈宋代役法述〉文中所論，衙前「見於後唐」、「祇應士兵」之說法。

〔註126〕全漢昇，前引文，第七章，頁361。

（一）疏通長江以北東南運道：顯德二年（955），即世宗即位第二年，將伐南唐，先疏汴渠，據《資治通鑑》卷二九二，顯德二年十一月載：

> 汴水自唐末潰決，自埇橋東南，悉爲污澤。上謀擊唐，先命武寧節
> 度使武行德發民夫，因故堤疏導之，東至泗上。議者皆以爲難成，
> 上曰：「數年之後，必獲其利。」（注云：謂淮南既平，藉以通漕，
> 將獲其利也。）

顯德五年（958）春正月，又鑿鸛水，打通淮水入邗溝之運道，由邗溝則可直達於江。據載：

> 己丑，上欲引艦自淮入江，阻北神堰，不得渡；欲鑿楚州（江蘇淮
> 安）西北鸛水以通其道。遣使行視，還言地形不便，計功甚多。上
> 自往視之，授以規畫，發楚州民夫浚之，旬日而成，用功甚省。巨
> 艦數百艘皆達於江，唐人大驚，以爲神。〔註127〕

據胡三省注，北神鎮在楚州城北五里，吳王夫差溝通江、淮，後人於此立堰，以淮水低，（邗）溝水高，防其洩也，而舟行渡堰入淮。〔註128〕周世宗以巨艦南行，而不得入堰，乃鑿鸛河以通。在此同時，又浚汴口，「導河流達於淮，於是江、淮舟楫始通」。〔註129〕至此，終於打通唐末以來湮塞不通之長江以北東南運道，使河、汴、淮、江再復連通。

（二）浚五丈河：先於顯德四年（957），引汴水「北入於五丈河」，以增加水量，便於舟行。「由是齊、魯舟楫皆達於大梁（開封）」。〔註130〕不過這次疏浚範圍主要在汴京附近之上游地區。至六年（959），又再次疏浚，使「東流於定陶（山東定陶西北）」，入濟水，「以通青（山東益都）、鄆（山東東平）水運之路」。〔註131〕即其下游流經曹（山東曹縣西北）、濟，匯梁山泊，東北入濟水，而遠達鄆、青地區，亦能通漕。〔註132〕

（三）疏導蔡河：顯德六年，並「自大梁城東導汴水入於蔡水，以通陳（河南淮陽）、潁（安徽阜陽）之漕」。〔註133〕

〔註127〕《資治通鑑》，卷二九四，〈後周紀〉五，〈世宗顯德五年〉，頁9577～9578。
〔註128〕同上。
〔註129〕同上，頁9582。
〔註130〕同前書，卷二九三，〈後周紀〉三，〈世宗顯德四年〉，頁9569。
〔註131〕《舊五代史》，卷一一九，〈周書〉十，〈世宗紀〉，頁1580。
〔註132〕《資治通鑑》，卷二九四，〈後周紀〉五，〈世宗顯德六年〉，頁9595。
〔註133〕同上。並參見註131。

　　（四）治永濟渠：時永濟渠下游，自乾寧軍（河北青縣）以北屬契丹所有。顯德六年（959），周世宗發動戰爭，一舉攻克益津關（位今河北文安縣）、瓦橋關（位今河北歸義縣），收復關南（瓦橋關以南）地。此次戰役之成功，乃得力於事前將滄州（河北滄州市東南）至乾寧軍以南之永濟渠重新疏通。據《資治通鑑》卷二九四，〈顯德六年〉有載：

　　　　（二月）甲子，詔以北鄙未復，將幸滄州。……丁卯，命侍衛親軍
　　　　都虞候韓通等將水陸軍先發。甲戌，上發大梁。夏四月，庚寅，韓
　　　　通奏自滄州治水道入契丹境，柵於乾寧軍南，補壞防，開游口三十
　　　　六，遂通瀛、莫。

由於上述諸水道之開通，軍事、漕運兩相得利。至於其時漕運方法如何？囿於史料，難明其詳。今僅知世宗曾於顯德二年（955）時，與侍臣論及漕運給耗之事，據《通考》卷二五載：

　　　　周顯德二年，上謂侍臣曰：「轉輸之物，向來皆給斗耗。自（後）漢
　　　　以來，不與支破。倉廩所納新物，尚破省耗，況水路所般，豈無損
　　　　失。今後每石宜與耗一斗。」

另《資治通鑑》卷二九二，亦有載：

　　　　顯德二年，春正月庚辰，上以漕運自晉、漢以來不給斗耗，綱吏多
　　　　以虧欠抵死，詔自今每斛給耗一斗。

以上二條所記爲同一事，即漕運米斛每石給耗一斗。但由此而知，後晉、後漢、後周三代，水陸漕運物資，仍行轉般法，其間並以「綱吏」督之，分別押運一定數量米糧至京，晉、漢之世，如有少欠，輒抵死。其法甚嚴，又不合理，世宗乃定給耗之制。由是推知，其時漕運應是採行綱運之法。

　　至於十國，除北漢立國太原外，其餘諸國，大致先後於淮水、長江以南，各自據地稱王，直至宋初。江南經濟繁盛，自唐安史亂後已開其端，並且成爲大量供應中央財賦來源之區，而所謂「基本經濟區」地位，亦因此確立。〔註134〕由於受地形影響，大致可分爲六個各具特色之經濟小分區，南方諸國即在此種政治與經濟重心相結合有利條件下，各自獨立。其時，大抵長江流域上游四川地區，先後有前蜀、後蜀立國；中游兩湖地區，爲楚、荊南相繼盤踞；長江下游與淮水以南地區，有吳、南唐先後爲政。太湖、錢塘

〔註134〕冀朝鼎著，朱詩鰲譯，《中國歷史上的基本經濟區與水利事業的發展》（北京：中國社會科學出版社，1981年6月第一版），第七章，頁105～106。

江流域地區，為吳越根據地。而福建以及兩廣地區，則分別有閩、南漢立國。經濟足以自給，供應無缺，因此亦無有大規模漕運之必要，故十國無漕政之論。

綜言之，由綱運創立時代背景，及所施行法度觀之，可歸納其精義為針對大宗物資長程運輸，與以定量分載，並組合成隊，由專業人員運輸、督押、護航。此種高度專業組織化之運輸，實極具科學管理精神。劉晏創立之初，即施之於數量龐大之米糧水路運輸。故綱運之初義，為水路漕糧運輸之法。其後，由於行兩稅法，錢成為超越米糧之運輸大宗，綱運法為之爰引採用，於是陸路（水陸聯運）輕貨，亦行綱運。至此，由於適用範圍擴大，其涵義亦見增長。只是，中唐以降，國勢漸衰，五代十國，割據紛爭，二百年間漕運不振，綱運亦難有大發展。直迄後周世宗逐一疏通漕道，建立以汴京為中心之水道交通網，為宋代奠下良好漕運基礎，加以其時政軍經情勢之轉變，漕運繁興，而綱運之法廣受採用，其涵義亦隨之而衍生

貳、兩宋時期綱運涵義

一、漕運發達

宋代漕運發達，有其時代背景與需要。〔註135〕以下由政軍情勢、財政需要，以及經濟發展等方面，分述之。

（一）政軍情勢：北宋立國，「因襲前轍，定都大梁」，〔註136〕即東京開封府，時稱汴京。五代以來，四都於此，殆以其位居要津，交通輻輳，取給便利之故。然其地處平原，「四戰之地，太平宜居」，〔註137〕有事則非利。故太祖曾欲西遷形勢險固之洛陽、長安。事據《東都事略》載：

　　太祖幸西京，有遷都意。……太祖曰：「遷洛未久，又當遷雍。……
　　「吾將西遷者，無它，據山河之勝，而去冗兵，循周漢之故事，以

〔註135〕參見青山定雄（日），《唐宋時代の交通と地誌地圖の研究》（東京：吉川弘文館，昭和38年〔1963〕3月發行），第一篇，第九「宋代における漕運の發達」，頁327～444。

〔註136〕《讀史方輿紀要》，卷七，〈歷代州域形勢〉七，引〈都邑考〉云：「宋建隆初，因周舊制，以大梁為東京開封府，洛陽為西京河南府，真宗建宋州為南京，仁宗又建大名府為北京，時謂之四京。」

〔註137〕按，仁宗時論建都之事，仲淹曰：「洛陽險固，而汴為四戰之地，太平宜居汴，即有事必居洛陽。當漸廣宮室。」呂夷簡評為：「此仲淹迂闊之論也。」《宋史》，卷三一四，〈范仲淹列傳〉，頁10268。

安天下。」〔註138〕

時以群臣反對，晉王（即宋太宗）亦云「在德不在險」，終未能遷，仍都於汴。

然則面對強敵環伺（北有契丹，西鄰西夏），而北方燕雲十六州，又早於後晉石敬瑭時，割於契丹，國防線盡失，無險可守。惟置重兵於汴，以備防禦。又，太祖即位之初，有鑑於唐末五代以來，「方鎮兵重，君弱臣強」之弊，制定文治國策，集權中央，強榦弱枝。〔註139〕京師官員、士庶、大軍仰給倍增，漕運益形重要。於此，仁宗慶曆中（1041～1048）張方平曾有精闢之論：

> 今之京師，古所謂陳留，天下四衝八達之地。非如函秦天府百二之固，洛宅九州之中，表裡山河，形勝足恃。自唐朱溫受封于梁，因而建都，至于石晉割幽薊之地，以入契丹，遂與強敵共中原之地。故五代爭奪，華夏靡寧，其患由乎畿甸無藩籬之固，根本無所庇也。祖宗受命，規模畢講，不還周漢之宇，而梁氏是因，非樂是而處之，勢有不獲已者。大體利漕運而贍師旅，依重師而爲國也，則是今日之勢。國依兵而立，兵以食爲命，食以漕運爲本。今仰給於官廩者，不惟三軍，至于京城士庶，以億萬計，大半仰食於軍稍之餘，故國家於漕事最重最急。〔註140〕

重師爲國，兵食爲命，三軍士庶，億萬所仰，漕運之事，至急至重，故無由其不發達也。

〔註138〕 王稱，《東都事略》（眉山程舍人宅刊本，臺北：文海出版社，民國 56 年 1 月出版），卷二八，〈李懷忠列傳〉，頁 5 上～下。

〔註139〕 朱熹、李幼武，《宋名臣言行錄五集》（臨川桂氏重修本，臺北：文海出版社，民國 56 年 1 月臺初版），《五朝名臣言行錄》，前集卷一，「趙普」，有載：「太祖既得天下，……普曰：『唐季以來，戰鬥不息，國家不安者，其故非它，節鎮太重，君弱臣強而已，今所以制之，無它奇巧。惟稍奪其權，制其錢穀，收其精兵，則天下自安矣。』」另，《宋史》，卷一七五，〈食貨志〉上三，漕運，有載：「太祖起兵間，有天下，懲唐季五代藩鎮之禍，蓄兵京師，以成疆幹弱支之勢，故於兵食爲重。」

〔註140〕 張方平，《樂全先生文集》（明山陰祁氏淡生堂藍格本〔卷一七～一九〕清海鹽馬氏漢唐齋鈔本，臺北：現藏於國家圖書館），附錄「行狀」，頁 22。另，參見李燾，《續資治通鑑長編》（以下簡稱《長編》，新定本，臺北：世界書局，民國 72 年 2 月四版），卷二六九，神宗熙寧八年冬十月壬辰條。杜大珪，《名臣碑傳琬琰集》（鈔本，臺北：文海出版社，民國 58 年 5 月初版），卷二二，〈張文定公方平墓誌銘〉，頁 720。

南宋建都臨安（杭州），固以有「重江之險」，〔註 141〕利於自守。〔註 142〕
實則交通便利，漕運無虞，亦爲主因之一。據李心傳《建炎以來繫年要錄》
載：

> （紹興元年〔1131〕十一月）戊戌，詔以會稽（浙江紹興）漕運不
> 繼，移蹕臨安。……先是，尚書左僕射呂頤浩言：「今國步多艱，中
> 原隔絕，江淮之地，尚有巨賊。駐蹕之地，最爲急務。……要當……
> 使號令易通於川陝，將兵順流而下，漕運不至於艱阻。」〔註 143〕

杭州位居隋大運河南段江南河終點，由江南河至鎮江入長江，則長江流域以
及淮南地區，各處上供物資，可輕易運至。《宋會要・方域》一六有載：

> （寧宗）嘉定六年（1213）十一月二十九日，臣僚言：「國家駐蹕錢
> 塘，綱運糧餉，仰給諸道，所繫不輕。水運之程，自大江而下，至
> 鎮江則入（江口）閘，經行運河，如履平地，川廣巨艦，直抵都城，
> 蓋甚便也。」〔註 144〕

綱運暢達，百司六軍供饋不乏，遂成偏安之勢。〔註 145〕

（二）財政需要：由於制定集權中央國策，「稍奪其權，制其錢穀，收其
精兵。」〔註 146〕太祖乾德二年（965），詔諸州支度給經費外，「凡金帛悉送闕
下，毋或占留」，〔註 147〕外權始削，利歸公上。此即富弼於仁宗寶元二年（1039）
所云：

〔註 141〕《宋史》，卷三六九，〈王淵列傳〉，頁 11487。

〔註 142〕《讀史方輿紀要》，卷九〇，〈浙江〉二，杭州府，引朱子言：「建康形勢雄壯，
然淮破則止隔一水，欲進取則都建康，欲自守則都臨安。」頁 3754。

〔註 143〕李心傳，《建炎以來繫年要錄》（以下簡稱《繫年要錄》，清光緒庚子廣雅書局
刊本，臺北：文海出版社，民國 69 年 6 月初版），卷四九，高宗紹興元年十
一月戊戌，頁 3 上。不著撰人，《宋史全文續資治通鑑》（元刊本，臺北：文
海出版社，民國 58 年 5 月初版），卷一八，高宗紹興元年十一月戊戌，頁 13
上。

〔註 144〕參見《宋史》，卷九七，〈河渠志〉，浙西運河，頁 2406。

〔註 145〕同註 142，顧祖禹云：「不知臨安雖偏，前有襟障，左右臂有伸縮，是以晏然
者百餘年。」

〔註 146〕同註 139。

〔註 147〕《長編》，卷六，太祖乾德三年三月條，頁 8 上～下。《宋史》，卷一七九，
〈食貨志〉下一，會計，頁 4347。另，侯家駒，〈宋代財賦「盡輦京師」辨〉
（《大陸雜誌》，第七十二卷第二期，頁 20～21），認爲「凡金帛悉送闕下」，
主要是指有關金帛之會計帳簿，地方財物除規定上供物品外，其他實物仍在
地方。

迨太祖、太宗盡取川蜀、河東、江南、兩浙、荊南、湖南、廣南、
閩粵之地，何啻萬里，不許逐方私積寶貨，當時盡歸京師，且以後
來賦稅無不經度，逐州只留實約軍費，其餘每歲盡數上供，民力所
輸，秋毫無隱，不間遠邇，不問炎涼，輦運縱橫，水陸奔湊。官司
督責，時無暫休。〔註148〕

宋初憑藉吳、蜀、江南、荊湖、閩粵之豐富蓄藏，以及太祖、太宗簡約之政，
以致「上下給足，府庫羨溢」。〔註149〕但至仁宗即位，卻出現財用不足之窘境，
〔註150〕睽其原因，如《宋史‧食貨志》所云：

承平既久，戶口歲增，兵籍益廣，吏員益眾。佛老、外國耗蠹中土，
縣官之費數倍於昔，百姓亦稍縱侈，而上下始困於財矣。

其中尤以「兵籍益廣」、「吏員益眾」，所謂冗兵、冗員之冗費支出太甚，造成
沈重負擔。〔註151〕由於財政所需，於是全國各地上供物資〔註152〕由原本「隨
歲入所出」，初無定制，漸而定立額數，乃至增額、立新格，愈益加重加多。
據《通考》引陳傅良云：

國初，上供隨歲所入，初無定制，而其大者在糧帛銀錢。……景德
四年（1007），……米綱立額。……大中祥符元年（1008），……銀
綱立額。……天禧四年（1020），……錢綱立額。……絹帛綱……以
咸平三年（1000），……亦有年額矣。然而前朝理財，務在寬大，隨
時損益，非必盡取。上供增額起於熙寧，雖非舊貫，尤未爲甚。崇
寧三年（1104）十一月，始立上供錢物新格，於是益重。〔註153〕

〔註148〕《長編》，卷一二四，仁宗寶元二年九月「是月」條。
〔註149〕《宋史》，卷一七九，〈食貨志〉下一，會計，頁4349～4350。
〔註150〕據葉適應詔條奏財總論中有云：「夫當仁宗四十二年，號爲本朝至平極盛之
　　　　世，而財用始大乏，天下之論擾擾，皆以財爲慮矣！」參見《通考》，卷二四，
　　　　〈國用考〉二，歷代國用，引葉適云，頁236中。
〔註151〕據方豪先生分析：「宋代之所以獨多冗官：一爲貢舉無定額，生員日增，仕途
　　　　實爲若輦惟一出路：二爲恩蔭太濫：三爲祠祿太盛。」並據《宋會要》、《通
　　　　考》、《朝野雜記》等相關史料，表列宋代官員之數。參見方豪，《宋史》（臺
　　　　北：華岡出版有限公司，民國68年10月新一版），第三章第一節，頁34～
　　　　35。又，兵員額數，至眞宗、仁宗時已較宋初增加三至四倍，兵費支出自亦
　　　　隨之而增。參見方豪，前引書，第四章第四、五節，頁54～57。
〔註152〕按，上供之名，始於唐憲宗，據《新唐書》，卷五二，〈食貨志〉二云：「憲
　　　　宗……分天下之賦以爲三，一曰上供，二曰送使，三曰留州。」
〔註153〕《通考》，卷二三，〈國用考〉一，歷代國用，頁227～228。

及至南宋，雖領土減少，但「所入財賦，視宣和又再倍矣。」〔註154〕南宋末，度宗咸淳六年（1270），都省即有言：「南渡以來，諸路上供數重，……害及百姓。」〔註155〕以下即檢具相關史料所載，就太宗至道末（997）、徽宗宣和元年（1119），以及度宗咸淳六年，實際上供物資數額，分作三表，以明其增長之勢。

表一：太宗至道末上供錢物總計表〔註156〕

物　別	數　額
錢	一、六九二、○○○餘貫
金	一四、八○○兩
銀	三七六、○○○兩
絲	七○五、○○○兩
綿	四、九七○、○○○兩
紬	三七九、○○○匹
絹	一、七○八、○○○匹
絁	五二、○○○匹
布	一、一○六、○○○匹
總計	一一、○○二、八○○餘貫兩匹

表二：徽宗宣和元年諸路上供錢物總計表〔註157〕

路　分	上供錢物數（貫兩匹）	路　分	上供錢物數（貫兩匹）
兩浙路	四、四三五、七八八	河北路	一七五、四六四
江南東路	三、九二○、四二一	陝西路	一五○、七九○
京東路	一、七七二、一二四	夔州路	一二○、三八九
江南西路	一、二七六、○九八	京西路	九六、三五一
淮南路	一、一一一、六四三	廣南西路	九一、九八○

〔註154〕同註150。
〔註155〕《宋史》，卷一七九，〈食貨志〉下一，頁4366。
〔註156〕《長編》，卷九七，仁宗天禧五年「是歲」條。
〔註157〕同註153。

福建路	七二二、四六七	潼川路	五二、一二〇
荊湖北路	四二七、二七七	成都路	四五、七二五
荊湖南路	四二三、二二九	利州路	三二、五一八
廣南東路	一八八、〇三〇	總　計	一五、〇四二、四一四

表三：度宗咸淳六年上供錢物總計表 〔註 158〕

物　　別	數　　　　　額
錢、關、會子	二四、九五八、七四八貫
銀	一六九、六四三兩
紬	四一、四三八匹
絹	七三七、八六〇匹
絲	九五、三三三兩
綿	一、〇五七、九二五兩
綾	五、一七九匹
羅	七、三五五匹
總計	二七、〇七三、四八一貫兩匹

　　以上三表可分別代表北宋初、北宋末以及南宋末三時期，全國各路上供錢物，包括錢、金、銀以及絹帛等紡織物之數額，米糧與其他雜物，則未計入。由是可知，上供錢物於北宋末較宋初約增加〇・三七倍，南宋末較北宋末又增〇・八倍。如此，基於財政需求，上供物資愈益龐雜，則漕運亦不由其不興也。

　　（三）經濟發展：兩宋時期，承繼中唐以來經濟發展態勢，南盛北衰局面形成。〔註 159〕東南財賦雖於唐末遭黃巢之亂波及，衰落一時，然歷經十國割據勢力之蓄積，經濟實力再生再茂。〔註 160〕故宋太祖在其統一策略上，曾有感而發：「中國自五代以來，兵連禍結，帑藏空虛，必先取巴蜀，次及廣南、

〔註 158〕同註 155。

〔註 159〕參見張家駒，《兩宋經濟重心的南移》（臺北：帛書出版社，民國 74 年 3 月出版），頁 1～5。

〔註 160〕李劍農，《宋元明經濟史稿》（北京：三聯書店，1957 年 4 月第一版），第一章，〈經濟領域之重心移於東南〉云：「此類（十國）割據勢力之能存在，即各區經濟勢力發展之反映也。」頁 1～7。

江西，即國用饒矣。」〔註 161〕乃決定「先南後北」，北宋立國基礎，實賴東南財賦。〔註 162〕

　　東南經濟之盛，由當時農、（手）工、商業之發展狀況，均可得到証明。據漆俠研究：

> 宋代的農業生產，如果以淮水劃界，則北不如南；而以峽州（湖北宜昌）爲中軸，南至海南島，北至秦嶺商雒山區，劃一南北線，則西不如東。宋代手工業生產，也同樣地表現了這一生產發展的不平衡性。〔註 163〕

不僅明確劃出所謂「東南」之範圍，並且指出宋代農業與手工業生產依此劃分，北不如南，西不如東。至於宋代商業發展，則是以此二者爲基礎，配合市場供需、交通運輸等因素，東南地區已跳脫自然經濟模式，而以商品貨幣經濟爲主流，獲得前所未有之發展。於此，漆氏進而說明：

> 宋代峽州以西的西方諸路，不但農業、手工業遠遠落後于東方諸路，而且它的商品貨幣經濟的發展，城鎮貿易也遠遠落後于東方諸路。……西方諸路自然經濟依然居于絕對的支配地位，東方諸路的商品貨幣經濟有了顯著的發展，東西地區之間發展的不平衡性更加顯著，差距拉得更大。〔註 164〕

此種南盛北衰之經濟發展，亦可由各地上供物資數額多寡看出。茲再據表二，分析之。

　　依表二（參前）所列宣和元年（1119）上供諸路，若依淮水以南，秦嶺、峽州，海南島一線以東劃分，屬於此區域之路分有兩浙、江南東、西、淮南、福建、荊湖南、北，以及廣南東等八路，其上供錢物總計一二、五〇四、九五三貫兩匹，已占當年上供錢物總計數百分之八三。此種數據一面倒之現象，正與南重北輕之經濟發展態勢相脗合。保守言之，北宋末上供物百分之八十來自東南，漕運之繁興，可想而知。

　　南宋偏安，坐東南而享其利，政治、經濟重心相結合，更是使南盛北衰

〔註 161〕王稱，前引書，卷二三，傳略。

〔註 162〕章如愚，前引書，續集卷四六，〈財用門・東南財賦〉：「祖宗之時，銀、絹、繒、絮、錢、穀，皆仰給於東南」，頁 2 上。

〔註 163〕漆俠，《宋代經濟史》下冊（上海：上海人民出版社，1988 年 7 月第一版），第二編引言，頁 537。

〔註 164〕同上，第四編引言，頁 927～928。

成定局之關鍵時期。〔註 165〕而各地上供錢物，至南宋末，比北宋幾成倍增（參見表二、表三），此亦漕運發達之由也。

綜上所述，宋代基於政軍情勢，財政需要，在南盛北衰經濟發展因素主導下，國都所在，北宋汴京、南宋臨安，先後成爲東南漕運物資最大集結中心。漕運發達、物資龐雜，於是頗能合乎科學管理精神之綱運法，乃被廣泛採用。

二、綱運涵義

綱運自中唐創立以來，成爲大宗物資運輸之善法，其適用範圍亦日見增廣，已如前述。至宋初，大宗水運物資，以綱爲名，似已成習。如太祖征南唐，遣曹翰爲先鋒都指揮使，翰掠奪金寶鉅萬，乃假潁州新造佛舍，請載江州（江西九江）廬山東林寺五百尊鐵羅漢歸之名義，調發官方巨艦十餘艘，「悉載其所獲資貨，置像於其上，時目爲『押綱羅漢』」。〔註 166〕此乃假公濟私，以官船載運大批私物，因爲數至鉅，分綱押運，故有「押綱羅漢」之名。

而宋代由於漕運發達，承載物資龐雜，全國各地水陸上供物資，殆以綱運發送。此類資料於《宋史·食貨志》「漕運」、《宋會要·食貨》「漕運」，以及《通考·國用考》「漕運」等相關文獻中，多所記載。其中尤以《宋會要》最多最詳，茲僅據所載，試將北宋時期有關「綱運」之稱者，修列於後，俾再分析：〔註 167〕

> 成都府錢帛鹽貨綱運（〈食貨〉四二之一）
>
> 四川等處水陸綱運（同上）
>
> 諸處起發上供金、銀、錢、帛、斛斗綱運（〈食貨〉四二之二）
>
> 黃河綱運（〈食貨〉四二之三）
>
> 河北沿河州軍綱運（同上）
>
> 廣南上供綱運（〈食貨〉四二之五）
>
> 清河、江湖綱運（同上）
>
> 荊湖、江浙、淮南水路綱運（〈食貨〉四二之六）

〔註 165〕參見張家駒，前引書。

〔註 166〕江少虞，《皇朝類苑》（清宣統三年武進董氏重刊本，臺北：文海出版社，民國 70 年 6 月出版），卷七四，〈詐妄謬誤〉，曹翰，頁 6 上～7 下。

〔註 167〕茲據《宋會要》，〈食貨〉四二～四三所載「漕運」各條，就其有「綱運」之稱者錄下，其間重複出現以及雖言「綱運」之事，但無明確或完整「某某綱運」名稱者，均未收錄。

淮南、兩浙、荊湖、廣南、福建路雜般綱運（同上）

諸路州府軍監起發上京綱運（同上）

西川四路物帛綱運（〈食貨〉四二之七）

川陜綱運（〈食貨〉四二之九）

上京綱運（〈食貨〉四二之一三）

應副河東等三路物帛綱運（同上）

兩川四路物帛綾羅錦綺絹布紬綿綱運、藥物水路綱運（〈食貨〉四二
之一五）

汴河及江南、荊湖綱運（〈食貨〉四三之一）

步路般輦錢物綱運（〈食貨〉四三之五）

諸路綱運（同上）

由上所列，可見北宋時期綱運適用之廣，且非僅大宗官屬物資用其法，實則
若干數量較少官屬物資輸送，亦多取其法，而有「非泛綱運」〔註168〕之名。
本文下一章將就綱運種類與名稱詳細探討，此即不再贅述。

　　綱運廣為採用後，似已有逐漸取代漕運地位之趨勢。初，真宗天禧元年
（1017）正月，有詔云：「漕運之務，國計以攸」，〔註169〕明言漕運攸關國計，
至為重要。仁宗時，已有漕臣言及綱運之利，據載：

　　（天聖元年〔1033〕十月）淮南、江湖、荊浙制置都大發運使趙賀
　　言：「荊湖、江浙路逐年起發糧斛、錢寶，并茶貨、鹽貨不少，全藉
　　綱運往迴疾速，方獲辦及。卻被沿路經過稅務不便點檢，發遣多是
　　住滯，深見妨滯行運，欲乞嚴戒沿江河州軍商稅務，自今綱運經過
　　如敢住滯，並乞勘罪斷遣，仍據住滯日分虛實請受攤陪，監官亦勘
　　罪行遣。」從之。〔註170〕

其間，倘綱運因沿路稅務點檢，〔註171〕或因運道淺澀，而多有住滯，則「有
誤歲計」。〔註172〕以國用日乏，歲計所繫，惟綱運暢通無阻，始得有濟。因此
北宋末已有「國家仰給諸路綱運」〔註173〕之說法。

〔註168〕《宋會要》，〈食貨〉四三之七。

〔註169〕同前書，〈食貨〉四二之五。

〔註170〕同前書，〈食貨〉四二之九。

〔註171〕同上。

〔註172〕同前書，〈食貨〉四二之一八。

〔註173〕同前書，〈食貨〉四三之五。

圖一：唐宋時代漕運圖

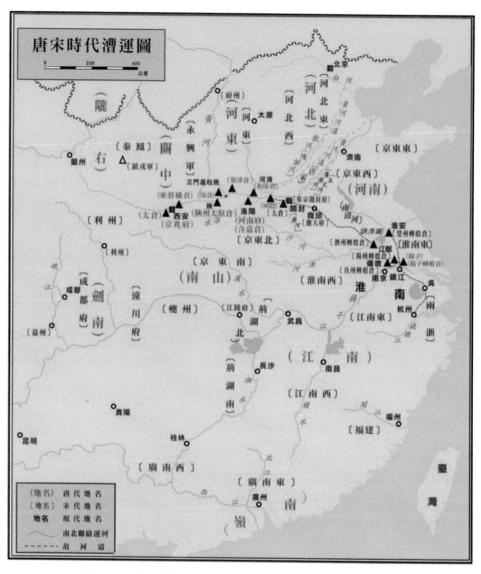

（本圖據青山定雄《唐宋時代の交通と地誌地圖の研究》，圖版 IV 重繪）

　　順此發展態勢，南宋時期，官屬物資運輸，殆已逕稱綱運，而少有以漕
運爲名。〔註174〕其時，「國家常賦，皆自諸路綱運起發」，〔註175〕「四方綱運，

〔註174〕參見《宋史》，卷一七五，〈食貨志〉上三，漕運，頁 4260～4261；及《宋會
　　　　要》，〈食貨〉四四。
〔註175〕《宋會要》，〈食貨〉四四之三。

輻輳闕下」，〔註176〕「綱運不能如期，有誤指揮」。〔註177〕

　　綱運於宋代之爲用，徵諸文獻，漕運物資外，凡官用所需，由全國各地收購、抽解、調發之物資，如馬匹、軍需、市舶物，以至竹木、花石之類，亦多採用綱運。隨著施用範圍之擴大，宋代綱運實極具多樣性。大抵受物資種類、發解地域，以及各單項專業法規變革等諸多因素影響，其組織編制、行經路線、搬運方式，亦多有不同。

　　綜而言之，宋代綱運，論其涵義，有狹義與廣義二者。狹義者，指其承唐創始本意，爲漕運之法，取其深具組織性，合乎科學管理精神，而有利於大宗物資運輸。但因施用既久，與漕運已互爲體用，即以漕運爲體，綱運爲用，相互依存；漕運綱運，體用兼備，相得益彰。至於廣義者，指其已超越漕運範圍，泛指各類大宗官屬物資之運輸，包括水路、陸路及海路。由是觀之，宋代綱運順其時代脈動，極具多樣性而又複雜，影響所及，成爲宋代運輸交通史上，不可不論之課題。

〔註176〕同前書，〈食貨〉四四之六。
〔註177〕同前書，〈食貨〉四四之一一。

第三章　綱運類別與名稱

宋代綱運物資繁雜，綱運名稱又所在多見，本章即分二節探討之。

第一節　物資類別

綱運承載官屬物資，依太祖時有詔云：「自今諸州歲受稅租及筦榷貨利、上供物帛，悉官給舟車，輸送京師。」〔註1〕知以租稅、筦榷貨利，以及上供物帛為主。其中，前二者可統稱為稅物，後者包括視所需要收買之物。此外，全國各地土貢物，以及外國進貢品，亦均以綱運發送。故就綱運物資類別而言，可約之為三大類，即稅物、貢品與收購物。〔註2〕茲再分述於後。

壹、稅　物

宋代稅法，可大別為三，曰賦稅、商稅與山澤之利。三者各有征收對象及準則，所收則分現錢、本色兩種，本文統稱為「稅物」，是綱運大宗物資。

一、賦　稅

賦稅者，賦民之稅也。宋代賦稅可分為五：曰公田之賦，凡「田之在官，賦民耕而收其租者」屬之；曰民田之賦，凡「百姓各得專之者」屬之；曰城

〔註1〕 《宋史》，卷一七五，〈食貨志〉上三，漕運，頁4250。
〔註2〕 參見拙著，《宋代官府工場及物料與工匠》（臺北：花木蘭文化出版社，2010年9月初版），第三章「官府工場之物料來源」，頁51～89。

郭之賦，凡「宅稅、地稅」之類屬之；曰丁口之賦，凡「百姓歲輸身丁錢米」之類屬之；曰雜變之賦，凡「牛革蠶鹽」之類屬之。〔註3〕其中公田之賦，即佃農之田租；民田之賦，即地主之農稅；城郭之賦，即城市居民之房、地稅；丁口之賦，即丁男之人頭稅；雜變之賦，即雜稅。是五種賦稅，因分於夏、秋二季輸納，故又稱「二稅」。其諸州起納時限與所收稅物，則因氣候差異，地域有別，而各不同。〔註4〕

宋代賦稅所收稅物，約可分為穀、帛、金鐵與物產等四類，每類又各有品目。茲據《宋會要》、《宋史》、《通考》所載，〔註5〕條列如下，以明其要：

（一）穀之品七：一曰粟、二曰稻、三曰麥、四曰黍、五曰稷、六曰菽、七曰雜子。如細分之，則粟又有七：粟、小粟、梁穀、穬粟、糜粟、秫米、黃米；稻有四：秔米、糯米、水穀、旱稻；麥有七：小麥、大麥、粿麥、穬麥、青麥、白麥、蕎麥；黍有三：黍、蜀黍、稻黍；稷有三：稷、秫稷、糜稷；菽十有六：豌豆、大豆、小豆、綠豆、紅豆、白豆、青豆、褐豆、赤豆、黃豆、胡豆、落豆、元豆、蠶豆、巢豆、雜豆；雜子有九：芝麻子、荏子、稗子、黃麻子、蘇子、苜蓿子、茱子、荏子、草子。

（二）布帛絲綿之品十：一曰羅，二曰綾，三曰絹，四曰紗，五曰絁，六曰紬，七曰雜折，八曰絲線，九曰綿，十曰布葛。

（三）金鐵之品有四：一曰金，二曰銀，三曰鐵鑞，四曰銅、鐵錢。

（四）物產之品有六：一曰六畜，二曰齒、革、翎毛，三曰茶、鹽，四曰竹、木、麻、草、蒭、萊，五曰果、藥、油、紙、薪、炭、漆、蠟；六曰雜物。若再細分之，則六畜又有三：馬、羊、豬；齒革翎毛有七：象皮、麂皮、鹿皮、牛皮、狨毛、鵝翎、雜翎；竹有四：筍竹、箭幹竹、箬葉、蘆蕹；木有三：桑、橘、楮皮；麻有五：青麻、白麻、黃麻、冬麻、苧麻；草有五：紫蘇、藍草、紫草、紅花、雜草；蒭有四：草、稻草、穰草、茭草；油有三：大油、桐油、魚油；紙有五：大灰紙、三鈔紙、蒭紙、小紙、皮紙；薪有三：木柴、蒿柴、草柴；雜物有十：白槲、香桐子、麻鞋、版瓦、堵笪、瓷器、茗幕、麻罟、藍靛、草薦。

〔註3〕《通考》，卷四，〈田賦考〉四，頁57中～下。
〔註4〕《宋史》，卷一七四，〈食貨志〉上二，「賦稅」，頁4203～4204。參見宋晞，〈宋代的賦之研究〉，收入《宋史研究論叢》第二輯（臺北：中國文化研究所，民國69年2月再版），頁91。
〔註5〕同上。《宋會要》，〈食貨〉七○之一。

以上四類稅物，凡二十七品，一百二十四種，以物產六品、六十種爲最多，其次則依序爲穀七品，四十九種，布帛絲綿十品、十種，金鐵四品、五種。征收時，穀以石計，錢以緡計，帛以匹計，金銀、絲綿以兩計，藁秸、薪蒸以圍計，他物各以其數計。〔註6〕若以夏、秋二季相較，大抵夏季以銀、錢、帛、綿等錢物爲多，秋季以米糧斛斗爲主，故時有「夏稅秋苗」之慣稱。〔註7〕此外，由於紙幣之發行，至南宋以後二稅收入中，亦有交子、會子。上供綱運，或則以「全會起解」，或則「錢、會中半」。〔註8〕

除二稅外，宋代和買絹亦常與賦稅併爲一談。和買絹之制，始自太宗時三司判官馬元方所建議，於方春「民乏絕時，豫給緡錢貸之」，至夏秋「輸絹於官」。〔註9〕和買絹本屬一種便民措施，故初時或行於一歲之間，或行於一郡邑，並非常制。惟至神宗熙寧二年（1069），新法施行，今「諸路預給錢和買紬絹」，〔註10〕和買絹遂成爲常賦之一。如張方平即曾云：

> 以一陳州言之，……夏秋二稅，凡斛斗一十五萬八千有零石，正稅
> 並和買絹三萬有零疋，絲綿四萬九千有零兩，此常賦也。〔註11〕

和買絹所買，不外紬、絹、絲、綿之類，是可併入前述稅物帛之品。〔註12〕

二、商　稅

商稅者，征商之稅也，亦即關市之稅。而所謂關者，往來交通之孔道也；市者，商業行爲發生之地點也。故關市之稅，據《通考》云：

〔註6〕《宋史》，卷一七四，〈食貨志〉上二，頁4205。

〔註7〕參見宋晞，前引文，頁90。

〔註8〕《宋會要》，〈食貨〉六八之二二：不著撰人，《皇宋中興兩朝聖政》（宛委別藏影宋鈔本，臺北：文海出版社，民國56年1月臺初版），卷五四，孝宗淳熙二年，頁1下～2上；劉克莊，《後村先生大全集》（賜硯堂鈔本，四部叢刊初編集部，臺北：臺灣商務印書館，民國54年8月臺一版），卷一六七，〈龍學行隱傅公行狀〉，頁1486；《宋史全文續資治通鑑》，卷二八，光宗紹熙三年夏四月條，頁12上有云：「沿江八州軍合發上供一半會子，則許用交子通融起發。」

〔註9〕范鎮，《東齋記事》（守山閣叢書，臺北：新文豐出版公司，民國74年1月出版），〈補遺〉，頁2～3。

〔註10〕李壐，《皇宋十朝綱要》（臺北：文海出版社，民國56年1月臺初版），卷九神宗熙寧二年十二月條。

〔註11〕張方平，前引書，卷二五，論免役錢箚子，頁26～27。

〔註12〕按，和買絹演變至高宗建炎三年，於兩浙路首先征收「和買折帛錢」，乃成爲賦稅。參見趙葆寓，〈宋朝的和買演變爲賦稅的歷史過程〉，《社會科學戰線》（歷史學），第二期，頁131～136，1982年出版。

凡布帛、什器、香藥、寶貨、羊羢，民間典賣田莊、店宅、馬、牛、

驢、騾、橐駝，及商人販茶鹽，皆有算。〔註 13〕

知其並不僅限於商人買販；大凡各類物品，乃至民間典賣，只要有交易行為

發生，必皆征算。

商稅之於宋代，可分對內、對外兩種：對內有過稅與住稅〔註 14〕之收，

對外有市舶之征。

宋代過稅、住稅，均以錢現為主，惟遇有官須，亦「抽解」稅物。所謂

抽解，即抽分解發上供；其稅率並無常制，稅物亦因地宜而不同。〔註 15〕過

稅、住稅之主管機構，京師有都商稅院，府州軍有都商稅務，縣鎮鄉關則

有場或務。〔註 16〕按，宋代過稅、住稅抽解稅物，徵諸史實，以竹木類為最

普遍。宋且專設竹木務與簾箔場，隸將作監，負抽算竹木、簾箔之責，以

給內外之用。〔註 17〕其中北宋竹木務，設於開封之西，汴河上鏁之東南，掌

受陝西水運竹木、南方竹索，及抽算「黃、汴河商販竹木」，故又稱東西抽

稅竹木務。〔註 18〕南宋則除臨安設竹木務外，兩浙路諸府州軍，亦皆抽解竹

木；〔註 19〕其抽解以十分為率，撥支二、三分，付發運司，供打造船隻之

用。〔註 20〕

宋代對外市舶之征，由市舶司（務）總其責，市舶司多設置於沿海，如

廣州、泉州（福建晉江）、明州（浙江鄞縣）、杭州、秀州（浙江嘉興）、上

海、密州（山東諸城）等通商口岸；其通商對象，則有日本、高麗，與南海

諸國等。市舶司從事市舶之征，以抽解舶貨為主；〔註 21〕凡舶至，則與帥漕

〔註 13〕 《通考》，卷一四，征榷考一，征商，頁 145 中。

〔註 14〕 同上。按，行者齎貨，謂之過稅；居者市鬻，謂之住稅。其稅率，前者約每
千錢算二十；後者約每千錢算三十。

〔註 15〕 同上。

〔註 16〕 參見宋晞，〈宋代的商稅網〉，收入《宋史研究論叢》第一輯（臺北：中國文
化研究所，民國 68 年 7 月再版），頁 30～64。

〔註 17〕 拙著，前引書，第二章，頁 12。

〔註 18〕 《宋會要》，〈食貨〉五五之一三。

〔註 19〕 同前書，〈職官〉四二之五四，〈食貨〉五○之一一～一二。

〔註 20〕 同上。另據樓鑰，《攻媿集》（武英殿聚珍版，四部叢刊初編集部，臺北：臺
灣商務印書館，民國 54 年 8 月臺一版），卷二一，奏議，〈乞罷溫州船場〉載，
溫州船場曾抽解材木，以供造船之用。

〔註 21〕 參見石文濟，《宋代市舶司的設置與職權》（中國文化大學史學研究所碩士論
文，民國 54 年 5 月），第四章「宋代市舶司的職權」，頁 76～123。

監官「菈閱其貨而征之」。〔註22〕其抽解準則大抵可分為二：其一，視貨品定
粗、細二色，科率亦不一。如《宋會要》，〈職官〉四四之一九，載高宗紹興
六年（1136）戶部奏：

> ……乞今後蕃商販到諸雜香藥，……其抽解將細色直錢之物，依法
> 十分抽解一分，其餘粗色，並以十五分抽解一分。

凡細色十分抽解一分，粗色十五分抽解一分。其二，依官司需要而抽解：如
《寶慶四明志》卷六，〈市舶〉條云：

> 抽解之時，各人物貨分作一十五分，舶務抽一分，起發上供；綱首
> 抽一分，為船腳糜費；本府（慶元府）又抽三分，低價和買；兩倅
> 廳各抽一分，低價和買；共已取其七分。至給還客旅之時，止有其
> 八，則幾于五分取其二分。

物貨十五分中，自市舶司起，至兩倅廳止，共抽解七分。其中，舶務所抽
一分，為起發上供之用。按，兩宋市舶抽解，常因時地之不同，準則亦不
一；其最低有十九分取一者，最高有十分取四者，至一般則多為十分取一。
〔註23〕

　　至於市舶抽解種類，除乳香、象牙重及三十斤者，及牛皮筋角堪造軍
器物，須由官盡行抽解博買外；〔註24〕據高宗紹興三年（1133），戶部立定起
發物，竟達百餘種之多。〔註25〕其中以香藥占最大宗，其餘約可分為三類，
曰珍異物品類，凡十品：金、銀、真珠、玉、象牙、琉璃、珊瑚、上、中、
下螺犀；曰礦物染料類，凡六品：朱砂、石碌、南蕃蘇木、高州蘇木、海
南蘇木、紅花；曰布帛類，凡十品：蕃顯布、海南碁盤布、海南吉貝布、海
南青花碁盤皮單、海南白布、海南白布皮單、青碁盤布、紬、毛絕布、高麗
小布。

三、山澤之利

　　山澤之利者，由山澤產出物所得之利也；包括各類礦產以及茶、鹽、香、
礬。〔註26〕所謂礦產，可分金、銀、銅、鐵、鉛、錫、水銀、朱砂八類。各

〔註22〕朱彧，《萍洲可談》（守山閣叢書，臺北：新文豐出版公司，民國74年1月出
　　　　版），卷二，頁17。
〔註23〕同註21。
〔註24〕同前書，〈職官〉四四之一七，及同註22。
〔註25〕同前書，〈職官〉四四之一七～一八。
〔註26〕張方平，前引書，卷二五，〈論免役錢箚子〉，頁25。

圖二：宋代礦產分布圖

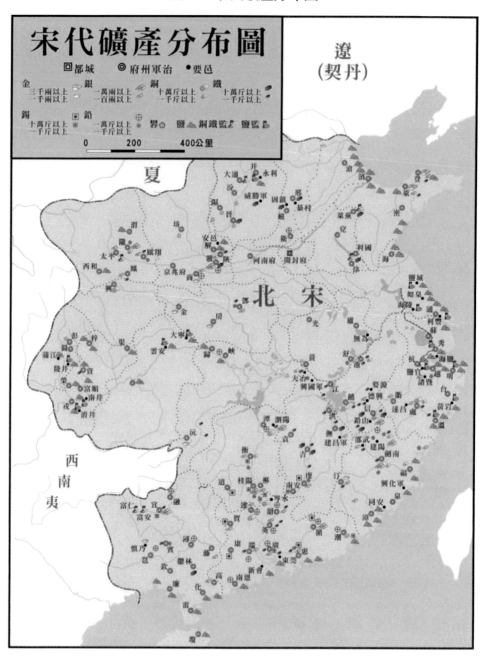

（本圖據程光裕、徐聖謨主編《中國歷史地圖》下冊，頁 26 圖版重繪）

產地設有監冶場務，內屬金部，外隸轉運司，〔註 27〕下則由各地縣丞〔註 28〕或監當官，〔註 29〕直接管理。其經營形態，大致可分官營與官監民營兩種，前者所出，由官府自賣或上供；後者所出，則由民承買，以分數中賣於官，或依課徵納官。〔註 30〕故云此類監冶場務，實具雙重功能，既爲採掘提煉之場，又爲榷課徵利之所。惟山澤蘊藏有限，或暴發輒竭，或經久所得不償其費，坑冶興閉不常，歲課亦隨之增損。〔註 31〕

　　蓋宋初，監冶場務，凡二百一十一處；〔註 32〕英宗治平中（1064～1067）增至二百七十一冶；〔註 33〕其後，興發日多，徽宗宣和六年（1124），江、淮、荊、浙等九路，即有二百四十五冶；〔註 34〕至南宋高宗紹興三十二年（1162），據統計廢興之數多達千餘處；〔註 35〕此後，則漸減少。而歲課所入依時代演進，各有增損，若以兩宋相較，則南宋「渡江後，其數日減。」〔註 36〕究其原因，乃受領土範圍縮小，南方多盜亂，以及冶戶獲利少等諸因素影響所造成。〔註 37〕茲據相關史料，作宋代南北諸路礦冶分布、歲課統計，以及南宋坑冶減損等三表以明之。

〔註 27〕《宋史》，卷一八五，〈食貨志〉下七，阮冶，頁 4532。另，參見韓桂華，〈論宋代官府工場之組織及其類別〉，《史學彙刊》第十二期，民國 72 年 10 月出版，頁 189～225。

〔註 28〕《通考》，卷六三，〈職官考〉一七，縣丞，頁 573 中～下。

〔註 29〕《宋史》，卷一六七，〈職官志〉七，監當官，頁 33 下。

〔註 30〕按，熙寧、元豐時，坑冶多召百姓採取，自備物料烹鍊，以十分爲率，官收二分。見李心傳，《建炎以來朝野雜記》（以下簡稱《朝野雜記》，明鈔校聚珍本，臺北：文海出版社，民國 56 年 1 月臺初版），甲集卷一六，財賦三，金銀院冶，頁 7 下～8 上。《通考》，卷一八，〈征榷考〉五，坑冶，頁 180 中；《宋史》，卷一八五，〈食貨志〉下七，阮冶，頁 4829～4831。另，據漆俠研究，宋初諸礦冶行歲課制，及王安石變法，改爲二八抽分制，徽宗以後至南宋，則是二者綜合制。詳見漆俠，前引書，第十四章，頁 581～587。

〔註 31〕《宋史》，卷一八五，〈食貨志〉下七，阮冶，頁 4524～4525。

〔註 32〕按，《宋史》，卷一八五作「二百有一」處，但據《通考》所載，逐處加之，應爲「二百十一」處；《宋史》所載當爲有誤。見《宋史》，卷一八五，〈食貨志〉下七，阮冶，頁 4523～4524；及《通考》，卷一八一，〈征榷考〉五，頁 178 下～179 上。

〔註 33〕同上，頁 4525。

〔註 34〕同上，頁 4531。

〔註 35〕同上。

〔註 36〕《朝野雜記》，甲集卷一六，〈財賦〉三，銅鐵鉛錫院冶，頁 8 下～9 下。

〔註 37〕參見漆俠，前引書，第十三章，頁 572～575。

表四：宋代南北方礦冶分布比較表〔註38〕

年代（單位）	礦產數額區域	金（百分比）	銀（百分比）	銅（百分比）	鐵（百分比）	鉛（百分比）
北宋初（監冶場務）	北方	1 (20)	4 (7)	0 (0)	16 (26)	0 (0)
	南方	4 (80)	50 (93)	36 (100)	45 (74)	39 (100)
元豐元年（府州軍監）	北方	6 (24)	12 (18)	2 (10)	14 (39)	6 (19)
	南方	19 (76)	56 (82)	18 (90)	22 (61)	25 (81)

年代（單位）	礦產數額區域	錫（百分比）	水銀（百分比）	朱砂（百分比）	總計（百分比）	
北宋初（監冶場務）	北方	1 (11)	4 (100)	1 (33)	27 (13)	
	南方	8 (89)	0 (0)	2 (67)	184 (87)	
元豐元年（府州軍監）	北方	5 (20)	3 (50)	1 (17)	49 (23)	
	南方	20 (80)	3 (50)	5 (83)	168 (77)	

表五：宋代南北諸路礦冶歲課統計表（以元豐元年爲據）〔註39〕

項　目	北方坑冶收入及所占百分比		南方坑冶收入及所占百分比	
金	9,696（兩）	90.5	1,014（兩）	9.5
銀	83,223（兩）	32.6	171,888（兩）	67.4
銅	15,411（斤）	0.1	14,598,598（斤）	99.1
鐵	5,298,989（斤）	96.3	202,108（斤）	3.7
鉛	3,435,175（斤）	41.5	4,839,788（斤）	58.5

〔註38〕《宋史》，卷一八五，〈食貨志〉下七，坑冶，頁4524～32；《通考》，卷一八，〈征榷考〉五，頁178下～181上；《宋會要》，〈食貨〉三三之七～一八。表中南北方以淮水爲界，四川地區亦劃入南方。

〔註39〕《宋會要》，〈食貨〉三三之七～一八。本表轉引自漆俠，前引書，頁572。

表六：南宋坑冶減損統計表 〔註40〕

礦　產	舊（百分比）	廢（百分比）	留（百分比）
金	267 (100)	142 (53)	125 (47)
銀	174 (100)	84 (48)	90 (52)
銅	109 (100)	45 (41)	64 (59)
鐵	638 (100)	251 (39)	387 (61)
鉛	52 (100)	15 (29)	37 (71)
錫	118 (100)	44 (37)	74 (63)
總計	1,358 (100)	581 (43)	777 (57)

由表四，顯而易見宋代各類礦冶分布，南方多於北方。再由表五，實際歲課數字，知金、鐵是北多於南，銅則幾乎全出自南方。而由表六，可知南宋坑冶，已由盛轉衰，大爲減損。至於坑冶所入，或則供中央與地方官府工場造作之用，〔註41〕或則榷賣獲利，〔註42〕其中金銀殆皆上供，「悉歸之內帑」。〔註43〕

茶、鹽、香、礬，皆爲有宋籌措軍國經費之重要來源。〔註44〕其中，香即香藥，屬舶貨，已見前。茶、鹽、礬，各有出產之地。以茶言之，因茶性宜濕，故多產於長江流域及其以南地區，其時淮南、兩浙、江南、荊湖、福建、廣南以及四川等諸路，均已遍及。〔註45〕茶自唐代以來飲啜成風後，上自宮廷仕宦，下至黎民百姓，乃至蕃夷外族，幾皆不可一日無茶。宋代乃確立茶之專賣，而其經營則每隨國家財政需要與地域區別而有不同。大抵可分

〔註40〕《宋史》，卷一八五，〈食貨志〉下七，坑冶，頁 4531～2。本表以乾道二年（1166）爲準。

〔註41〕參見註 2。

〔註42〕《宋史》，卷一八五，〈食貨志〉下七，坑冶，頁 4530。按，政和初（1111），臣僚請榷諸路鐵。至是，「嚴貿易之禁，而鐵利盡榷於官。」

〔註43〕同上，頁 4531。另有載：「崇寧以後，廣搜利穴，……金銀等物往往皆積之大觀庫。」

〔註44〕同上，香，頁 4537。

〔註45〕參見朱重聖，《北宋茶之生產與經營》（臺北：臺灣學生書局，民國 74 年 12 月初版），第二章「宋代茶產區及種類與產量」，第一節「產區分布」，頁 93～108。

為官賣法與通商法兩種。前者由官府直營，亦即專賣之制，包括禁榷、入中、貼射、三說、三分與四分、見錢、長短引、合同場等法。後者，為間接經營，准民自相販易，而由官府徵其茶租與商稅。〔註46〕宋初除採茶之民（即園戶），歲課以茶輸租外，凡民之歲租願折茶者，亦可入茶，謂之折稅茶。〔註47〕故賦稅，物產類中有茶之品。

鹽為民生所必須，據文獻所載，我國古代鹽品即已十分豐盛，〔註48〕依傳統分法，大致有四，即池鹽、海鹽、井鹽與岩鹽；以其形狀，又有顆鹽與末鹽之分。宋鹽若以出產地域劃分，有解鹽、吳鹽、淮鹽、浙鹽、廣鹽、福建鹽、虔鹽、蜀鹽、峽鹽、河東鹽、河北鹽、京東鹽……等，此外宋代鹽品之繁，依郭正忠分析，幾為歷代之冠，主因即在當時鹽法複雜，又多有變遷，加之於生產、流通、銷售諸環節中之特徵與意義，而出現五花八門之名目。〔註49〕

宋鹽之運銷，在官賣、通商兩大法則下衍生出六種不同制度：其一，為純屬官搬官賣之專賣制。其二，為全由商人運銷之自由貿易制，而由官收其稅，故時稱稅鹽制，或鹽稅制。其三，為官收商運商銷，以鈔鹽制為代表，另包攬運、銷之特殊買撲制，亦屬此類。其四，為官收官運民銷之分銷制，以及不包攬運輸之買撲制。其五，為民鹽官督商銷制，如南宋川峽之引鹽合同場制即是。其六，為綜合以上諸法，而有民運官銷、商鹽官銷以及鈔鹽官銷等法。

至於一般從事生產之亭戶，其賦稅繳納方式為「受錢或折租賦」，〔註50〕即以鹽折納二稅該收之糧斛絹帛。因此，鹽與茶併列為賦稅物產類品目。

礬之主要用途，為充當媒染劑。此外，可使皮革軟化、膠黏紙張、淨水，

〔註46〕同上，第四章「北宋茶運銷制度」，頁281～352。

〔註47〕《通考》，卷一八，〈征榷考〉五，榷茶，頁175上；《宋史》，卷一八三，〈食貨志〉下五，茶上，頁4477。

〔註48〕有關宋鹽之研究成果甚豐，其中尤以戴裔煊，《宋代鈔鹽制度研究》（臺北：華世出版社，民國71年9月臺一版），對宋代鹽之產銷制度，以鈔鹽制為中心，論述詳備；近年則有郭正忠，《宋代鹽業經濟史》（北京：人民出版社，1990年7月第一版），進而對宋代鹽產技術、鹽業經濟體制、（包括生產、流通、相關從業人員）鹽法變遷，以及鹽利統計、相關出土文物等方面，作更為全面性的探討，是繼戴書之後，有關宋鹽之又一佳作。以下本文有關鹽之討論，二書多所參考，如非必要，即不再一一作註。

〔註49〕郭正忠，前引書，第一章「宋代食鹽的生產技術」，頁1～4。

〔註50〕《長編》，卷九七，真宗天禧五年「是歲」條，頁19下。

以及在醫藥上有止血、催吐與收斂等功效。〔註51〕宋代礬有白、綠、黃、青膽之分，白礬產自晉、慈（山西吉梁）、坊州（陝西中部）、無為軍（安徽無為），及汾州靈石縣；綠礬產自慈、隰（山西隰縣）州，及池州（安徽貴池）銅陵縣；〔註52〕青膽、黃礬則產於撫州（江西臨川）、信州（江西上饒）鉛山場、韶州（廣東曲江）岑水場，以及潭州（湖南長沙）瀏陽之永興場〔註53〕等處。礬之產銷，大致亦可分專賣與通商二法，前者於礬產地設煉礬場務，官自出鬻；後者隨時代演進而有不同。大抵，北宋初有商人入中博買之法；〔註54〕仁宗天聖時（1023～1031）曾募民販鬻，以四分之一輸稅，餘則由官市之；〔註55〕神宗熙寧三年（1070），再變為劃定銷售區由鑊戶定量收買商人算請之制；〔註56〕徽宗時，以課額制為主，〔註57〕南宋則行鈔引礬制。〔註58〕在此等行銷策略下，礬利主要以見錢收入為主，其中亦有部分實物，以供官府造作之用。

貳、貢　品

　　凡國內諸州，外藩諸邦，各隨風土所宜，進貢方物，本文統稱為「貢品」。此等國內外貢品，數量多寡不一，種類則品目繁多，據文獻所載，知其殆皆以綱運發送。以下即分「土貢」與「進貢」二者述之於後。

一、土　貢

　　任土作貢，自古有之，《禹貢》有九州之貢，《周禮》則有以「九貢」，「致邦國之用」。〔註59〕歷代相沿，各有損益。宋代土貢，乃隨各地土產所宜，歲

〔註51〕 參見李約瑟（Joseph Needham）原著，陳立夫主譯，《中國之科學與文明》第六冊（臺北：臺灣商務印書館，民國69年8月三版），〈25礦物學〉，f若干特別礦物之注解，(2)明礬，頁289～290。
〔註52〕 《宋史》，卷一八五，〈食貨志〉下七，礬，頁4533。
〔註53〕 同上，頁4537；《朝野雜記》，卷一四，〈財賦〉一，礬，頁11上～下。
〔註54〕 同註52，頁4534～4535。
〔註55〕 同上。
〔註56〕 《長編》，卷二一六，神宗熙寧三年冬十月庚辰條。
〔註57〕 《宋會要》，〈食貨〉三四之六。
〔註58〕 同上。
〔註59〕 按，《周禮》九貢：一曰祀貢（犧牲包茅之屬），二曰嬪（賓）貢（皮帛之屬），三曰器貢（宗廟之器），四曰幣貢（繒帛之屬），五曰材貢（木材也），六曰貨貢（珠貝自然之物），七曰服貢（祭服），八曰斿貢（羽毛），九曰物貢（九州之外，各以其所貢為摯）。見《周禮》（明刻宋岳氏相台本，四部叢刊初編經

時貢之。太祖之初，有詔「非土產者，勿貢。」〔註60〕土貢各單項物品數量不多，其初多隨綱附遞上京，但由於各路諸州軍物類繁雜，實亦有其不便之處。故哲宗元祐四年（1089），戶部建議：

> 諸路進貢之物，不計附遞，並令轉運司於順便州軍類聚，計綱起發上京，差人管押。從之。〔註61〕

於是，諸路貢物乃由附遞提升為專綱計置起發。由於全國各地風土不同；貢物有殊，茲據《元豐九域志》所載，作宋代諸路土貢表，〔註62〕以明其要。

表七：宋代諸路土貢表

路　分	府州軍監	土貢物品及數額
東京	開封府	（甲）麻黃十五斤，酸棗仁一斗；（乙）方紋綾三十匹，方紋紗三十匹；（丙）蘆席十領。
西京	河南府	（丙）瓷器二百事；（壬）蜜、蠟各一百斤。
南京	應天府	（乙）絹二十匹。
北京	大名府	（乙）花紬、綿紬、平紬各十匹；（壬）紫草五十斤。
京東東路	青　州	（乙）仙紋綾三十匹；（壬）棗一萬一千顆。
	密　州	（甲）牛黃三兩；（乙）絹十匹。
	齊　州	（甲）陽起石、防風各十斤；（乙）絹十匹，綿百兩。
	沂　州	（甲）紫石英、仙靈脾、伏苓各十斤，鍾乳三十兩。
	登　州	（甲）牛黃三兩；（丙）石器十事；（丁）金十兩。
	萊　州	（甲）牛黃三兩；（丙）石器十事；（庚）牡礪、海藻各十斤。
	濰　州	（乙）仙紋綾二十匹，綜絲絁二十匹。
	淄　州	（甲）防風、長理石各五斤；（乙）綾十匹。
	淮陽軍	（乙）絹十匹。
京東西路	兗　州	（甲）伏苓、雲母、防風、紫石英各十斤；（乙）花綾十匹；（丙）墨一百枚。
	徐　州	（乙）雙絲綾、紬、絹各十匹。

部，臺北：臺灣商務印書館，民國54年8月臺一版），卷一，〈天官冢宰〉第一，頁九上。
〔註60〕《宋史》，卷二，〈太祖本紀〉二，頁31。
〔註61〕《長編》，卷四三五，哲宗元祐四年十一月丁卯朔條。
〔註62〕王存，《元豐九域志》（點校本，北京：中華書局出版，1984年12月第一版），卷一～九，頁一～四七一。

	曹　　州	（甲）葶藶子三升；（乙）絹十匹。
	鄆　　州	（甲）阿膠六斤；（乙）絹十匹。
	濟　　州	（甲）阿膠三十兩。
	單　　州	（甲）蛇床、防風各十五斤。
	濮　　州	（乙）絹十匹。
京西南路	襄　　州	（甲）麝三兩；（乙）白縠十匹；（丙）漆器二十事。
	鄧　　州	（甲）白菊花三十斤；（丙）花蠟燭一百條。
	隨　　州	（乙）絹三十匹，綾、葛各十五；（壬）覆盆二斤。
	金　　州	（甲）麝二兩，枳殼、枳實、杜仲、白膠香、黃蘗各五斤；（丁）麩金二兩。
	房　　州	（甲）麝二兩、鍾乳十兩；（乙）紵五匹。
	均　　州	（甲）麝五兩。
	郢　　州	（乙）白紵十匹。
	唐　　州	（乙）絹十匹。
京西北路	穎昌州	（乙）絹十匹；（丙）薦席十領。
	鄭　　州	（甲）麻黃十斤；（乙）絹十匹。
	滑　　州	（乙）絹三十匹。
	孟　　州	（壬）粱米一石。
	蔡　　州	（乙）綾二十匹。
	陳　　州	（乙）紬、絹各十五匹。
	穎　　州	（乙）紬、絁、絹各十匹，綿一百兩。
	汝　　州	（乙）紬、絁各十五匹。
	信陽軍	（乙）紵布十匹。
河北東路	澶　　州	（甲）胡粉十斤；（丙）席二十領。
	滄　　州	（乙）絹十匹；（丙）柳箱十枚。
	冀　　州	（乙）絹二十匹。
	瀛　　州	（乙）絹三十匹。
	博　　州	（乙）平紬十五匹。
	棣　　州	（乙）絹、絁各十匹。
	莫　　州	（乙）綿一百兩。
	雄　　州	（乙）紬十匹。
	霸　　州	（乙）絹十匹。
	德　　州	（乙）絹二十匹。
	濱　　州	（乙）絹二十匹。
	恩　　州	（乙）白氈十領。
	永靜軍	（乙）絹十匹；（丙）簟十領。
	乾寧軍	（乙）絹十匹。
	信安軍	（乙）絹十匹。
	保定軍	（乙）絁十匹。

河北西路	眞定府	（乙）羅三十匹。
	相　州	（甲）知母、胡粉各十斤；（乙）紗、絹各十匹。
	定　州	（乙）羅、綾各二十匹。
	邢　州	（乙）絹十匹；（丙）瓷器十事；（丁）解玉沙一百斤。
	懷　州	（甲）牛膝五十斤。
	衞　州	（乙）絹二十匹，綿一百兩。
	洺　州	（乙）平紬二十匹。
	深　州	（乙）絹二十匹。
	磁　州	（乙）磁石十斤。
	祁　州	（乙）花紬十匹。
	趙　州	（乙）絹十匹，綿一百兩。
	保　州	（乙）絹十匹。
	安肅軍	（乙）紬十匹。
	永寧軍	（乙）紬十匹。
	廣信軍	（乙）紬十匹。
	順安軍	（乙）絹十匹。
永興軍路	京兆府	（甲）酸棗仁二斗、地骨皮十斤；（丙）席十領；（戊）韡氈十領；（壬）蠟五十斤。
	河中府	（甲）五味子五十斤，龍骨十斤。
	陝　州	（甲）括蔞根、柏子仁各十斤；（乙）紬、絁各十匹。
	延　州	（甲）麝五兩；（壬）蠟一百斤。
	同　州	（戊）韡皮二十張。
	華　州	（甲）茯苓、細辛各十斤、茯神五斤。
	耀　州	（丙）瓷器五十事。
	邠　州	（丙）火筯五十對、剪刀三十枚；（壬）蓽豆一石。
	鄜　州	（甲）大黃一百斤；（丙）席十領。
	解　州	（壬）鹽花五十斤。
	慶　州	（甲）麝三兩；（戊）紫茸氈四領、氈二十領；（壬）蠟三十斤。
	虢　州	（甲）麝三兩，地骨皮十斤；（丙）硯二十枚。
	商　州	（甲）麝三兩，枳殼、枳實各十斤。
	寧　州	（甲）荊芥、菴藺各十斤；（丙）席十領，硯十枚。
	坊　州	（丙）席十領；（辛）弓弦麻二十斤。
	丹　州	（甲）麝五兩。
	環　州	（甲）甘草一百斤。
	保安軍	（甲）蓯蓉十斤；（戊）毛毼五段。
秦鳳路	鳳翔府	（丙）蠟燭三百條，席十領；（壬）榛實一石。
	秦　州	（甲）芎藭三十斤；（丙）席二十領。
	涇　州	（戊）紫茸毛毼十段。
	熙　州	（甲）麝三兩；（戊）毛毼十段。
	隴　州	（丙）席二十領。
	成　州	（甲）鹿茸一對；（丙）蠟燭一百條。

	鳳　州	（丙）蠟燭一百條；（壬）蜜、蠟各三十斤。
	岷　州	（甲）甘草一百斤。
	渭　州	（甲）蓯蓉五十斤；（乙）絹十匹。
	原　州	（甲）甘草三十斤。
	階　州	（甲）羚羊角十對；（丙）蠟燭五十條。
	河　州	（甲）麝五兩。
	蘭　州	（甲）甘草三十斤。
	鎮戎軍	（戊）白氈二十領。
	德順軍	（甲）甘草五十斤。
	通遠軍	（甲）麝五兩。
河東路	太原府	（甲）甘草、人參、礬石各十斤；（丙）銅鑑十面。
	潞　州	（甲）人參十斤；（丙）墨一百枚；（壬）蜜一百斤。
	晉　州	（丙）蠟燭一百條；（壬）蜜二十斤。
	府　州	（甲）甘草三十斤。
	麟　州	（甲）柴胡十斤。
	絳　州	（甲）防風三十斤；（丙）蠟燭一百條，墨一百枚。
	代　州	（甲）青、綠各十斤，麝三兩。
	隰　州	（壬）蜜、蠟各二十斤。
	忻　州	（甲）麝香二兩；（丁）解玉沙五十斤。
	汾　州	（甲）石膏二十斤；（丙）席十領。
	澤　州	（甲）白石英、禹餘糧、人參各十斤。
	嵐　州	（甲）麝五兩。
	石　州	（壬）蜜、蠟各二十斤。
	遼　州	（甲）人參十兩。
	豐　州	（甲）柴胡十斤；（戊）氈十領。
	威勝軍	（乙）絁十匹。
	平定軍	（乙）絹十匹。
	岢嵐軍	（乙）絹十匹。
	寧化軍	（乙）絹十匹。
	火山軍	（甲）柴胡十斤。
	保德軍	（乙）絹十匹。
淮南東路	揚　州	（乙）細紵二十匹；（丙）青銅鑑二十面，莞席一百領。
	亳　州	（乙）絹二十匹。
	宿　州	（乙）絹十匹。
	楚　州	（乙）紵布十匹。
	海　州	（乙）絹十匹；（戊）麞、鹿皮三百張。
	泰　州	（乙）隔織十匹。
	泗　州	（乙）絹十匹。
	滁　州	（乙）絹十匹。
	眞　州	（丙）紙五百張。
	通　州	（戊）麞、鹿皮十張；（辛）鰾膠十斤。

淮南西路	壽　州	（甲）石斛十斤；（乙）葛布十匹。
	廬　州	（甲）生石斛二十斤；（乙）紗、絹各十匹；（壬）蠟二十斤。
	蘄　州	（乙）白紵布十匹；（丙）簟十領。
	和　州	（乙）紵、練各十匹。
	舒　州	（甲）白朮十兩；（乙）白紵布二十匹。
	濠　州	（乙）絹十匹。
	光　州	（甲）生石斛十斤；（乙）葛布十匹。
	黃　州	（甲）連翹十斤；（乙）白紵布十匹。
	無爲軍	（乙）絹十匹。
兩浙路	杭　州	（乙）綾三十匹；（丙）藤紙一千張。
	越　州	（乙）越綾二十匹，茜緋花紗十匹，輕容紗五匹；（丙）紙一千張，瓷器五十事。
	蘇　州	（甲）白石脂、蛇床子各十斤；（乙）葛二十匹；（丙）席二十領。
	潤　州	（乙）羅十匹，綾十匹。
	湖　州	（乙）白紵二十匹；（丙）漆器三十事。
	婺　州	（乙）綿一百兩；（丙）藤紙五百張。
	明　州	（甲）乾山藥十五斤；（乙）綾十匹；（庚）烏賊魚骨五斤。
	常　州	（乙）白紵十匹，紗十匹；（丙）席二十領。
	溫　州	（丙）紙五百張；（庚）鮫魚皮五張。
	台　州	（丙）甲香三斤；（庚）鮫魚皮十張；（壬）金漆三十斤。
	處　州	（甲）黃連十斤；（乙）綿一百兩。
	衢　州	（乙）綿一百兩；（丙）藤紙五百張。
	睦　州	（乙）白紵十匹；（丙）簟十領。
	秀　州	（乙）綾十匹。
江南東路	江寧府	（丙）筆五百管。
	宣　州	（甲）黃連三十斤；（乙）白紵布十匹；（丙）筆五百管。
	歙　州	（乙）白紵十匹；（丙）紙一千張。
	江　州	（甲）生石斛、雲母各十斤。
	池　州	（丙）紙一千張。
	饒　州	（丙）簟十領；（丁）麩金十兩。
	信　州	（甲）葛粉十斤；（丙）水精器十事；（壬）白蜜三十斤。
	太平州	（乙）紗十匹。
	南康軍	（己）芽茶十斤。
	廣德軍	（己）芽茶十斤。
江南西路	洪　州	（乙）葛三十匹。
	虔　州	（乙）白紵二十匹。
	吉　州	（乙）葛十匹，紵布十匹。
	袁　州	（乙）白紵十匹。

	撫　州	（乙）葛三十匹。
	筠　州	（乙）紵十匹。
	興國軍	（乙）紵十匹。
	南安軍	（乙）紵十匹。
	臨江軍	（乙）絹十匹。
荊湖南路	建昌軍	（乙）絹十匹。
	潭　州	（乙）葛三十匹；（己）茶末一百斤。
	衡　州	（甲）犀角一株；（丁）麩金三兩。
	道　州	（乙）白紵十匹；（丙）零陵香十斤。
	永　州	（甲）石燕二百枚；（乙）葛十匹。
	郴　州	（乙）紵十匹。
	邵　州	（甲）犀角一株；（丁）銀十兩。
	全　州	（乙）葛十匹；（丙）零陵香十斤。
荊湖北路	桂陽監	（丁）銀五十兩。
	江陵府	（乙）綾、紵布各十匹；（己）碧澗茶芽六百斤。
	鄂　州	（丁）銀三十兩。
	安　州	（乙）紵十匹。
	鼎　州	（乙）布十匹，紵、練各十匹。
	澧　州	（乙）綾十匹；（丙）簟十領。
	峽　州	（甲）芒硝、杜若、五加皮各十斤。
	岳　州	（乙）紵十匹。
	歸　州	（乙）紵十匹。
	辰　州	（甲）光明砂十五兩，水銀三十兩。
	沅　州	（甲）朱砂、水銀各二十兩。
	誠　州	（乙）斑白絹三匹。
成都府路	成都府	（乙）花羅六匹，錦三匹，高紵布十匹；（丙）雜色牋五百張。
	眉　州	（甲）巴豆一斤；（丁）麩金五兩。
	蜀　州	（乙）春羅四匹，單絲羅十匹。
	彭　州	（乙）羅十匹。
	綿　州	（乙）綾五匹，紵布十匹。
	漢　州	（乙）紵十匹。
	嘉　州	（丁）麩金六兩。
	邛　州	（乙）絲布十匹。
	黎　州	（壬）紅椒三十斤。
	雅　州	（丁）麩金五兩。
	茂　州	（甲）麝三兩。
	簡　州	（乙）綿紬二十匹；（丁）麩金五兩。
	威　州	（甲）羌活、當歸各十斤。
	陵井監	（甲）續隨子、苦藥子各三斤。

梓州路	梓　州	（甲）曾青、空青各十兩；（乙）白花綾十匹。
	遂　州	（乙）樗蒲綾二十匹。
	果　州	（甲）天門冬十斤；（乙）絲布十匹。
	資　州	（丁）麩金五兩。
	普　州	（甲）天門冬十斤；（乙）葛十匹。
	昌　州	（乙）絹十匹；（丁）麩金三兩。
	戎　州	（乙）葛十匹。
	瀘　州	（乙）葛十匹。
	合　州	（甲）白藥子、牡丹皮各五斤。
	榮　州	（乙）斑布十匹。
	渠　州	（甲）賣子木二斤；（乙）綿紬五匹。
	懷安軍	（乙）紬十匹。
	廣安軍	（乙）絹五匹。
	富順監	（乙）葛十匹。
利州路	興元府	（壬）臙脂十斤，紅花五十斤。
	利　州	（丁）金五兩，鋼鐵十斤。
	洋　州	（乙）隔織八匹。
	閬　州	（乙）蓮綾十匹。
	劍　州	（甲）巴戟十斤。
	巴　州	（乙）綿紬五匹。
	文　州	（甲）麝香五兩。
	興　州	（壬）蜜、蠟各三十斤。
	蓬　州	（乙）綜絲綾二十匹，綿紬五匹。
	龍　州	（甲）羚羊角五對，天雄一斤；（丁）麩金三兩。
夔州路	夔　州	（壬）蜜、蠟各二十斤。
	黔　州	（甲）朱砂十兩；（壬）蠟十斤。
	達　州	（乙）紬五匹。
	施　州	（甲）黃連十斤，木藥子一百顆。
	忠　州	（乙）綿紬五匹。
	萬　州	（甲）木藥子一百顆；（丁）金三兩。
	開　州	（甲）車前子一斗；（乙）白苧五匹。
	涪　州	（乙）絹十匹。
	渝　州	（甲）牡丹皮十斤；（乙）葛布五匹。
	雲安軍	（乙）絹十匹。
	梁山軍	（乙）綿一百兩。
	南平軍	（乙）絹十匹。
	大寧監	（壬）黃蠟十斤。

福建路	福　州	（乙）紅花蕉布三十匹。
	建　州	（乙）練五十匹；（己）龍鳳等茶八百二十斤。
	泉　州	（乙）綿一百兩，蕉、葛各十匹。
	南劍州	（己）茶一百一十斤。
	汀　州	（丙）蠟燭二百條。
	漳　州	（丙）甲香十斤；（庚）鮫魚皮十張。
	邵武軍	（乙）紵十匹。
	興化軍	（乙）綿一百兩，葛布十匹。
廣南東路	廣　州	（甲）石斛二斤，龜殼、水馬各二枚；（丙）沉香十斤，甲香三斤，詹糖香二斤，藤席二十領；（庚）鼊皮十張。
	韶　州	（甲）鍾乳一斤；（乙）絹十匹。
	循　州	（乙）絹十匹；（丙）藤盤一面。
	潮　州	（乙）蕉布五匹；（丙）甲香一斤；（庚）鮫魚皮一張。
	連　州	（甲）鍾乳一斤；（乙）白紵布十匹。
	賀　州	（丁）銀十兩。
	封　州	（丁）銀十兩。
	端　州	（丙）石硯十枚；（丁）銀十兩。
	新　州	（丁）銀十兩。
	康　州	（丁）銀十兩。
	南恩州	（丁）銀十兩。
	梅　州	（乙）布五匹；（丁）銀十兩。
	南雄州	（乙）絹十匹。
	英　州	（乙）紵布十匹。
	惠　州	（丙）甲香十斤，藤箱十枚。
廣南西路	桂　州	（甲）桂心二十斤；（丁）銀五十兩。
	容　州	（甲）朱砂二十兩；（丁）銀十兩。
	邕　州	（丁）銀三十兩。
	象　州	（丙）藤器十事，槵子數珠十串；（丁）金三兩。
	融　州	（甲）桂心二十斤；（丁）金三兩。
	昭　州	（丁）銀十兩。
	梧　州	（甲）白石英二斤；（丁）銀十兩。
	藤　州	（丁）銀十兩。
	龔　州	（丁）銀十兩。
	潯　州	（丁）銀十兩。
	貴　州	（丁）銀十兩。
	柳　州	（丁）銀十兩。
	宜　州	（丁）銀十兩。

賓　州	（丙）藤器十事；（丁）銀五兩。	
橫　州	（丁）銀十兩。	
化　州	（丁）銀五兩。	
高　州	（丁）銀五兩。	
雷　州	（壬）斑竹十枝。	
白　州	（甲）縮沙二斤；（丁）銀十兩。	
欽　州	（甲）高良薑十斤；（戊）翡翠羽毛二十枚。	
鬱林州	（丁）銀五兩。	
廉　州	（丁）銀十兩。	
瓊　州	（丁）銀十兩；（壬）檳榔一千顆。	
昌化軍	（丁）銀十兩。	
萬安軍	（丁）銀五兩。	
朱崖軍	（甲）高良薑五斤。	
說明	本表土貢物品，約可分之為九類：（甲）藥材類，（乙）布帛類，（丙）器用類，（丁）礦產類，（戊）毛皮類，（己）茶類，（庚）海物類，（辛）軍須類，（壬）其他。	

　　綜觀上表，可知宋代諸路土貢物品就種類言，可大別為藥材、布帛、器用、礦產、毛皮、茶、海物、軍須及其他等九類，總一百九十七種。其中以藥材類最多，凡八十四種：麻黃、酸棗仁、牛黃、陽起石、防風、紫石英、仙靈脾、伏苓、鍾乳、長理石、雲母、葶藶子、阿膠、蛇牀、麝、白菊花、枳殼、枳實、杜仲、白膠香、黃藥、胡粉、知母、牛膝、磁石、地骨皮、五味子、龍骨、括蔞根、柏子仁、細辛、茯神、大黃、荊芥、菴䕡、甘草、蓯蓉、芎藭、鹿茸、羚羊角、人參、礜石、青、綠、石膏、白石英、禹餘糧、柴胡、石斛、生石斛、白朮、連翹、白石脂、乾山薯、黃連、葛粉、犀角、石鱉、芒硝、杜若、五加皮、光明砂、水銀、朱砂、巴豆、羌活、當歸、續隨子、苦藥子、曾青、空青、天門冬、白藥子、牡丹皮、賣子木、巴戟、天雄、木藥子、車前子、龜殼、水馬、桂心、縮沙、高良薑。其次為布帛類，凡四十種：絹、斑白絹、葛布、紅花蕉布、布、蕉布、斑布、紵、白紵、高紵布、紬、綿紬、花紬、綾、仙紋綾、方紋綾、越綾、樗蒲綾、綜絲綾、蓮綾、花綾、白花綾、雙絲綾、絁、綜絲絁、花絁、羅、單絲羅、花羅、春羅、練、紗、方紋紗、茜菲花紗、輕容紗、絲布、隔織、白縠、錦、綿。三為器用類，凡三十種：蘆席、薦席、席、莞席、藤席、簟、瓷器、石器、漆器、水精器、柳箱、藤器、藤箱、藤盤、銅鑑、青銅鑑、火筯、剪刀、筆、墨、

硯、紙、藤紙、雜色牋、花蠟燭、蠟燭、甲香、零陵香、沈香、詹糖香。四為毛皮類，凡九種：麞鹿皮、氈、白氈、韡皮、韡氈、紫茸氈、毛毲、紫茸毛毲、翡翠羽毛。五為礦產、茶與海物類，各有五種，礦產類：金、麩（砂）金、銀、鋼鐵、解玉沙；茶類：龍鳳等茶，碧澗芽茶、茶、茶末、芽茶；海物類：牡礪、海藻、烏鰂魚骨、鮫魚皮、鼉皮。六為軍須類，有二種：弓弦麻、鰾膠。其他類，約有蜜、白蜜、蠟、黃蠟、棗、覆盆、梁米、榛實、蓽豆、鹽花、金漆、臙脂、紅花、紫草、斑竹、檳榔等十六種。

　　就路分言，最多貢六類，即京東東、永興軍、河東、江南東等四路；五類者，有秦鳳、兩浙、荊湖南、北、成都、廣南東、西等七路；四類者，有京西南、北，河北東、西，淮南東、西，利州、夔州、福建等九路；三類者，有開封府與京東西、梓州二路；二類者，有西、北二京；南京與江南西路，均僅一類。以物色論，則以永興軍路三十三種最多，其次依序為兩浙路二十三種；河東路二十種；成都、廣南東二路，十九種；京東東、京西南二路，十八種；秦鳳、梓州、利州、夔州四路，十五種；河北西、荊湖北二路，十四種；江南東路，十三種，京東東、淮南西、廣南西三路，十二種，福建路十一種；河北東路十種；京西北、淮南東、荊湖南二路，九種；東京五種；北京、江南西路，四種；西京三種；南京一種。

　　上述土貢一百九十七種，但其數額均不多，茲據前表，就諸路分所貢物品數額，再作分類統計表以明之。〔註63〕

　　由下表統計所得，（甲）藥材類：凡一、三七〇斤，二六七兩，四斗，三升，二〇〇顆、二株，二〇四枚及一六對；（乙）布帛類：凡二、二六四匹，一、一〇〇兩；（丙）器用類：凡三六〇領，三七〇事，二九〇枚，一、〇五〇條，三一面，五〇對，一、〇〇〇管，六、五〇〇張，五九斤，一〇串；（丁）礦產類：凡一六〇斤，四七三兩；（戊）毛皮類：凡七四領，三三〇張，二五段，二〇枚；（己）茶類：凡一、六五〇斤；（庚）海物類：凡二五斤，三六張；（辛）軍須類：凡三〇斤；（壬）其他類：凡一、〇三〇斤，三石，一二、〇〇〇顆，一〇枝。就各類上貢路分言，其中藥材類，祇有淮南東、江南西、福建三路未貢；布帛類，僅廣南西一路未貢；器用類，有江南西、梓州、利州、夔州四路未貢；礦產類，有四京及京東西、京西北、河北東、永興、秦

〔註63〕參見趙與時，《賓退錄》（學海類編，臺北：新文豐出版公司，民國74年1月出版），卷一〇，頁119～123。

表八：宋代諸路土貢分類數額統計表

路分	藥類(斤)	兩	斗	升	材類(枚)	對	竹類(枚/對)	布帛類(匹)	兩	領	枚	器用類(面)	對	管	張	斤	礦產類(斤)	兩	毛皮類(張)	段	枚	茶類(斤)	海物類(斤)	重量類(斤)	其他類(斤)	石	枚
四京	15		1																						250	11000	
京東東路	60	39						110		200	200							10							230	1	
京東西路	76	30						110	100	20						3		30	10			20			60	1	
京西南路	56	6						100			100						2	8	5						200		
京西北路	10							100		200		100						5							30		
河北東路	10							85	100	30	10	100	60				10	21	34	310			5		30		
河北西路	80						10	70	200	40		550						30	20		20				20		
永興軍路	275	19					20	230	200	10			100	50				63	20			100		20	30		
秦鳳路	240	13				11	10	190	100	10	10	200											15		200		
河東路	210	7	3				20	155		60	80		20				50					20		10	60		
兩浙路								70		10		10			3500			10	10		20						
淮南東路								160	100	10	10			2000				30				100			30		
淮南西路	50	10						175	300	60	80			1000				63				20			20		
江南東路	45							20			10	200		2000													
江南西路	60			200			2,200	20	200	10	10	200	1	1000			26	70				200			120		
荊湖南路	30	85					5	93	100	10							10	3							30		
荊湖北路	27	3						98										21				930		10	120		
成都府路	30	20						70						500		20	50	30				600		11	30		
梓州路	20	5	1					120	200	10	10				10		10	8				20	5		60		
利州路	11	20						48										5									
夔州路	32							50	100	20							100	63									
福建路	20							50						500				70			20						
廣南東路	4					4		120	200	20	20	200			26		25)					20				1000	
廣南西路	59	20						60							10	10											10
總計	1370	267	4	3	200	2204	16	2256	1100	360	370	230	1050	31	50	1000	6500	59	10	160	473	74	330	25	20	1650	25	36	30	1030	3	12000	10

鳳、淮南東、西、兩浙、江南西、福建等十路未貢；毛皮類，有河北東、永興、秦鳳、河東、淮南東、廣南西等六路貢之；茶類，有江南東、荊湖南、北，及福建等四路貢之；海物類，有京東東、兩浙、福建、廣南東等四路貢之；軍須類，僅永興、淮南東二路貢之；其他類，則有四京及京東東、京西北、永興、秦鳳、河東、淮南西、兩浙、江南東、成都府、利州、夔州及廣南西等十二路貢之。

土貢之外，遇有國家重大慶典節日，如天子聖誕或南郊大禮時，全國各路亦進奉錢物。〔註64〕另，有因一時特殊需要，而設置專職機構，責成地方應奉進獻者，此以徽宗政和七年（1117），設置提舉御前人船所，掀起東南地區花石綱之役爲代表。〔註65〕

二、進　貢

宋代外藩進貢，包括鄰近諸邦與南海諸國。因有距離遠近，以及政治、經濟等因素，故進貢時間與次數多有不同，有一年一貢者，有數歲一貢者，〔註66〕亦有偶爾一貢不常至者。〔註67〕諸國或由陸上，或由海上而來，至指定邊州或海港入宋。就諸外邦入宋地點言，大抵高麗、新羅、日本，由海上乘舶至登州（山東牟平）、明州登陸入宋；西北諸國，如于闐、龜茲、回鶻……等國，則由陸上馱載，至秦州（治成紀縣，今甘肅天水縣）、熙州（治狄道縣，今甘肅臨洮縣）入宋；西南諸蕃，亦循陸路，至宜州（治宜山縣，今廣西宜山縣）入界；溪洞諸州蠻，由施州（治清江縣，今湖北恩施縣）入貢；而大理、南詔，由賓州（治嶺方縣，今廣西賓陽縣）入貢；交阯（安南）由邕州（治宣化縣，今廣西南寧市）、欽州（治靈山縣，今廣東靈山縣）入宋；南海諸國，則多由海上來，至廣州上岸。另北宋時，女眞人亦有由海路至登州來

〔註64〕《通考》，卷二二，〈土貢考〉一，歷代土貢，頁220中～221上。

〔註65〕同上。汪應辰，《文定集》（聚珍版叢書，臺北：新文豐出版公司，民國74年1月出版），卷二一，〈徽猷閣直學士右大中大夫向公墓誌銘〉，頁258～259。

〔註66〕參見《宋會要》，〈蕃夷〉七之一～五八；另，據《宋史》，卷一一九，〈禮志〉二二，賓禮，諸國朝貢，頁2813～2814。載：「西蕃唃氏、西南諸蕃、占城、回鶻、大食、于闐、三佛齊、邛部川蠻及溪峒之屬，或比間數歲入貢。」

〔註67〕按，偶爾一貢者，有層檀、日本、大理、注輦、蒲甘（緬甸）、龜茲、佛泥、拂菻、眞臘、羅殿、浡（勃）泥（婆羅州）、邈黎、闍婆（爪哇）、甘（丹）眉流等。見《宋史》，卷一一九，〈禮志〉二二，賓禮，諸國朝貢，頁2813～2814。

貢者。〔註68〕

諸國貢物入宋後，多依其質量，分批處理，如眞宗大中祥符九年（1016）七月七日，有載云：

> 秘書少監知廣州陳世卿言：「海外蕃國貢方物至廣州者，自今犀、象、珠、貝、揀香、異寶，聽齎持赴闕。其餘輦載重物，望令悉納州帑，估價聞奏。非貢奉物悉收稅筭。……」〔註69〕

知由海上來貢方物者，其舶貨中有貢物與非貢物之分。貢物中如犀、象、珠、貝、揀香、異寶等珍異之物，可運赴京師；其餘粗重運載不易之物，則歸當地州庫，估價以償其值。至於非貢物，則依商稅則例，收其稅算。

另由陸路來貢者，亦非照單全收，據神宗元豐元年（1078）十二月二十五日詔云：

> 熙河路經略司指揮：熙州自今于闐國入貢，唯賞國王表及方物聽赴闕，毋過五十人，驢馬頭口準此；餘勿解發，止令熙州、秦州安泊，差人主管賣買，婉順開諭。除乳香以無用，不許進奉及挾帶上京并諸處貨易外，其餘物並依常進貢博賣。〔註70〕

知在于闐入貢物中，唯方物與賞國王表可任由赴闕，上京人馬各以五十爲限；其餘均不得解發，安置於邊界之熙、秦二州。其中除乳香外，餘物可依例賣買。

至於南邊之安南〔註71〕貢物，則是依分數解發。據《宋會要》記南宋孝宗淳熙四年（1177）正月二十八日，廣南西路經略安撫司言：

> 安南國稱奉回降指揮，將入貢之物，以十分爲率，止受一分，就界首交割。乞依例盡數差官管押，赴行在投進。詔廣西經略安撫司，以十分爲率，收受三分。〔註72〕

乃以十分取一或三分，赴闕貢之。

以上諸國貢物，或云「聽齎持赴闕」，或云「聽赴闕」，或云「差官管押，赴行在投進」，但均未明言是否以綱運解送。徵諸文獻，唯交阯（安南）進貢

〔註68〕同註66。
〔註69〕《宋會要》，〈蕃夷〉七之二〇。
〔註70〕同前書，〈蕃夷〉七之三五。
〔註71〕按，孝宗淳熙元年（1174）二月一日，詔交阯改賜曰安南。參見《宋會要》，〈蕃夷〉四之四九。
〔註72〕《宋會要》，〈蕃夷〉四之五二。

以綱運赴闕，其如神宗熙寧元年（1068）十一月，交阯郡王李日尊上表云：

> 以進奉綱運為廣南、江南州軍將公事，觀縷人從艱阻道途，及稱綱
> 官魏仲和放縱隨行人騷擾州縣，多重科受配。訖乞指揮水、陸二路
> 州軍，依舊例接待綱運，貴免邀難住滯之事。詔日尊所言進奉綱運
> 司從便於水、陸路前來赴闕，及指揮各處經過州軍，依久例接待，
> 仍仰本道嚴切約束，不得輒有違越。〔註73〕

又如神宗元豐四年（1081）六月，時交阯郡王李乾德亦上表論云：

> 昨遣使臣陶宗元等朝貢，為廣州禁制，窒塞綱運，不同向時。今遣禮
> 賓副使梁用律、著作郎阮文倍等水路入貢，乞降朝旨依舊進奉。〔註74〕

知交阯入貢乃以綱運發送。而其國入貢之物，則因不同進貢目的，而有多種
綱名，此將於下節論述。以下即據相關史料，作宋代交阯、安南進貢物色統
計表，以明其種類。

表九：宋代交阯、安南進貢物色統計表

宋代紀年			西元	月份	進貢物色	資料出處
太祖	開寶八年		九七五		犀、象、香藥。	《宋會要》，〈蕃夷〉七之四。《宋史》，卷四八八。
太宗	太平興國七年		九八二	九月	犀角、象牙各二十株，金酒器二十餘具。	《宋會要》，〈蕃夷〉七之二三。
					牯犀二十九株、象牙百根、乳香二百斤、絹萬匹、孔雀尾百枚、通犀？五。	《宋會要》，〈蕃夷〉七之二二。
	雍熙	二年	九八五	二月	金龜、金鶴、銀爐、犀牙百株、絹萬匹。	《宋會要》，〈蕃夷〉四之二三。
		三年	九八六	九月	金器一兩、銀器五百（兩）、犀三十坐。	《宋會要》，〈蕃夷〉四之二三～二四。
	淳化元年		九九〇	十月	寶裝龍鳳椅子一、間金裝玳瑁檐十二、紅羅繡龍鳳傘一、間金裝玳瑁柄傘三十株、象牙四十株、絹萬匹、紬布各千匹。	《宋會要》，〈蕃夷〉四之二四。

〔註73〕同前書，〈蕃夷〉四之三五。
〔註74〕《長編》，卷三一三，神宗元豐四年六月壬午條。

眞宗	至道三年（眞宗三月即位）		九九七	九月	金銀七寶裝交椅一、銀盆十，犀角、象牙五十株，紬、絹萬匹。	《宋會要》，〈蕃夷〉四之二五。《宋史》，卷四八八。
	咸平	元年	九九八	九月	馴象四。	《宋會要》，〈蕃夷〉四之二五。
		二年	九九九	二月	馴犀一、象二十七、寶裝金瓶一。	《宋會要》，〈蕃夷〉四之二五～二六。
		四年	一〇〇一	二月	馴象一、象二、象棚二、七寶裝金瓶一。	《宋會要》，〈蕃夷〉七之一四。《宋史》，卷四八八。
	大中祥符	二年	一〇〇九	十二月	馴犀一、犀角二十、象牙四十、金銀器、紋綺。	《宋會要》，〈蕃夷〉四之二九。《宋史》，卷四八八。
		七年	一〇一四	七月	馬六十匹。	《宋會要》，〈蕃夷〉四之三〇。
	天禧三年		一〇一九	八月	象牙、犀角、方物。	宋會要，蕃夷七之二一～二二。
仁宗	乾興元年		一〇二二	四月	白鑞、紫礦、玳瑁、瓶香。	《宋會要》，〈蕃夷〉四之三一。
	天聖	五年	一〇二七	十月	金、銀、沙鑼、犀角、象牙、絹、紬布、桂皮。	《宋會要》，〈蕃夷〉七之二三。
		六年	一〇二八	十一月	馴象。	《宋會要》，〈蕃夷〉四之三三。
	景祐二年		一〇三五	五月	金、銀、沙鑼、犀角、象牙、大絹、紬布。	《宋會要》，〈蕃夷〉七之二五。
	慶曆	三年	一〇四三	三月	象。	《宋會要》，〈蕃夷〉七之二六。
		六年	一〇四六	十二月	馴象。	《宋會要》，〈蕃夷〉七之二七。
	至和二年		一〇五五	十一月	馴象十。	《宋會要》，〈蕃夷〉四之三三、七之二九。
	嘉祐八年		一〇六三	正月	馴象九。	《宋會要》，〈蕃夷〉四之三四。
神宗	元豐元年		一〇七八	六月	馴犀二、犀角、象齒各五十。	《宋會要》，〈蕃夷〉七之三七。

高宗	紹興	二十年	一一五○	二月	馴象十。	《宋會要》，〈蕃夷〉四之四四。
		二十六年	一一五六	正月	賀昇平：百二十兩數生金聖壽山一座、五十五兩數妝寶金酒注一副、五十兩數金妝真珠勸壽盃并盤一副、七十兩數金香爐一座、四十兩數金香匣一副、五十兩數金花瓶二口、二百四十兩數金大果子楪并罩籠二十副、一百七十九兩數間寶金七星匣子并金盤龍大匣盛一副、一百二十兩數金盤沙鑼二面、二百兩數御馬金鞍轡一副、真珠一百顆（用五兩數金瓶盛載）、沈香等一千斤、翠毛五百隻、綾絹五十匹（共五角，每角十匹）、御馬二匹、長進馬八匹、雄馴象三頭、雌馴象二頭、龍頭金銀裡木胎象鉤五柄、妝象銅鐸連鐵索五副、朱妝纏象藤條五副。常進：雄象三頭、雌象二頭、金銀裡木胎象鉤五柄、妝象銅鐸連鐵索五副、朱妝纏象藤條五副。	《宋會要》，〈蕃夷〉七之四七。
				八月	金器一千一百三十六兩、真珠百顆、沈香等一千斤、翠毛五百隻、盤龍等雜物、綾絹五十匹、馬十、馴象九。	《宋會要》，〈蕃夷〉四之四七。《宋史》，卷四八八。
		三十一年	一一六一	正月	馴象。	《宋會要》，〈蕃夷〉七之四九。
孝宗	隆興二年		一一六四	九月	金器百兩、銀器百五十兩、象牙三十株、熟香五百斤、篆香一千斤。	《宋會要》，〈蕃夷〉四之四七。《宋史》，卷四八八。
	乾道九年		一一七三	七月	賀登極：金三百三十兩數御乘象羅我一副、金四十兩數裝象牙鞘一副、金五十兩數裝象額一副、金一百二十兩數沙鑼二面、金銀裏象鉤連同心帶五副、金間銀裝象額一副、金銀裝纏象藤條一副、銀四百兩數沙鑼八面、沈水香等二千斤、馴熟大象五頭、金鍍銅裝象腳鈴四	《宋會要》，〈蕃夷〉七之五二～五三。

				副、裝象銅鐸連鐵索五副、御乘象繡坐蕈一面、裝象、犛牛花朵一十六件、御乘象朱梯一枚、御乘象羅我龍頭同心帶四條。 奉大禮：雄大牙象一十頭、金銀裹象鉤連結同心帶五副、銀頭朱竿象鉤五副、裝象銅鐸連鐵索一十副、朱裝纏象藤條一十副。	
淳熙	元年	一一七四	正月	方物、馴象。	《宋會要》,〈蕃夷〉七之五五。
	三年	一一七六	四月	金廝鑼五面（共重二百五十兩）、銀廝鑼一十面（共重五百兩）、雜色綾、紗、絹五十匹、沈香二百斤、熟香一千斤、箋香一千斤（以上謝賜國名牌印）。 金廝鑼五面（共重二百五十兩）、銀廝鑼二十面（共重一千兩）（以上謝襲封）。	《宋會要》,〈蕃夷〉七之五五。
	四年	一一七七	正月	方物二十兩、章表銀匣一副、五十兩金廝鑼三面（共一百五十兩）、銀廝鑼一十三面（共六百五十兩）、象牙七十株（共一千六觔）、犀角三十座（共三十五觔二兩）。	《宋會要》,〈蕃夷〉四之五二。
	七年	一一八〇	十二月	金廝鑼十面（共重五百兩）、銀廝鑼二十面（共重一千兩）、雜色綾、紗、絹五十匹、沈香二十斤、熟香一千斤、箋香一千斤。	《宋會要》,〈蕃夷〉四之五四。
說明	一、本表主要史料來源爲《宋會要》、《宋史》。 二、史料中有云「入貢」，或云「貢方物」，而未明列其物色者，則未與收錄。				

由上表可知，交阯進貢物色，主要有（一）象牙、犀角類；（二）金、銀器類；（三）紬絹綾紗類；（四）香藥類；（五）寶裝椅、傘類；（六）犀、象、馬類，以及（七）裝飾馭象用具類等等。

參、收購物

宋代綱運承載物資，除稅物、貢品外，亦有官府視需要而收購之物。收購之於宋代，多謂科率、科市、科買、和買或和市。收購之制，始自宋初，

據《通考》載云：

> 國初，凡官所需物，多有司下諸州，從風土所宜，及民產厚薄而率
> 買，謂之科率。〔註75〕

雖「從風土所宜」及「民產厚薄」科買，但仍恐擾民，故太祖、太宗之世曾
先後下詔，再加約束，如太祖開寶三年（970）詔云：

> 諸州凡絲、綿、紬、麻、布、香藥、毛翎、箭笴、皮革、筋角等，
> 所在約支二年之用，勿得廣有科市，以致煩民。〔註76〕

太宗淳化五年（994）詔曰：

> 諸州科買物非風土所出，多課民轉市他處，及調役飛輓不均者，件
> 析以聞，當議均減。〔註77〕

此後官府收購物色，大致以此二詔為基本原則。收購時，或撥現錢，以充其
費，或先收購，再降實物。

　　至於實際負責收購單位，京師有雜買務，專司和市百物，以時供納「宮
禁、官府所須」。〔註78〕而其所需物資，多於在京諸行鋪購買，〔註79〕就近供
應，無需綱運。地方則由發運司、轉運司、提舉司或州縣長貳，各以其地利
之便，就所需物資出產處收市之，再計置起發上京或其他指定地點。

　　宋代收購物資繁多，茲為便於論述，謹據史料將之分為米糧、布帛、舶
貨、馬匹，軍須、礦產、木材，及其他等八項，分述於後。

一、米　糧

　　宋代稻米產地，主要有太湖、巢湖、兩湖、四川、兩廣與福建等六區。
〔註80〕其中有能力大量出口者，為太湖、巢湖與兩湖三區；北宋如此，南宋亦
然。據統計，北宋時由江淮運至汴京之米糧，平均每年有六百萬石。京師之
外，沿邊之河北、河東、陝西三路為另一大食米消費區。為能充分供應所需，
常賦之外，另有糴米之法。由於沿邊糧草運輸不易，常至擾民，〔註81〕故其初

〔註75〕《通考》，卷二〇，〈市糴考〉一，頁 195 中～下。
〔註76〕《長編》，卷一一，太祖開寶三年夏四月己卯條。
〔註77〕同註75。
〔註78〕《宋會要》，〈職官〉二七之二～三。
〔註79〕同前書，〈食貨〉六四之四〇。
〔註80〕參見宋晞，〈北宋稻米的產地分布〉，收入《宋史研究論叢》第一輯，頁82～
　　　　134。
〔註81〕按，邊糧運輸問題，甚而成為宋代與外族關係轉變之要因。參見梁庚堯，〈邊

糴買目的，即在「息邊民飛輓之勞」，〔註82〕以就近收購爲原則。衡諸史料，有宋糴米辦法，熙寧以前，即有對糴、和糴、入中；熙寧以後創制愈多，有坐倉、博糴、結糴、俵糴、兌糴、寄糴、括糴、勸糴、均糴等名。〔註83〕

由於米糧需要量大，儘管於稻米盛產區，如荊湖、江淮等州縣，亦有因和糴上供太甚，竟造成「小民闕食」〔註84〕現象。熙寧以後，糴米諸法，多行之於沿邊三路，以及京師附近路分，如京東東與淮南等路分。至於江、淮以南地區，則多未施行。此於神宗熙寧二年（1069）司馬光批評坐倉法之奏言中論及：

> 臣聞江、淮之南，民間乏錢，謂之錢荒。而土宜秔稻，彼人食之不盡。若官不糴取以供京師，則無所發泄，必甚賤傷農矣。且民有米而官不用米，民無錢而官必使之出錢，豈通財利民之道乎？〔註85〕

知其深以江淮不糴，穀賤傷農爲憂。直至徽宗政和三年（1113），以歲稔，始詔諸路推行均糴之法。〔註86〕

及至南宋，時移勢變。高宗紹興十八年（1148），命臨安、平江府及淮東西、湖廣等三總領所置場糴米，並以「歲糴米百二十萬斛」〔註87〕爲額，其中浙西凡糴七十六萬，占百分之六十二；淮西十六萬五千，占百分之十三；湖廣、淮東均十五萬，約各占百分之十二。其後，普遍行之於各路，而以南宋末，理宗開慶元年（1259）糴米五百六十萬石爲最高額。茲據《宋史·食貨志》所載，列表於下，以見其詳。

表十：理宗開慶元年糴米數額統計表

糴米單位（州軍）	糴米數額
沿江制置司	五十萬石
湖南安撫司	五十萬石
兩浙轉運司	五十萬石

糧運輸問題與北宋前期對夏政策的轉變〉，《食貨》月刊第十六卷第七、八期，頁38～47。

〔註82〕《宋史》，卷一七五，〈食貨志〉上三，和糴，頁4240。
〔註83〕同上，頁4243。
〔註84〕同上，漕運，頁4252。
〔註85〕同上，和糴，頁4244。
〔註86〕同上，頁4246。
〔註87〕同上，頁4249。

淮、浙發運司	二百萬石
江東提舉司	三十萬石
江西轉運司	五十萬石
湖南轉運司	二十萬石
太平州	十萬石
淮安州	三十萬石
高郵軍	五十萬石
漣水軍	十萬石
廬　州	十萬石
總　計	五百六十萬石

二、布　帛

宋代紡織業發達，不論官府或民間生產與消費量均大。〔註88〕故布帛於賦稅之中，成爲穀之外，第二大宗收入。兩宋布帛之爲用，大抵對內可供軍人衣料、恩賞、賜物、郊祀、聖節、官員俸祿、糧草市糴等支出；對外則成爲歲幣、歲賜之重要支付項目。〔註89〕

由於需要量大，故宋代除於稅制中，「調絹、紬、布、絲、綿以供軍須」外，又「就所產折科、和市」，〔註90〕亦即收購之。而此類折科、和市，通常皆無定數，唯視內庫所需，由「有司下其數供足」。〔註91〕收購之法，各目不一，如折稅絹、和買絹、博買絹、蠶鹽法等。其中，尤以和買絹，收入最多。〔註92〕

和買絹始於眞宗咸平二年（已見前述），熙寧以後隨二稅交納，具有科配性質。初，仁宗景祐中（1034～7），天下預買紬絹約「一百九十萬匹」；慶曆七年（1047），增至「三百萬匹」；〔註93〕其後逐年增加，未嘗寬減。

〔註88〕 參見魏天安，〈宋代布帛生產概觀〉（收入鄧廣銘、酈家駒等主編，《宋史研究論文集》，鄭州：河南人民出版社，1984年7月第一版），頁96～111。

〔註89〕 趙雅書，〈宋代以絲織品作爲賦稅的收入與支出情形〉（收入《宋史研究集》第十七輯，民國77年3月初版），頁299～354。

〔註90〕 《宋史》，卷一七五，〈食貨志〉上三，布帛，頁4231。

〔註91〕 同上。

〔註92〕 同註89。

〔註93〕 張方平，前引書，卷二三，論國計出納事。

〔註 94〕至神宗時，和買絹總額，據日本學者日野開三郎估計，已達一千萬匹左右。〔註 95〕數量之多，實爲驚人。及南宋和買絹，非僅是白配，且已成爲常賦。〔註 96〕

宋代布帛產品種類極多，大致可分爲三大類，即（一）高級絲織品：包括錦、綺、鹿胎、透背、綾、羅、綺正、花紗等；（二）一般絲織品：包括紬、絹等；（三）布：即以苧、麻、葛、蕉無等植物纖維織造而成。全國各地隨著地理、經濟條件之不同，生產各類不同布帛，此可由各地上供布帛之種類與數量，看其端倪。茲據《宋會要》〈食貨〉六四所載，作表於下以明之。

表十一：宋代諸路上供布帛種類與數額統計表〔註 97〕

數額 路分 ＼ 種類	錦綺 鹿胎 透背	羅	綾	絹	絁紗 縠子	紬	布	雜色 匹帛	絲綿	總計 匹 (百分比)	總計 兩 (百分比)
府　界				21,577						21,577 (0.53)	0
京東東路	250		52	398,849	16	77,596	70,696	5	119,112	547,464 (13.32)	119,112 (5.03)
京東西路			11,400	296,812			7,830	2	2,000	316,044 (7.69)	2,000 (0.08)
京西南路				21,765		3,439				25,204 (0.61)	0
京西北路				21,791	375	4,927				27,093 (0.66)	0
河北東路			10,600	12,000		106				22,706 (0.55)	0
河北西路		4		7,000						7,004 (0.17)	0
河東路			3		1		1	2		7 (0.002)	0

〔註 94〕同前書，卷二四，論國計事。
〔註 95〕日野開三郎，〈五代藩鎮の擧絲絹と北宋朝の預買絹〉，《史淵》十六輯，頁 62～92。
〔註 96〕同註 12。
〔註 97〕《宋會要》，〈食貨〉六四之九～一一。按，《宋會要》所載各項布帛收入，未註明年代，但由所列凡二十三路，參考《宋史・地理志》，知元豐元年始分全國爲二十三路，至大觀元年又別置黔南路。由是推知所記當爲元豐至大觀元年間（1078～1106）之某年所上供數字。

路名									絲綿	總計	
淮南東路		24,750		12,768	1,763	35,300			96,279	183,581 (4.47)	96,279 (4.07)
淮南西路	1	5	6,417	84,191	2,928	37,636	1		35,429	131,179 (3.19)	35,429 (7.50)
兩浙路		69,657	2,029	1,058,052	19	124,285			1,613,398	1,254,042 (30.51)	1,613,398 (68.17)
江南東路		10,114		405,834		90,330	730		408,943	507,008 (12.34)	408,943 (17.28)
江南西路			3	320,787		64,887	1		91,000	385,678 (9.38)	91,000 (3.84)
荆湖南路							123,040			123,040 (2.99)	0
荆湖北路				84,733		29,071	351,619		675	465,423 (11.32)	675 (0.03)
成都府路	759	1,942	6,126	7,369	1,442	34	708	28,767	13	47,147 (1.15)	13 (0.0005)
梓州路			8,330	13,672	67	2,183	1,004	20,173		45,429 (1.11)	0
利州路				15				2		17 (0.0004)	0
福建路							200			200 (0.0049)	0
總計（百分比）	1,010 (0.02)	106,472 (2.59)	44,960 (1.09)	2,876,215 (69.98)	6,611 (0.16)	469,794 (11.43)	555,830 (13.52)	48,951 (1.19)	2,366,849	4,109,843	2,366,849

說　明	一、本表所列布帛各類，絲綿以“兩”計，其餘以“匹”計。 二、總計欄中括弧內數字，為所占百分比。 三、就《宋會要》所載各路分中，永興軍、秦鳳、夔州與廣南東、西等五路，均無所供，故亦未列入表中。

　　由上表得知，其時全國上供布帛以種類言，凡分九大類，即（一）錦、綺、鹿胎、透背，（二）羅，（三）綾，（四）絹，（五）綀、紗、縠子、隔織通身，（六）紬，（七）布，（八）雜色匹帛，（九）絲綿。其中除絲綿上供二百三十六萬六千八百四十九兩外，其餘八類，總四百一十萬九千八百四十三匹，其中又以絹數額最多，凡二百八十七萬六千二百一十五匹，占百分之六九·九八；其次為布，凡五十五萬五千八百三十四匹，占百分之一三·五二；三為紬，凡四十六萬九千七百九十四匹，占百分之一一·四三；四為羅，凡十萬六千四百七十二匹，占百分之二·五九；五為雜色匹帛，凡四萬八千九百五十一匹，占百分之一·一九；六為綾，凡四萬四千九百六十匹，占百分之一·〇九；七為綀、紗、縠子、隔織通身，凡六千六百一十一匹，占

百分之〇‧一六；八爲錦、綺、鹿胎、透背，凡一千一十四，僅占百分之
〇‧〇二。

再就上供路分言，絲綿類凡有九路上供；其餘各類，絹有府界及十五路；
紬，十二路；布，十一路；綾，九路；絁、紗、縠子、隔織通身，八路；羅
與雜色匹帛，各六路；錦、綺、鹿胎、透背，三路。各路上供匹兩數額最多
的爲兩浙路，凡一百二十五萬四千零四十二匹，及一百六十一萬三千三百九
十八兩，各占總數百分之三〇‧五一，及六八‧一七。最少的爲利州與河東
二路，各僅十七與七匹，所占百分比微乎其微。

綜言之，上供布帛中，以屬於一般絲織品之絹、紬、布三者，爲大宗，
尤其絹一類，幾占總數百分之七十；三者合之，則已占百分之九四‧九三。
屬於最高級之錦、綺、鹿胎、透背，雖只一千一十四匹，但可知其主要供自成
都府與京東東二路（淮南西路僅一匹），而成都府路約占百分之七十五，由是
可證「蜀錦」之美譽，誠非虛名。

圖三：宋代織物分布圖

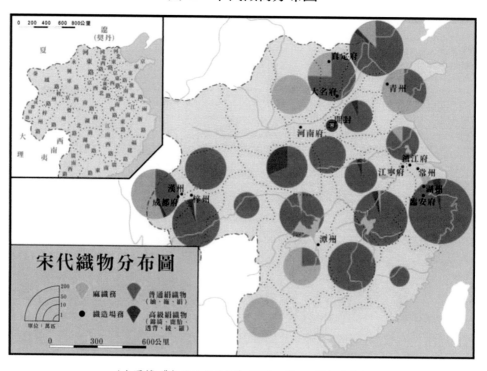

（本圖據《中國歷史地圖》下冊，頁 28 圖版重繪）

三、舶　貨

　　宋代對外國運至之舶貨，除依規定抽解外，亦有某些物品由政府收購，即所謂博買。列為博買之舶貨，可分兩類：一是禁榷物，為政府所必要及軍用物品；一是獲利物，即轉售民間可得厚利者。〔註98〕

　　所謂禁榷物，即由政府壟斷專賣之物。宋代需行禁榷博買之舶貨，品類並不固定，常因時而異。太平興國初（976），京師置榷易院，所有蕃舶運至之香藥、寶貨，盡行博買。〔註99〕太平興國七年（982），因民間缺少藥物，開始放寬規定，解禁者有三十六種，仍行保留者則有九種：瑇瑁、牙、犀、賓鐵、鼉皮、珊瑚、瑪瑙、乳香及紫礦。〔註100〕真宗大中祥符二年（1009）又加鍮石一項。〔註101〕大體北宋即以此十種舶貨為禁榷博買之物。至南宋初，牛皮筋角等堪造軍器之物，亦列為禁物，由官博買。〔註102〕而寧宗開禧二年（1206），則詔乳香「權住博買」，〔註103〕禁榷之物又減一項。

　　至於獲利物之收購，則在榷貨解禁後，於太宗淳化二年（991）四月詔曰：「自今除禁榷貨外，他貨擇良者，止市其半。」〔註104〕所謂良者，即有利可圖之物貨。當時諸國舶貨中，以南海諸國運至之各類香貨，獲利最厚；其次，為由日本運至之硫磺與木材。據《宋會要》，〈職官〉四四之一七載云：

> （高宗紹興七年〔1137〕）七月一日，詔廣南東路提舉市舶官，今後遵守祖宗舊制，將中國有用之物，如乳香藥物及民間常使香貨，並有數博買。內乳香一色，客算尤廣，所差官自當體國招誘博買。

凡遇有舶船到廣州，即令市舶司「博買香藥，及得一兩綱，旋具聞奏，乞差使臣管押」〔註105〕上京。

　　關於日本舶貨，據《開慶四明志》，卷八云：

> 倭人冒鯨波之險，舳艫相銜，以其物來售，市舶務實司之，然藉抽博之入，以裨國計，硫磺、柏木而已。

其中，硫磺因用途至廣，所需甚殷，故曾於神宗元豐七年（1084）下詔，募

〔註98〕參見石文濟，前引文，第四章第三節，頁86～89。

〔註99〕《宋會要》，〈職官〉四四之一。

〔註100〕同前書，〈職官〉四四之二。

〔註101〕《長編》，卷七二，真宗大中祥符二年八月庚寅條。

〔註102〕《宋會要》，〈職官〉四四之一七。

〔註103〕同前書，〈職官〉四四之三三。

〔註104〕同前書，〈職官〉四四之二。

〔註105〕同前書，〈職官〉四四之四。

商人至日本大量收購。此於《長編》有載：

> 知明州馬琬言：準朝旨：募商人於日本國市硫黃五十萬斤。乞每十
> 萬斤爲一綱，募官員管押。從之。〔註106〕

四、馬　匹

宋代在外有強大草原民族威脅，內有交通運輸等情勢與需求下，取得馬匹，有其必要性與迫切性。但囿於自然環境，中國內地大多不產馬，少數產馬地區如河東、陝西一帶之府（州治陝西府谷）、環（州治甘肅環縣）、慶（州治甘肅慶陽）、秦、渭（州治甘肅平涼）等州，與淮水以北之京東、西二路所產，尚稱良馬。其餘如淮水南岸之荊湖北路，四川文（州治甘肅文縣）、雅（州治四川雅安）諸州蜀馬，及福建興化軍（福建莆田）之洲嶼馬，殆皆駑劣低下，不堪戰騎役使。反之，遼、夏、金、蒙等敵國所在之東北、內外蒙古、新疆天山南北路，以至四川、雲南、貴州、廣西等西南諸蕃蠻所在地，卻出產良馬。於是對外市馬，即成爲宋代馬匹來源之主要途徑。〔註107〕

宋代市馬，依其體格健弱，可分爲戰馬與羈縻馬二種。〔註108〕前者生於西陲，良健可備行陣；後者產於西南，格尺短小，不堪陣戰。〔註109〕要之，北宋時，以西邊戰馬爲主要收市對象，曾先後於陝西、河東、川陝一帶設置買馬場，負責買發。〔註110〕此時期西南市馬，則羈縻之意大於實用。及至南宋，因西北買馬場喪失，西南之川、廣馬一度成爲主要收市來源。〔註111〕

此外，兩宋收市馬匹，又以買發方式之不同，而有券馬與省馬之別。券馬者，據《宋史》，卷一九八〈兵志〉十二載：

> 戎人驅馬至邊，總數十、百爲一券，一馬預給錢千，官給芻粟，續
> 食至京師，有司售之，分隸諸監，曰券馬。

即馬匹以「券」爲單位，官府預給馬錢及沿途馬料，由熟習馬性之戎人親自護馳上京，再分隸諸監牧養。可謂是官監民運之買發方式。由於，常使沿邊

〔註106〕《長編》，卷三四三，神宗元豐七年二月丁丑條。

〔註107〕關於北宋市馬之需求，參見江天健，《北宋市馬之研究》，臺北：中國文化大學史學研究所博士論文，民國78年6月。

〔註108〕《宋史》，卷一九八，〈兵志〉十二，馬政，頁4955。

〔註109〕同上。

〔註110〕按，宋初買馬場，多集中於河東、陝西及川陝一帶，據統計共有三十三個買馬州軍，其中陝西即占十七處。其後，因內外情勢變化，又有增損。參見江天健，前引文，第三章第二節，頁173～180。

〔註111〕參見王恢，〈南宋廣馬〉，《史學彙刊》第十三期，頁37～48。

牙吏，入蕃召募，故又稱招馬。〔註112〕省馬者，據同書同卷志載：「邊州置場，市蕃漢馬團綱，遣殿侍部送赴闕，或就配諸軍，曰省馬。」乃由官置買馬場，馬匹以「綱」爲單位，由官派人押運上京，再配備諸軍使用。可謂是全由官買官運之買發方式，由於馬匹以綱發送，故又稱綱馬。

至於市馬數量，則隨情勢需要而有不同。根據統計，北宋時期，以徽宗政和三年（1113）之四萬匹爲最多；南宋時期，秦、川、廣三司歲進馬約一萬匹左右。〔註113〕

五、軍 須

所謂軍須，指牛皮、筋角、弓弩材料、箭幹、鎗幹、膠鰾、翎毛，及漆、蠟等堪造軍器之物，〔註114〕除於賦稅收入及舶貨中抽解博買外（已如前述），亦有自民間收購者，謂之和買、〔註115〕和市，〔註116〕及拋買。〔註117〕宋代對民間軍器物料管制甚嚴，而官府收購之法有二，即入官法與通商法。入官法者，指民間凡有牛死，其皮、筋、角等，必須一律中賣入官，分三等支給錢物；有不中等者，始退還之。〔註118〕通商法者，指客旅自由商販，由官置場收買。〔註119〕蓋上述二法，仁宗皇祐（1049～1053）之前，多行入官法；皇祐之後，則行通商法。此後神宗熙寧九年（1076），嘗一度欲復入官法，以賈人郭永上言力爭，未見實施。〔註120〕

〔註112〕《宋會要》，〈兵〉二四之二。

〔註113〕同註107、111。

〔註114〕范仲淹，《范文正公集》（元刊本，四部叢刊初編集部，臺北：臺灣商務印書館，民國54年8月臺一版），〈政府奏議〉卷上，〈奏爲置官專管每年上供并軍須雜物〉，頁187上～下。另據不著撰人，《慶元條法事類》（中央圖書館藏抄本與靜嘉堂文庫本互校，臺北：新文豐出版公司，民國65年4月初版），卷二九，〈権禁門〉二，〈興販軍須〉，隨敕申明，衛禁，隆興元年五月九日，頁287，有云：「鰾膠、漆、牛皮、筋角、弓弩、竹木、槍桿、篆桿、箭鏃、箭頭、白蠟、翎毛、皮鞓、鞦皮底、生、熟鐵、羊、鹿、獐、京、麂、麋、兔、犬、馬皮，皆爲軍須之物。」

〔註115〕范仲淹，前引書，同前註。

〔註116〕《長編》，卷三○二，神宗元豐三年正月己巳條。

〔註117〕《繫年要錄》，卷八六，高宗紹興五年閏二月辛未條。

〔註118〕歐陽修，《歐陽文忠公文集》（元刊本，四部叢刊初編集部，臺北：臺灣商務印書館，民國54年8月出版），卷一一七，〈河北奉使奏草〉卷上，〈乞放行牛皮膠鰾〉，頁920下～921上。

〔註119〕同上。

〔註120〕按，賈人郭永曾於熙寧九年，上言通商之利。見《長編》，卷二七四，神宗熙

至於收購軍須數量，則隨軍情緩急不一。如神宗元豐三年（1080），於吉州（江西吉安）「市箭笴三十萬」；〔註121〕而南宋高宗建炎、紹興之際，軍事頻仍，軍器需要量大。其時，除於「逐軍認造器甲」外，又「歲歲拋買，如羽毛、箭榦，打造甲葉、箭頭之類，動以千萬計。」〔註122〕以江南西路言，紹興九年（1139）發赴岳飛軍造軍器物料之品目數量，據張守〈措置江西善後箚子〉所載如下：

> 今將紹興九年分，本路十一州軍合起歲額上供軍下項物料，徑赴轉
> 運司交納，發赴岳飛軍自造軍器。鐵甲葉六十九萬九千四百三十八
> 片，牛角六千三百三十四隻，生黃牛皮九千一百八十三張，牛筋四
> 千一十斤一十二兩，生羊皮一萬八千三百九十二張三十一尺三寸五
> 分，箭笴一十八萬四千七百九十四隻，翎毛五十一萬二千九百八十
> 二枚，各長四寸八分，條鐵七千六百九十四斤一十三兩一錢二分。
> 〔註123〕

知其所「收買軍器物料起發，數目浩瀚」。〔註124〕張守因乞諸州除拘收到牛皮、筋角等物，「自合起發」外，餘者「權住收買三年」。〔註125〕

六、茶　鹽

宋代對茶、鹽之經營，在官賣與通商兩大法則下，多有變化。其間，在官賣法中有行禁榷，全由官方收購、搬運、鬻賣者，則與綱運有關。就茶而言，自太祖乾德二年（964）八月，始詔「在京、建州（即建寧府，福建建甌）、漢（湖北漢陽）、蘄口各置榷貨務」起，至仁宗嘉祐四年（1059）二月，「降敕罷茶禁」止，〔註126〕大致行榷賣之法。曾先後於茶產地設置山場、買茶場，以徵榷茶貨；並於京師及交通要會處設有榷貨務，以受納之。茶之交納、起發、搬運均有一定程限，由三司總其責，稽核之。〔註127〕其如北宋初，汴京

寧九年夏四月庚戌條。
〔註121〕同註116。
〔註122〕同註117。
〔註123〕張守，《毗陵集》（聚珍版叢書，臺北：新文豐出版公司，民國74年1月出版），卷三，〈措置江西善後箚子〉，頁35～38。
〔註124〕同上。
〔註125〕同上。
〔註126〕沈括撰，胡道靜校証，《夢溪筆談校証》（愛盧刊本與他本互校，上海：古籍出版社，1987年9月第一版），卷一二，官政二，頁442～443。
〔註127〕參見朱重聖，前引書，第三章。

設有茶庫，掌「受江、湖、淮、浙、建、劍茶」，以「給翰林諸司，及賞賚、出鬻。」〔註128〕茶庫受納茶貨，則有嚴格日限，據《宋會要》，〈食貨〉五二之三～四載：

> 片茶：潭州大坊茶五萬斤限半月，諸州茶五萬斤限十日，三萬斤六
> 日。散茶：五萬斤四日，三萬斤三日。蠟面茶：萬斤四日。

至於在京師以外，諸榷貨務所受納茶貨路分及數量，茲以沈括所載嘉祐六年（1061）六榷貨務爲例，可見一斑：〔註129〕

（一）荊南府：受納潭、鼎、澧、岳、歸、峽州、荊南府，片散茶八十七萬五千三百五十七斤。

（二）漢陽軍：受納鄂州片茶二十三萬八千三百斤半。

（三）蘄州蘄口：受納潭、建州、興國軍片茶五十萬斤。

（四）無爲軍：受納潭、筠、袁、池、饒、建、歙、江、洪州、南康、興國軍，片散茶共八十四萬二千三百三十三斤。

（五）眞州：受納潭、袁、池、饒、歙、建、撫、筠、宣、江、吉、洪州、興國、臨江、南康軍，片散茶共二百八十五萬六千二百六斤。

（六）海州：受納睦、湖、杭、越、衢、溫、婺、台、常、明、饒、歙州，片散茶共四十二萬四千五百九十斤。

以上六榷貨務主要受納東南諸州茶，或是茶稅，或由收購。就其數量言，眞州收受最多；就產茶州軍言，有僅納一處者，如鄂州片茶之納於漢陽軍榷貨務；其餘則需於多處交納，以廣其利。三司對諸產茶州軍般運起發茶貨，均有一定程限，並嚴加稽核。其如眞宗乾興元年（1022），因兩浙、荊湖產茶州軍，未能「預辦人船，及時計綱」起發茶貨，致官茶損惡，「有誤出賣，虧失課程」，三司奏云：

> 欲乞明立科條，須限當年江河水勢未落日前，盡赴逐榷務交納，不
> 得延至秋冬，致水小阻滯。如今後公然怠慢，不預計置般運，致有
> 稽違，並委制置司取勘官吏情罪，內干繫人依法區斷，命官使臣取
> 裁。〔註130〕

知產茶州軍應於當年秋冬水落前，盡赴各應收榷貨務交納。倘有違慢，相關

〔註128〕《宋會要》，〈食貨〉五二之四。
〔註129〕同註126，頁445。
〔註130〕《宋會要》，〈食貨〉四二之七，四六之六～七。

之官吏使臣，即依法裁斷。

四川地區自神宗熙寧七年（1074）起，實施榷茶，〔註131〕直至徽宗政和茶法〔註132〕施行，又許通商。由於蜀茶主供西北博馬之用，〔註133〕在此官搬官賣期間，自成都府至利州，興元府至興州、鳳翔府，商州上津至永興軍，沿途設有車子遞鋪、般茶鋪，〔註134〕亦即所謂之茶遞鋪。〔註135〕此外，有起綱場、〔註136〕轉般庫、裝卸庫、排岸司〔註137〕等基層管理、貯運單位，亦皆專司撥發、般運茶貨之事。

南宋時期，東南地區繼續施行政和茶法；〔註138〕四川地區經趙開改革，以政和茶法爲基礎，行通商，但置有合同場，以加強管理。〔註139〕因此，茶貨搬運之事，全由商人負責，不再煩勞官運。

關於鹽之收購，常因地而異。大抵以東南各路海鹽爲主要收購對象，其餘河北、京東路之海鹽，河東、陝西路部分土鹽和小池鹽，亦時有徵購。負責收納鹽貨機構，先後有鹽監及其附屬之縣鎮收鹽倉、鹽場買納倉、買納鹽場，以及收鹽專局。其中，前二者設置較早，相互間亦有承續關係；買納場則起於北宋中期；後者，設置最晚，建置不一。至於收購方式，名目甚多，約可分爲三種，即盡數拘買或抑令賣納之攤派性徵購，以及酌量與臨時收購。〔註140〕

宋代官府收購之鹽貨，配合既已區畫之行鹽地分，在一定範圍內運銷，界域森嚴，「不得遞相侵越」。〔註141〕關於銷鹽區畫分，雖屢有變遷，但北宋時大致可分爲四大區，即解鹽區、海鹽區、井鹽區與土鹽區。解鹽區與土鹽區，包括陝西路、河東路、京西南、北路，及河北路、京東路之一部分；其

〔註131〕同前書，〈食貨〉三一之二～一四。

〔註132〕同前書，〈食貨〉三〇之四〇～四四。

〔註133〕參見江天健，前引文，第六章第一節，頁328～366。

〔註134〕《長編》，卷三二六，神宗元豐五年五月丙午條。《宋會要》，〈食貨〉三〇之二四～二五。

〔註135〕蘇轍，《欒城集》（明活字印本，四部叢刊初編集部，臺北：臺灣商務印書館，民國54年8月臺一版），卷三六，〈論蜀茶五害狀〉。

〔註136〕《長編》，卷三四一，神宗元豐六年十二月癸未條。

〔註137〕《宋會要》，〈職官〉四三之九四～九九。

〔註138〕同前書，〈食貨〉二九之一六。

〔註139〕《朝野雜記》，甲集卷一四，〈蜀茶〉，頁13下～15上。

〔註140〕參見郭正忠，前引書，第三章，頁177～191。

〔註141〕《宋會要》，〈食貨〉二三之三〇。

中，土鹽區僅指河東路中、西部地區。井鹽區，限於四川諸路。以上三大區以外之路分，即爲海鹽行銷區，最是廣衾。南宋時，雖淮水以北土地喪失，若再將海鹽細分，亦仍可分爲四區，即蜀井鹽區、淮浙鹽區、福建鹽區與廣鹽區。在上述各大鹽區內，實則又有若干小分區，亦均是壁壘分明。各鹽銷區分，凡屬官鹽之運輸，輒採綱運。〔註142〕

七、木　材

　　木材可供造船及營繕材料之用，除前所述於商販中抽解外，實多行收購。茲以造船木料言，以大段檀木（即枋木）爲佳，〔註143〕故均挑選嚴格，一不堪用，即別行收購。如寧宗嘉泰四年（1204），建康都統制司以「買到戰船木植，細小不堪使用」，又別差官將，帶錢物前往上江，和市「大徑寸迭料木植」，歸司打造。〔註144〕至於實際收購單位，或由買木場負責，〔註145〕或由欲造船處，「別差官將」，前往產材州軍收買之。而官府收購造船材料所需本錢，多爲現錢、度牒、會子與金等。其中現錢多由上供錢或封樁庫錢撥給，如神宗元豐六年（1083），從三門白波提舉輦運司請，支撥所轄「阜財監上供錢萬緡」，遣官「於鄰州市木」，打造船支；〔註146〕又如孝宗乾道四年（1168），支撥封樁現錢十萬緡，付沿江水軍制置司，擇買良材，打造戰船。〔註147〕至於以度牒充作收購材料本錢，則其值常隨時間而不一，且時間愈後，變折之值愈高。如高宗紹興四年（1134），支撥程昌禹、折彥質度牒各五百道，專充打造戰船之費，其變折之值，每道僅作一百二十貫文；〔註148〕至寧宗嘉定十四年（1221），支撥封樁庫度牒三十道付溫州（浙江永嘉），打造淮陰水軍海船，其變折之值，每道已作八百貫文；〔註149〕則短短五十四年，竟高漲六倍有餘，南宋財政之艱困，已可概見。

　　至於營繕木材，以楠、桑及檀木等爲大宗。每遇修建宮室，材植動以萬

〔註142〕郭正忠，前引書，第四章，頁 286～320，357～376。
〔註143〕按，檀木即枋木，宋時吉州所產甚佳。《宋會要》，〈食貨〉五〇之二～三。
〔註144〕《宋會要》，〈食貨〉五〇之三三。
〔註145〕方萬里、羅濬，《寶慶四明志》（清咸豐四年宋元四明六志本，北京：中華書局，1990 年 5 月出版），卷三，〈敍郡〉下，官僚，造船官。
〔註146〕《長編》，卷三三九，神宗元豐六年九月戊申條。
〔註147〕《宋會要》，〈食貨〉五〇之三四。
〔註148〕同前書，〈食貨〉五〇之一六。
〔註149〕同註147。

計，有司必於產材密集處，或徑行採買，〔註150〕或先召人攬取結集，再置場收購；〔註151〕其收購本錢，多為現錢、絹或度牒等。〔註152〕宋代官府收購材木，多集中於陝西、熙河路分，及汝州等處。見諸史料者，如仁宗天聖八年（1030），建太乙宮及洪福等院，計須木材九萬四千餘，三司「乞下陝西市之」；〔註153〕慶曆三年（1043），京師營繕需材木凡三十萬，三司請「下陝西轉運司收市之」；〔註154〕神宗元豐三年（1080），以熙、河山林浩瀚，且多巨材，令都大經制熙河路邊防財用事李憲「兼專切提舉本路採買木植」；〔註155〕翌年（1081），以修尚書省，所需材木，令知汝州（河南臨汝）李承之「於本（汝）州界採伐及買」。〔註156〕此外，徽宗崇寧五年（1106），為肇建明堂，「下諸路和買材植、物料」，〔註157〕其收購區域，似又已遍及全國。

八、其 他

宋代官府收購物除前述七項外，另有紅花、紫草、青綠、朱紅等染色材料，以及紙、墨、薪炭、羊等物。以染料言，由於官府相關手工業需求量大，故除由稅物、土貢取得外，又必須自民間收購，但民間亦往往供應不足。如仁宗慶曆二年（1042），三司歲市紅花、紫草各十萬斤，「民不能供」；〔註158〕神宗元豐五年（1082），知安州（河北高陽東）滕甫奏：「內供奉謝禋奉旨買紅花萬斤，今又繼買五萬斤，而一州所產，止二萬斤耳，恐不足數。」〔註159〕同年，梓州（四川三台）又奏：「奉詔收買青綠彩色二千斤，已計綱起發，餘數見計收買。」〔註160〕宋代諸帝，為恐勞民，遂常下令罷市，甚者，則如哲宗元符元年（1098）有詔：

〔註150〕司馬光，《溫國文正司馬公集》（常熟瞿氏藏宋紹興本，四部叢刊初編集部，臺北：臺灣商務印書館，民國54年8月臺一版），卷三三，〈論修造箭子〉，頁282～283。
〔註151〕《長編》，卷三三二，神宗元豐六年春正月癸卯條。
〔註152〕同前書，卷二七七，神宗熙寧九年八月乙酉條；卷三四六，神宗元豐七年六月壬辰條。
〔註153〕同前書，卷一〇九，仁宗天聖八年三月庚辰條。
〔註154〕同前書，卷一三九，仁宗慶曆三年春正月丙子條。
〔註155〕同前書，卷三一〇，神宗元豐三年十二月乙酉條。
〔註156〕同前書，卷三一六，神宗元豐四年九月乙巳條。
〔註157〕《長編拾補》，卷二六，徽宗崇寧五年正月丙午條。
〔註158〕《長編》，卷一三五，仁宗慶曆二年二月丙寅條。
〔註159〕同前書，卷三二九，神宗元豐五年八月癸亥條。
〔註160〕同前書，卷三三一，神宗元豐五年十二月己未條。

> 今後官司應緣收買及造換修完出染之類物色，若不預行計料申乞，
>
> 支撥收買，及將官庫現在之物，妄有退嫌，及有別色可以充代，而
>
> 輒稱充代不行，經歷官司逼留行遣，并雜買務不依在市實直估價，
>
> 及不依條出榜，召人減價中直，官吏並科杖一百，不以失減。〔註161〕

以科杖一百之重罰，務求節制用度，謹密收支。而南宋高宗紹興四年（1134），
曾詔邵武軍（福建邵武）歲以上供錢，收購上色朱紅二十兩，差人押赴「行
在左藏庫」。〔註162〕蓋預貯之，以備不時之需。

紙、墨可供書寫、印刷之用，此類物料，亦多自民間收購。宋代開始正
式發行紙幣，其於印造各類鈔引、錢引時，紙之用量，如以高宗紹興二年（1132）
茶鹽鈔引爲例，每月約需「鈔紙三、二百張」，由交引庫「以料次收買應副」。
〔註163〕墨之用量，若以七十四界錢引爲例，約需「三千二百八十五斤」，〔註164〕
主要購自黎州（四川漢源）。然據李石〈乞減科買墨煙箚子〉云：

> 日前每界所買墨，不過二千七百斤，往往買發不足，而今次所買，
>
> 過於每界五百餘斤。……欲望……照舊科所買墨數，量行裁減，卻
>
> 均敷下諸州出墨去處，立爲中制，貴憑買發，久遠遵守。〔註165〕

知其買發不足應付，徒增民困。李石因此建議量行裁減，並於產墨諸州均敷
買發，立爲中制。

關於其他類用紙之收購，據《宋會要‧食貨》三七之一〇載，仁宗天聖
四年（1026）司農少卿李湘奏云：「河中府每年收買上京諸般紙約百餘萬，欲
乞今後於河南出產州軍收買。」僅河中一府每年即收買百餘萬紙，宋代用紙
量之大，可見一斑。

薪炭，包括柴、薪、（石）炭等供作燃料之物。由於在京窯務、酒務等官
府工場，燃料需要量大，故多由民間收購。如神宗熙寧七年（1074），江陵府
江陵縣尉陳康民奏云：

> 相度南京、宿、亳收市窯柴。……勘會在京窯務所有柴數，于三年
>
> 內取一年最多數，增成六十萬束，仍與石炭兼用。……石炭自于懷

〔註161〕同前書，卷四九四，哲宗元符元年二月丙戌條。

〔註162〕《宋會要》，〈食貨〉五一之二七。

〔註163〕同前書，〈職官〉二七之二七。

〔註164〕李石，《方舟集》（文淵閣四庫全書本，臺北：臺灣商務印書館，民國75年3
月出版），卷七，〈奏議〉，〈乞減科買墨煙箚子〉，頁12下～13上。

〔註165〕同上。

州九鼎渡武德縣收市。〔註166〕

知其時窯務所用燃料有二，即窯柴與石炭（煤）。窯柴多自南京（應天府，河南商丘南）、宿（安徽宿縣）、亳（安徽亳縣）諸州收購；石炭市於懷州（河南沁陽）。窯柴並每歲以六十萬束為額。另，如太宗太平興國初（976），京西轉運使程能置榷酒局署，即「以官錢市薪檟」，〔註167〕以供釀酒之用。

羊隻亦如同馬匹，以西北草原為主要生長地帶。由於羊既可供食用，又為祭祀犧牲所不可缺，故京師每年需要量大，遇有短少，即行收購，以補不足。關於買羊之事，歐陽修曾在「乞住買羊」奏箚中詳陳之。茲先錄其全文於下，以見梗概：

> 勘會河北自前不曾配買羊畜，自西事已來，分配於河北收買。竊見京師羊畜有備，準三司指揮截住榷場上供羊綱，於西路州軍牧放一萬六千餘口，至冬深，死卻五千餘口。所有今年人戶配買羊已上京送納訖，卻價下榷場羊綱，在邢、洺等州牧養。竊慮冬深枉有死損，臣等相度剩數羊綱，見在河北州軍牧養，只以盡數上京，自可供用得足。乞今後河北特住配買羊數，委得公私俱利，仍乞今後京師羊少，卻於陝西依舊配買。取進止。〔註168〕

由上述得知，羊隻收買，出自陝西、河北兩地區。其中陝西買羊較早，但因受阻於宋夏戰事，乃於河北買羊。及歐陽修出使河北，宋夏和議早已達成，〔註169〕故建議停罷河北買羊，依舊於陝西收購。至於收購途徑有二：一為於榷場貿易取得，稱「上供羊綱」；一為由人戶配買。當京師備足時，上供羊綱即於就近州軍放牧，以備不時之需。然牧養越冬，輒有死損之慮。

第二節　綱運名稱

宋代綱運名稱，可分由其定名原則以及分綱準則兩方面觀之。以定名原

〔註166〕《宋會要》，〈食貨〉五五之二一。

〔註167〕《宋史》，卷一八五，〈食貨志〉下七，酒，頁4513。

〔註168〕歐陽修，前引書，卷一一八，〈河北奉使奏草〉卷下，〈乞住買羊〉，頁933上～下。

〔註169〕按，歐陽修以龍圖閣直學士任河北都轉運按察使，約在仁宗慶曆四年八月至五年八月（1044～1045）。而宋夏和議，則於慶曆四年達成。參見《宋史》，卷三一九，〈歐陽修列傳〉，頁10377；及卷四八五，〈夏國列傳〉上，頁13998～13999。

則論，可歸納爲四：即依物資種類、物色品質、起解或交納地點，及運輸方式而定。以分綱準則言，亦約之有四：即依船隻數目、物資計量、綱運人數，及其他。以下就此兩大方面八原（準）則，再分述之。

壹、定名原則

一、依物資種類而定

綱運承載物資種類繁多，如前所述。而綱運名稱常依各類物資定名，其中有以同類物資爲名者，如米（麥）綱、錢綱、銀綱、絹綿綱、〔註170〕香藥綱、衣綱、牛綱、羊綱、馬綱、象綱、茶綱、鹽綱、糖綱、竹木綱、牛皮綱、筋角綱、柴（石）炭綱……等；亦有合異物資而稱者，如錢帛綱、物帛綱、糧斛馬料綱、方物章表綱、花石綱……等。〔註171〕

在諸類綱運中，又因其主要承運之大宗物資，與次要或少量附搭、附載之零星物資，而有正、附綱之別。附綱之物，多屬質量輕細者，如藥材即是。徽宗政和二年（1112），曾詔太府寺下之和劑（藥）局歲用藥材有所闕或不足，於出產處和買後，附綱上京送納，據《宋會要》載云：

> （政和）二年七月八日詔：今後和劑局歲用藥材，並先於在京官庫，據見在數取撥。如無及不足，即前一年春季計度一歲所用之數，招誘客人以出產堪好材料，令興販前來申賣。至年終買不足，即據所闕數，令戶部下出產處，以封樁錢和買，限當年冬季以前附綱起發，到大觀庫送納。聽本局據合用數取撥。〔註172〕

在此雖未明言和買附綱藥材實際數量，但其先於在京官庫取撥，不足者，繼命客商來京興販；再有不足，方下諸出產處和買。由是推之，數量當已不多。另據《慶元條法事類·疾醫令》云：「諸州買太平惠民局藥錢，許計置輕細，將物附綱上京免稅。」〔註173〕知輕細之物附綱上京，並可免其商稅。此外，有「附搭官錢」〔註174〕「附載綢絹」，〔註175〕補發「綱運欠米」；〔註176〕諸

〔註170〕《通考》，卷二三，〈國用考〉一，歷代國用，頁227下。
〔註171〕以上諸綱運名稱，散見《宋史》、《宋會要》及宋人筆記文集等相關史料中，由於所在多見，不勝枚舉，故不一一列舉其出處。
〔註172〕《宋會要》，〈職官〉二七之二〇～二一。
〔註173〕《慶元條法事類》，卷三六，〈庫務門〉一，商稅，疾醫令，頁374上。
〔註174〕《長編》，卷四三七，哲宗元祐五年春正月己丑條。
〔註175〕同前書，卷四五八，哲宗元祐六年五月甲申條。
〔註176〕《宋會要》，〈職官〉五九之二四。

贓罰戶絕物庫、軍資庫其金、銀、寶貨、綾、羅、錦、綺等成匹者，〔註177〕以及諸軍上供納到「回殘物」，「擇其堪好者」，〔註178〕凡此皆可附綱上京。

二、依物資品質而定

綱運物資中，貢茶與舶貨又依品質精細，而有細色綱與粗色綱之別。以下再分述之。

（一）貢茶：宋代貢茶之地，由表七得知，有江南東路之南康軍（江西星子）、廣德軍（安徽廣德），荊湖南路之潭州，北路之江陵府（湖北江陵），福建路之建州與南劍州（即劍州，福建南平）等六州軍。其中，以建州北苑最爲有名，貢茶品目繁多，至徽宗宣和時期（1119～1125），達到極盛；南宋初，大致仍其舊。〔註179〕茲據相關史料作二表以明之。〔註180〕

表十二：宋代北苑貢茶綱次品目統計表

綱 次		品　名	數量（銙、片）					備　　註
			正貢	續添	創添	增添	小計	
細色	第一綱	貢　新　銙	30		20		50	
	第二綱	試　新　銙	100		50		150	
	第三綱	龍園勝雪	30	30	60		120	
		白　　茶	30	15	80		125	
		御苑玉芽	100				100	
		萬壽龍牙	100				100	
		上林第一	100				100	
		乙夜清供	100				100	
		承平雅玩	100				100	
		龍鳳英華	100				100	
		玉除清賞	100				100	
		啓沃承恩	100				100	

〔註177〕《慶元條法事類》，卷三七，〈庫務門〉二，給納，倉庫令，頁390下。
〔註178〕同前書，卷三〇，〈財用門〉一，上供，倉庫令，頁293下～294上。
〔註179〕熊蕃，《宣和北苑貢茶錄》（讀畫齋叢書，臺北：新文豐出版公司，民國74年1月出版），頁25上～26下。
〔註180〕同前書，頁8上～9下。姚寬，《西溪叢語》（學津討原，臺北：新文豐出版公司，民國74年1月出版），卷上，頁22。趙汝礪，《北苑別錄》（讀畫齋叢書，臺北：新文豐出版公司，民國74年1月出版），細色第一綱～麤色第七綱，頁7～13。

色	綱	名稱						備註
		雪　　英	100				100	
		雲　　葉	100				100	
		蜀　　葵	100				100	
		金　　錢	100				100	
		玉　　華	100				100	
		寸　　金	100				100	
	第四綱	龍園勝雪	150				150	※細三
		無比壽芽	50	50			100	
		萬壽銀芽	40	60			100	
		宜年寶玉	40	60			100	
		玉清慶雲	40	60			100	
		無疆壽龍	40	60			100	
		玉葉長春	100				100	
		瑞雲翔龍	108				108	
		長壽玉圭	200				200	
		興國巖鍔	270				270	
		香口焙鍔	500				500	
		上品揀芽	100				100	
		新收揀芽	600				600	
	第五綱	太平嘉瑞	300				300	
		龍苑報春	600				600	
		南山應瑞	60	60			120	
		興國巖揀芽	510				510	
		興國巖小龍	750				750	
		興國巖小鳳	50				50	
		太平嘉瑞	200				200	
		長壽玉圭	100				100	※細四，以上先春二色
		御苑玉芽	100				100	※細三
		萬壽龍芽	100				100	※細三
		無比壽芽	100				100	※細四
		瑞雲翔龍	100				100	※細四，以上續入額四色
黼色	第一綱	不入腦子上品揀芽小龍	1200			1200	2400	
		入腦子小龍	700			700	1400	
		小　　龍					840	
	第二綱	不入腦子上品揀芽小龍	640			1200	1840	
		入腦子小龍	642			700	1342	
		入腦子小鳳	1344				1344	

	入腦子大龍	720			720	
	入腦子大鳳	720			720	
	小　鳳				1200	建寧府附發
第三綱	不入腦子上品揀芽小龍	640		1200	1840	
	入腦子小龍	644		700	1344	
	入腦子小鳳	672			672	
	入腦子大龍	1008			1008	
	入腦子大鳳	1008			1008	
	大　龍				400	建寧府附發
	大　鳳				400	建寧府附發
第四綱	不入腦子上品揀芽小龍	600			600	※麤一～三
	入腦子小龍	336			336	※麤一～三
	入腦子小鳳	336			336	※麤二、三
	入腦子大龍	1240			1240	
	入腦子大鳳	1240			1240	
	大　龍				400	建寧府附發
	大　鳳				400	建寧府附發
第五綱	入腦子大龍	1368			1368	
	入腦子大鳳	1368			1368	
	京鋌改造大龍	1600			1600	
	大　龍				800	建寧府附發
	大　鳳				800	建寧府附發
第六綱	入腦子大龍	1368			1368	
	入腦子大鳳	1368			1368	
	京鋌改造大龍	1600			1600	
	大　龍				800	建寧府附發
	大　鳳				800	建寧府附發
第七綱	京鋌改造大龍				1300	建寧府附發
	入腦子大龍	1240			1240	※麤二～六
	入腦子大鳳	1240			1240	※麤二～六
	京鋌改造大龍	2352			2352	※麤五、六
	大　龍				240	建寧府附發，※麤三～六
	大　鳳				240	建寧府附發，※麤三～六
	京鋌改造大龍				480	建寧府附發，※麤六
說明	凡一品多次入貢者，則於最後綱次備註中以「※」註明，如※細三，即「參見細色第三綱」，餘類推。					

表十三：宋代北苑貢茶綱次數量統計表

綱　次		正貢	續添	創添	增添	附發	合計
細 色	第一綱	30		20			50
	第二綱	100		50			150
	第三綱	1460	45	140			1645
	第四綱	2238		290			2528
	第五綱	2970		60			3030
合計（一）		6798	45	560			7403 (15%)
麤 色	第一綱	1900			1900	840	4640
	第二綱	4066			1900	1200	7166
	第三綱	3972			1900	800	6672
	第四綱	3752				800	4552
	第五綱	4336				1600	5936
	第六綱	4320				2900	7220
	第七綱	4832				960	5792
合計（二）		27178			5700	9100	41978 (85%)
總　　計		33976	45	560	5700	9100	49381 (100%)

　　由表十二知，北苑貢茶細色五綱、麤色七綱，凡十二綱。就其品名言，細色第一、二綱各一品；第三綱十六品；第四綱十三品；第五綱十二品。麤色第一綱三品；第二綱六品；第三、四綱相同各七品；第五綱五品；第六、七綱相同，各六品。其中除去再次入貢者，細色綱，凡三十七品；麤色綱，凡十品。再由表十三統計數字知，細色五綱，凡貢七、四○三片（銙），占總貢量百分十五；麤色七綱，凡貢四一、九七八片（銙），占總貢量百分之八十五；總計四九、三八一片（銙）。〔註181〕各綱次中，以細色第一綱貢新銙，五十銙最少；而麤色第三綱之七千一百六十六片（銙）爲最多。

〔註181〕曾敏行，《獨醒雜志》（知不足齋叢書，臺北：新文豐出版公司，民國 74 年 1
　　　　月出版），卷九有云：「北苑產茶，……今歲貢三等，十有二綱，四萬九千餘
　　　　銙。」則正與此統計數字相符合。

　　細色五綱中，以第一綱「貢新爲最上」，第三、四之「龍園勝雪爲最精」。
〔註182〕無論細、麤綱貢茶實則均爲精挑細揀，用心研製而成。故於包裝上，
甚是講究。尤其細色珍品除「圈以箬葉，內以黃斗，盛以花箱」外，並「護
以重篋，扃以銀鑰」，而花箱內外，又有「黃羅幕之」，可謂「什襲之珍」。
〔註183〕至於麤色七綱中，「揀芽以四十餅爲角，小龍鳳以二十餅爲角，大龍鳳
以八餅爲角」，同樣以箬葉圈之，唯「束以紅縷，包以紅楮，緘以蒨綾」有所
不同，其中揀芽又「俱以黃焉」。〔註184〕蓋在此等精緻包裝下，一則可減低貢
茶於長途運程中有所損毀，再則以不同包裝材料與顏色，區別等第，即以細
色五綱、麤色揀芽，及其他，分爲三等。〔註185〕

　　（二）舶貨：外蕃諸邦販至之舶貨，由官抽解、和買後，「分爲麤、細二
色，般運入京。」〔註186〕粗細色劃分，常隨時代而有變動。如在徽宗大觀
（1107～1110）以前，細色綱爲龍腦、眞珠之類，其餘犀、象、紫礦、乳、檀
香之類，爲麤色綱；但在大觀以後，爲「張大其數，象、犀、紫礦皆作細色
起發。」〔註187〕至南宋高宗建炎、紹興時期，又曾先後再重行裁定。〔註188〕
而諸國舶來貨品各有特色，粗、細色亦有多有少。茲據《寶慶四明志》所
載，作表於下，以見一斑。〔註189〕

表十四：宋代舶貨分綱品類表

國別	細 色 綱 品 類	麤 色 綱 品 類	備 註
高麗	銀子、入參、麝香、紅花、茯苓、蠟。	大布、小布、毛絲布、紬、松子、松花、栗、棗肉、榛子、椎子、杏仁、細辛、山茱萸、白附子、蕪荑、甘草、防風、牛膝、白朮、遠	以上細色六品，麤色三十四品，凡四十品。

〔註182〕趙汝礪，前引書，細色五綱，頁13。
〔註183〕同上。
〔註184〕同上。
〔註185〕按，即如《獨醒雜志》所云：「歲貢三等，十有二綱」；參見註181。
〔註186〕《宋會要》，〈職官〉四四之一一。
〔註187〕《宋史》，卷一八六，〈食貨〉下八，頁4566。
〔註188〕《繫年要錄》，卷一〇，高宗建炎元年冬十月己卯條。《宋會要》，〈職官〉四
　　　　四之二一～二三。
〔註189〕《寶慶四明志》，卷六，〈敘賦〉下，市舶，頁5下～12上。

		志、茯苓、薑黃、香油、柴茱、螺頭、螺鈿、皮角、翎毛、虎皮、漆、青器、銅器、雙畖刀、蓆、合蕈。	
日本	金子、砂金、珠子、藥珠、水銀、鹿茸、茯苓。	硫黃、螺頭、合蕈、松板、杉板、羅板。	以上細色七品，麤色六品，凡十三品。
海南諸國	麝香、箋香、沈香、丁香、檀香、山西香、龍涎香、降眞香、茴香、沒藥、胡椒、檳榔、蓽澄茄、紫礦、畫黃、蠟、鱉魚皮。	暫香、速香、香脂、生香、麤香、黃熟香、雞骨香、斬剉香、青桂頭香、藿香、鞋面香、烏里香、斷白香、包袋香、水盤香、紅豆、蓽撥、良薑、益智子、縮砂、蓬莪朮、三賴子、海桐皮、桂皮、大腹皮、丁香皮、桂花、薑黃、黃蘆、木鱉皮、茱萸、香柿、硫藤子、瓊茱、相思子、大風油、京皮、石蘭皮、獸皮、苧麻、生苧布、木棉布、吉布、吉貝花、驢鞭、釵藤、白藤、赤藤、藤棒、藤篾、宻木、射木、蘇木、椰子、花梨木、水牛皮、牛角、螺殼、蚜螺、條鐵、生鐵。	以上細色十七品，麤色六十一品，凡七十八品。
化外諸蕃	銀子、鬼谷珠、珠砂、珊瑚、琥珀、玟瑠、象牙、沈香、箋香、丁香、龍涎香、蘇合香、黃熟香、檀香、阿香、烏里香、金顏香、上生香、天竺香、安息香、木香、亞濕香、速香、乳香、降眞香、麝香、加路香、茴香、腦子、木札腦、白篤耨、黑篤耨、薔薇水、白豆蔻、蘆薈、沒藥、沒石子、檳榔、胡椒、硼砂、阿魏、膃肭臍、藤黃、紫礦、犀角、葫蘆瓢、紅花、蠟。	生香、修割香、香纏札、麤香、暫香、香頭、斬剉香、香脂、雜香、盧甘石、宻木、射木、茶木、蘇木、射檀香、椰子、赤藤、白藤、皮角、鱉皮、絲、簟。	以上細色四十八品，麤色二十二品，凡七十品。

由上表得知，各國舶貨分綱，以海南諸國品類最多，凡七十八品，其中細色十七品，麤色六十一品；其次為化外諸蕃，凡七十品，其中細色四十八品，麤色二十二品；三為高麗，凡四十品，包括細色六品，麤色三十四品；末為日本，凡十三品，細色七品，麤色六品。

三、依起解或交納地點而定

綱運名稱，依物資起解地而定名者，約可分為（一）以區域統稱之：如川綱、〔註190〕、川陝綱運、〔註191〕江浙綱運、〔註192〕江湖二廣綱運、〔註193〕……等。（二）以行政區畫統稱之：如諸路綱運、〔註194〕諸路州府軍監起發上京綱運、〔註195〕……等。（三）就各路分單獨或合稱之：如荊湖綱運、淮南綱運、廣南、福建路綱運、〔註196〕陝西、河東三路綱、〔註197〕……等。

再依物資交納處定名者，有（一）運至京師，供官府或皇帝御用者，稱上京綱運、〔註198〕上供綱、〔註199〕御前綱、〔註200〕等。（二）以收納官署稱之，如應奉司綱、〔註201〕總所綱〔註202〕等。

四、依運輸方式而定

就運輸方式定名言，約有（一）以採行水、陸及海路運輸稱之：如水路

〔註190〕朱熹、李幼武，前引書，別集上卷一，李綱，頁 13 下。
〔註191〕《宋會要》，〈食貨〉四二之九。
〔註192〕同前書，〈食貨〉四二之六。
〔註193〕《宋史全文續資治通鑑》，卷一六，高宗建炎二年八月戊午條。
〔註194〕《宋史》，卷一七五，〈食貨志〉上三，漕運，頁 4253。
〔註195〕同註 192。
〔註196〕同上。
〔註197〕《繫年要錄》，卷一一，高宗建炎元年十二月甲戌條。
〔註198〕《宋會要》，〈食貨〉四二之一三。
〔註199〕《宋史》，卷四一一，〈牟子才列傳〉，頁 12359。陳均，《宋本皇朝編年綱目備要》（據靜嘉堂文庫用家藏宋本景印本，臺北：成文出版社，民國 55 年 4月臺一版），卷二九，徽宗宣和二年春二月，唐恪罷條，頁 1 上～下。
〔註200〕《宋會要》，〈職官〉四之二八～三〇。呂本中，《東萊先生詩集》（四部叢刊續編，臺北：臺灣商務印書館，民國 65 年 6 月臺二版），卷六，頁 8 下有載：「邵伯路中逢御前綱，載茉莉花甚眾，舟行甚急，不得細觀也。又有小盆榴等，皆精妙奇靡之觀。」
〔註201〕《宋會要》，〈職官〉四之二八～三〇。陳均，前引書，卷二九，徽宗宣和二年春二月，唐恪罷條。
〔註202〕《宋史》，卷四一一，〈牟子才列傳〉，頁 12359。

綱運、〔註203〕陸路綱運、〔註204〕水陸綱運、〔註205〕海道綱〔註206〕等。其中，以水路綱運為主，陸路及海道綱運為輔。尤其海道綱，因人畏風濤，多不願行。據《宋會要・職官》四四之三三載：

> 紹熙元年（1190）三月八日，臣僚言：「福建市舶司每歲所發綱運，有麤細陸路綱，有麤色海道網（綱），其押網（綱）官並無酬賞。至於海網（綱）人畏風濤，多不願行。每差副尉小使臣，多有侵欺貿易之弊。竊見饒州錢監起發錢綱，（中略）。錢寶與香貨，皆所以助國家經常之費，況錢由江行，香由海行。乞今後市舶司綱官押海道麤色綱，及十萬斤，委無少次，乞紐計價直，比附錢綱推賞。」從之。

知舶貨中麤色多由海道運輸，但因海上風濤難測，人不願行，而多有弊端。有司因請比照錢綱推賞法，以資獎助。

　　（二）以直達京師，或逐處轉般方式稱之：如直達綱、〔註207〕裡河綱、汴綱、〔註208〕汴河及江南、荊湖綱運、〔註209〕黃河綱運、〔註210〕……等。至於運輸方式之探討，將於下章第二節論述之。

　　綜而言之，以上四者乃綱運定名基本原則，其間多有交相聯稱者，如成都府錢帛鹽貨綱運、四川等處水陸綱運、諸處起發上供金銀錢帛斛斗綱運、〔註211〕麤細色陸路綱、麤色海道綱、直達糧綱、〔註212〕……等。因此綱運名稱看似繁多，實則在此四大基本原則下，綱運物資種類、品質、起解、交納地點及運輸方式，一目了然。至於外國進貢物品，有依其進貢目的定綱名者。其如安南進貢，有名為賀昇平綱、常貢（進）綱、〔註213〕賀登極綱運、進奉

〔註203〕《宋會要》，〈食貨〉四二之六、一五。
〔註204〕《長編》，卷二一七，神宗熙寧三年十一月乙卯條。《宋會要》，職官四四之三三。
〔註205〕《宋會要》，〈食貨〉四二之一。
〔註206〕《宋會要》，〈職官〉四四之三三。
〔註207〕《宋史》，卷一七五，〈食貨志〉上三，漕運，頁4258。另，劉昌詩，《蘆浦筆記》（知不足齋叢書，臺北：新文豐出版公司，民國74年1月出版），卷八，〈資政莊節王公家傳〉，頁42有云：「朱勔以花石奉艮嶽，多取漕艦以載，號直達綱。」
〔註208〕《宋史》，卷一七五，〈食貨志〉上三，漕運，頁4252。
〔註209〕《宋會要》，〈食貨〉四三之一。
〔註210〕同前書，〈食貨〉四二之三。
〔註211〕同前書，〈食貨〉四二之一～二。
〔註212〕同前書，〈職官〉四二之五〇。
〔註213〕同前書，〈蕃夷〉四之四五、七之四七。參見表九。

大禮綱運〔註214〕等，則又爲特例。

貳、分綱準則

一、依船隻數目分

　　船爲綱運主要運輸工具，將船隻分組編隊，即所謂之「團綱」。由於各水系水力有別，全國各地綱運物資多寡不一，長途運輸，多有弊端。故團綱常依船隻構造、形態與承載量之差異，〔註215〕因時因地而有不同編組。徵諸文獻，大致有以十、十二、二十五、三十、四十不等船隻團爲一綱。

　　茲以汴河綱運爲例，分別有以十、二十五、三十隻船爲一綱者。蓋仁宗天聖五年（1027）八月，江淮發運司撥併汴河綱船，以「每五百料船，二十五隻爲一綱；四百料船，三十隻爲一綱」，〔註216〕此乃依船隻載重量計算。基於汴河水力之考量，糧綱船「例皆四、五百料」，至多七百料，如有千碩以上之大料船入汴，則「多致阻淺」。〔註217〕由是推知，汴河綱船應以二十五或三十隻爲團綱準則。此外，神宗元豐三年（1080）六月，曾詔「眞（江蘇儀徵）、楚、泗州，各造淺底船百艘，團爲十綱，入汴行運。」〔註218〕另據高宗建炎四年（1130），發運副使宋輝上戶部箚子中，追溯云：

〔註214〕同前書，〈蕃夷〉七之五二～五三。參見表九。
〔註215〕參見斯波義信，〈宋代運船業の基礎構造〉《東洋史研究》第二十四卷第四期，昭和四十一〔1966〕年三月出版），頁77～97。

　　　　以下並據文中所列，摘錄其中與綱運有關各水域之各級船隻，以資參考：

船別	載重量	航行水（地）域
御河船	三〇〇～四〇〇料	衛河以下，河北東路
運船	六〇〇料	黃河（三門造船場打造）
汴河綱船	二五〇～五〇〇料	汴河
漕船	三〇〇～七〇〇料	淮南運河
漕船	一〇〇〇料	長江中、下游，荊湖～眞州
漕船	一〇〇〇石	長江中、下游，蕪湖
漕船	五〇〇石	贛水、吉州
漕船	五〇〇石	兩浙
糧船	三五〇料，六〇〇～一〇〇〇石	浙西
糧船	二〇〇～三〇〇料	浙東
鹽船	二〇〇石	揚州～杭州，江南運河
糧船	二〇〇～六〇〇料	揚州

〔註216〕《宋會要》，〈食貨〉四二之一二。
〔註217〕同前書，〈食貨〉四七之一三。
〔註218〕《長編》，卷三〇五，神宗元豐三年六月己未條。

> 本司舊行轉般，支撥綱運裝糧上京。自眞州至京，每綱船十隻，且
> 以五百料船爲率。〔註219〕

知由眞、楚、泗州打造或支撥入汴之綱船，約爲五百料級之淺底船，且以每
十隻爲一綱行運。

其餘，若長江上游之四川地區，每年「上供紈綺動踰萬計」，由嘉州順
長江而下至荊南之綱船，通常以「十二艘爲一綱」；〔註220〕茶馬司合發歲額
馬及所買馬，自夔州（四川奉節）順流至歸州（湖北秭歸），以三船爲一綱。
〔註221〕長江中游，由江西至淮南運鹽船，以二十五艘爲一綱。〔註222〕另，
饒州（江西鄱陽）鑄錢司額管小料七綱，凡二百八十隻船，以每綱四十船，
「往來般運嶺南銅、鉛等物料」。〔註223〕兩浙地區，每年上供之米斛錢帛馬
料運船，「以三十隻爲一綱」。〔註224〕福建、廣東運鹽船，則多以十船爲一
綱。〔註225〕

二、依物資計量分

物資計量之法，常因類而異。即使同類物資，受時代、地域因素影響，
亦每有不同。宋代量衡器制，參差混雜，姑且不論。〔註226〕各類物資如茶、
鹽、糖、舶貨、金、銀、銅、鐵……等，通常以重量論斤、兩；米糧則以容
量論斛（石、碩）、斗；其他，如布帛以匹、錢以緡（貫）、馬以匹、牛羊以
頭、竹木以條……等，各以其數計之。因此，綱運起發物資，即有依若干計
量定爲一綱。以下就相關史料，概分爲重量、容量與數量三方面述之。

（一）以重量分：其一爲舶貨，在徽宗大觀以前，閩廣市舶司所發者，
細色每綱爲五千兩，麤色每綱一萬斤；〔註227〕及南宋孝宗乾道七年（1171），

〔註219〕《宋會要》，〈食貨〉四七之一五。

〔註220〕《長編》，卷五四，眞宗咸平六年夏四月庚午條。

〔註221〕《宋會要》，〈兵〉二三之二九～三〇、三三～三四。

〔註222〕《通考》，卷一六，征榷考三，鹽鐵，頁160中～下。

〔註223〕《宋會要》，〈食貨〉五〇之一二～一三。

〔註224〕同前書，〈食貨〉四七之一八。

〔註225〕同前書，〈食貨〉二七之三八、三九；《宋史》，卷三二八，〈蔡抗列傳〉，頁
　　　　10577。

〔註226〕參閱郭正忠，〈隋唐宋元之際的量器與量制〉（《中國經濟史研究》，1987年第
　　　　一期），頁63～78；以及郭正忠，前引書，第三章，頁207～220。

〔註227〕《宋會要》，〈職官〉四二之一二；《宋史》，卷一八六，〈食貨志〉下八，互市
　　　　舶法，頁4566。

廣南市舶司起發麤色香藥物貨，正耗並計，以二萬零六百斤爲一綱。〔註228〕此外，由日本收購之硫黃，則以十萬斤爲一綱。〔註229〕

其二爲鹽，因受行鹽地分影響，鹽綱運輸極具地域性。以江湖地區言，行於長江由眞州運往鄂州（湖北武昌）之鹽綱，「係五千袋爲一綱」，〔註230〕每袋以三百斤計，〔註231〕即一綱爲一百五十萬斤；長江以外江南諸州鹽運，多以三、五千石爲一綱，〔註232〕按一石以五十斤計，〔註233〕一綱約爲十五萬至二十五萬斤。以淮南地區言，南宋時，運往行在臨安之鹽貨，以「每一千袋作一綱」，〔註234〕即以三十萬斤爲一綱。以福建地區言，有大、中、小綱之分。其中，大綱爲十萬或十一萬斤；〔註235〕中綱爲六萬斤；小綱爲一萬至四萬斤，通常爲三萬五千斤。〔註236〕

其三爲糖，眞宗大中祥符七年（1014）有詔云：「自今處（應作虔）、吉州、南安軍（江西大庚）納糖，以五萬斤爲一綱。」〔註237〕交裝之時，須「入籠封記」，「每籠以百斤爲準」，〔註238〕故一綱可裝五百籠。

其四爲銅，南宋孝宗淳熙元年（1174），提點坑冶鑄錢司言：「信州鉛山場所產膽水，浸鐵成銅，每發二千斤爲一綱。」〔註239〕至汭口鎮用船轉發饒州永平監，應副鼓鑄。〔註240〕

（二）以容量分：米糧爲綱運大宗物資，通常以石計，此可由各水域漕船、糧船及綱船載重量及團綱船數，推知每綱米糧之數。如前所述，汴河綱船五百料，以二十五隻爲一綱；四百料船，以三十隻爲一綱。因此，前者每綱爲一萬二千五百石；後者，每綱爲一萬二千石。南宋高宗建炎二年（1128），爲措置財用，東南六路上供斛斗，以「每一萬斛，團併爲一綱」。

〔註228〕同上。

〔註229〕《長編》，卷三四三，神宗元豐七年二月丁丑條。

〔註230〕《宋會要》，〈食貨〉二七之三七～三八。

〔註231〕同前書，〈食貨〉二七之一二～一三。

〔註232〕同前書，〈食貨〉四六之二。

〔註233〕《朝野雜記》，甲集卷一四，〈總論國朝鹽筴〉，頁6上。

〔註234〕《宋會要》，〈食貨〉二七之三六。

〔註235〕同前書，〈食貨〉二二之三一，二八之三六。

〔註236〕同前書，〈食貨〉二二之三一。並參見郭正忠，前引書，第四章，頁362。

〔註237〕同前書，〈食貨〉五二之一三。

〔註238〕同上。

〔註239〕同前書，〈食貨〉三四之二五～二六。

〔註240〕同上。

〔註241〕另，南宋孝宗時，位居緣邊之均州（陝西中部），爲起發歲貢銀兩，有以米「千斛爲一綱」，得銀千兩，足充進貢者。〔註242〕此又爲特例

（三）以數量分：其一爲布帛，四川地區於眞宗咸平中（998～1003）「定歲運六十六萬匹，分爲十綱」，〔註243〕即每綱六萬六千匹。其二爲馬匹，無論土產馬，〔註244〕或川、秦、廣馬，通常均以五十匹爲一綱。〔註245〕南宋初，一度因軍事需要，戰馬孔亟，高宗紹興三年（1133），初置邕州買馬司，專主收買戰馬，以「每一百匹爲一綱」。〔註246〕其後，定「歲額一千五百匹，分爲三十綱，赴行在所」，〔註247〕是即以五十匹一綱爲定制。其中，又有進馬綱與常馬綱之別。進馬指廣馬與御前馬，以三十匹爲一綱；其餘爲常馬，則以五十匹爲一綱。〔註248〕此外，孝宗乾道三年（1167）十二月至四年（1168）三月間，曾因都大主管張松之請，將每年起發行在馬綱，「依御馬例，每綱貼馬五匹，作五十五匹起綱」，〔註249〕由是可知，進馬中之御馬，以三十五匹爲一綱。其三爲木料，據《皇宋十朝綱要》載：

河東路木植司，自政和二年（1112）秋始被詔采伐官山林木，……，
總得柱梁四十一萬五百條有奇，爲二百五綱赴京。〔註250〕

知約以二千條爲一綱。

三、依綱運人數分

所謂綱運人數，（一）指所運者爲人員，而非物資。其如，太祖初平江南，

〔註241〕同前書，〈職官〉四二之五三。
〔註242〕同前書，〈職官〉七二之四五～四六。
〔註243〕《通考》，卷二五，〈國用考〉三，漕運，頁245上；《宋史》，卷一七五，〈食貨志〉上三，漕運，頁4252。
〔註244〕《宋會要》，〈兵〉二六之一八～一九。
〔註245〕同前書，〈兵〉二六之六、一九；《繫年要錄》，卷一六二，高宗紹興二十一年二月丁未條。
〔註246〕《宋會要》，〈兵〉二四之三三～三四；《繫年要錄》，卷六二，高宗紹興三年正月壬午條。
〔註247〕周去非，《嶺外代答》（知不足齋叢書，臺北：新文豐出版公司，民國74年1月出版），卷五，〈經略司買馬〉，頁51～52。
〔註248〕同前書，卷五，〈馬綱〉，頁53～54。另，熊克，《中興小紀》（清光緒十七年，廣雅書局校刊本，臺北：文海出版社，民國58年5月出版），卷三四，紹興十九年十二月乙巳條，〈記橫山寨市馬〉有云：「良馬三十匹爲一綱，常馬五十匹爲一綱。」（按，此條《繫年要錄》載入紹興二十一年二月丁未條。）
〔註249〕《宋會要》，〈兵〉二五之一九。
〔註250〕李壽，前引書，卷一七，徽宗政和六年九月乙卯條。

於解除虔州節度使郭載興兵權後，通判楊澈曾「料城中軍士之勇壯者，五百人為一綱，部送京師。」〔註251〕（二）指負責部送綱運物資之人員。其如，宋初平蜀後，為搬運蜀地物資，水陸兼運，歷時十餘年，始盡歸內庫。事在《隆平集》載云：

> 蜀土富饒，自乾德間，孟昶既降，府軍充溢，重貨銅布，由舟運下三峽；輕貨設傳置，以四十兵隸為一綱，號曰進綱。水陸兼運十餘年，始悉歸內庫。〔註252〕

將部送綱運之兵卒編組，每四十名為一綱。

此外，有以負責押綱官員姓名稱綱者。其如，徽宗宣和三年（1121）正月十三日，發運副使趙億奏云：

> 西外宗室每年合用食米三萬碩，係依先降朝旨，令泗州排岸司於上供米綱內，揀發白粳米，批發前去鞏縣卸納。今年批發過安永康、李端、李日宣、趙子儀四綱前去。〔註253〕

雖不以人數計綱，卻以人名稱綱，合計之為四綱。

四、其　他

在諸類綱運中，有依所經運道難易，或依所運物資質量，而有重難綱運與輕齎綱運之對稱。就所經運道言，如河道水勢險惡者，定為重難；水勢平緩者，定為優輕。其間，亦常因環境改變而有調整。如哲宗元祐六年（1091），刑部言：

> 御河糧綱，初係六十分重難差遣。其後，以河道平穩，改作六十分優輕。今因小吳決口，注為黃河，水勢險惡。乞復為重難。從之。〔註254〕

即為一例。

就所運物資質量言，錢與紬絹等積重之物，常為重難；而金帛等貴輕之物，輒屬輕齎。南宋初，常有令諸路所發錢，如坊場錢、常平錢、〔註255〕民間助國錢〔註256〕等，以及上供紬絹折現錢，〔註257〕悉計置輕齎金帛，發

〔註251〕《長編》，卷一七，太祖開寶九年九月辛巳條。
〔註252〕曾鞏，《隆平集》（清康熙辛巳年新鐫七業堂校本，臺北：文海出版社，民國56年1月臺初版），卷一九，〈妖寇〉，頁11上～下。
〔註253〕《宋會要》，〈職官〉四二之四四～四五。
〔註254〕《長編》，卷四五七，哲宗元祐六年夏四月庚戌條。
〔註255〕《繫年要錄》，卷八，高宗建炎元年八月丙寅條。
〔註256〕同前書，卷一○，高宗建炎元年冬十月丁丑條。

赴行在。

就河北、河東、陝西三路邊運而言，神宗元豐六年（1083），曾有詔云：「邊用非機速者，並作小綱數，排日遞送。」〔註258〕則此又與鹽運之小綱，有所不同。

另為便於推賞督押綱運相關人員，而有全綱，九分、八分、七分、六分、五分、四分、三分、二分，乃至一分綱之別。所謂全綱，據高宗紹興元年（1131）九月十五日敕云：

> 諸路起發綱運，依法見錢二萬貫紐計，金二萬兩，銀一十萬兩，各為一全綱。推賞令權將金、銀計價，以金八萬貫、銀五萬貫為一全綱。〔註259〕

知現錢以二萬貫為一全綱，金、銀原本各以二萬兩、十萬兩為一全綱。及此頒定推賞令，金、銀亦以時值計價，各以八萬貫、五萬貫不等為一全綱。而所謂九分綱，以現錢計，即一萬八千貫；以金計，為七萬二千貫；以銀計，為四萬五千貫。餘者，依此類推。如此，就所押綱運分量輕重，配合地里遠近，分定等第，頒立酬獎標準，甚是公平允當。關於詳細推賞內容，將於本書第五章第二節討論之，此即不加贅述。

〔註257〕《宋史全文續資治通鑑》，卷一八，高宗紹興元年夏四月壬午。

〔註258〕唐順之，《稗編》（明萬曆辛巳年文霞閣校刻本，臺北：新興書局，民國 61年 2 月出版），卷一○七，〈宋邊運〉，頁 14 上。

〔註259〕《宋會要》，〈食貨〉四五之一四。

第四章　運輸路線與方法

交通運輸便捷通暢，可促進社會繁榮、經濟發達，古今中外皆然。宋代在前朝基礎下，水、陸路交通運輸，配合政軍情勢，自有發展。由於綱運承載官屬物資，多是量大積重，故以省力價廉之水路運輸爲主；無水道處，輔之以陸運，或由海運，再與內陸水道接泊，輸往京師或其他指定地點。如此水陸縱橫交織，乃形成全國各地物資輸送之綱運網路。隨時代推移，運輸之法常有變化，影響所及至爲重大。本章即就宋代綱運運輸路線與方法，分二節探討之。

第一節　運輸路線

綱運物資來自全國各地，以京師爲最大集中地。因此，北宋之汴京、南宋之臨安，先後成爲全國綱運中樞。就運輸路線言，因地理環境不同，大致可分爲黃河流域、江淮、閩廣與四川等四大地區，以及循海路之海道綱運。

壹、全國綱運中樞－開封、臨安

一、開　封

北宋定都開封，主要即在「以四方輻湊，漕運之法，遠近俱便」〔註1〕之故。就水道言，京城內有四渠：汴河、惠民河（蔡河）、廣濟河（五丈河）、

〔註1〕　呂祖謙，《類編皇朝大事記講義》（清道光間抄本，臺北：文海出版社，民國70年10月出版），卷三，〈浚河渠〉，通漕運，頁18上～下。另《長編》，卷八五，眞宗大中祥符八年十一月己巳條，有云：「今國家始封於宋，開國於梁，實四方之要會，萬世之福壤也。」

圖四：宋代交通圖

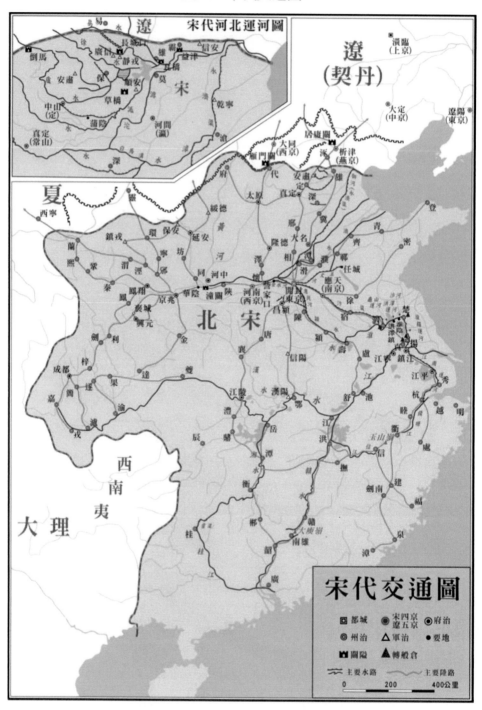

（本圖據《中國歷史地圖》下冊，頁 48 圖版重繪）

金水河交會。〔註2〕其中，前三河與黃河，並稱爲漕運四河。〔註3〕四方物資經由渠等水道，「派引脈分，會于天邑，舳艫相接，贍足京師。」〔註4〕開封成爲全國綱運物資最大集中地。以下就四渠再分述之。

（一）汴河：自汴口上接黃河，由西向東，中穿京城，「東去至泗州入淮」。〔註5〕在京城東、西，汴河入水處，有上、下水門調節之。其西爲上水門，南曰大通，北曰宣澤；東爲下水門，南曰上善，北曰通津。〔註6〕各地物資即經此而入。其中，陝西諸路物資，「自三門白波轉黃河入汴，至京師」；〔註7〕東南諸路米糧、方物，油淮泝汴，至京師。〔註8〕

宋初，天下尚未統一，「轉關中之粟，以給大梁」。及太宗平江南，「始漕江淮粟」。〔註9〕此後，東南物資源源而至，四河之中，汴河所運最多最重。據《宋史‧河渠志》載云：

> 唯汴水橫亙中國，首承大河，漕引江、湖，利盡南海，半天下之財賦，并山澤之百貨，悉由此路而進。〔註10〕

所謂「半天下之財賦，悉由此路而進」，絕非溢詞。茲以占綱運大宗之米糧爲例，初諸河運量並無定制，如太宗太平興國六年（981）時，據載：

> 汴河歲運江淮秔米三百萬石，豆一萬石；黃河粟五十萬石，豆三十萬石；惠民河粟四十萬石，豆二十萬石；廣濟河粟十二萬石；凡五百五十萬石。〔註11〕

〔註2〕 《長編》，卷三八，太宗至道元年九月丁未條。《宋史》，卷九三，〈河渠志〉三，汴河上，頁2321。袁頤續，姚士麟校，《楓窗小牘》（寶顏堂秘笈，臺北：新文豐出版公司，民國74年1月出版），卷上，「汴京河渠凡四」條，頁13～14。

〔註3〕 《宋史》，卷一七五，〈食貨志〉上三，漕運，頁4250。按，太祖開國之初，曾以汴河、惠民河、五丈河喻爲三條寶帶。見孔平仲，《孔氏談苑》（藝海珠塵，臺北：新文豐出版公司，民國74年1月出版），卷四，三河爲帶，頁46。

〔註4〕 《長編》，卷三八，太宗至道元年九月丁未條。

〔註5〕 孟元老，《東京夢華錄》（外四種）（點校本，臺北：古亭書屋，民國64年8月臺一版），卷一，河道，頁8。

〔註6〕 《宋史》，卷八五，〈地理志〉一，東京，頁2102～2103。

〔註7〕 《通考》，卷二五，〈國用考〉三，漕運，頁248下；《宋會要》，〈食貨〉四六之一；呂祖謙，前引書，同註1。

〔註8〕 同註6、7。

〔註9〕 范仲淹，前引書，卷四九，〈本朝政要策〉，漕運，頁316下。

〔註10〕 《宋史》，卷九三，〈河渠志〉三，汴河上，頁2321。

〔註11〕 《宋會要》，〈食貨〉四六之一；《宋史》，卷一七五，〈食貨志〉上三，漕運，

汴河所運米、豆，凡四百萬石，約占四河總運量百分之七十二。換言之，其時運至汴京之米糧，近四分久三來自東南諸路。其後，雖立定年額，但此種比例差距懸殊現象，卻是有增無減。據張方平於神宗熙寧八年（1075）奏議中云：

> 國初浚河三道，通京城漕運。自後立定上供年額，汴河斛斗六百萬石，廣濟河六十二萬石，惠民河六十萬石。〔註12〕

汴河以六百萬石爲歲額，〔註13〕約占三河〔註14〕總運量百分之八十三。

再以四河所運米糧品類論之，據載：

> 廣濟河所運，多是雜色粟豆，但充口食馬料。惠民河所運，止給太康、成平、尉氏等縣軍糧而已。唯汴河所運，一色粳米，相兼小麥，此乃太倉蓄積之實。〔註15〕

汴河所建，其量既多，而粳米、小麥，又爲太倉積貯所需，京師士庶億萬，所賴在此。故云，汴河之於京城，猶如動脈之於人體，其不僅成爲北宋「建國之本」，〔註16〕更是不可缺少之重要生命線。以下再就相關史料，作北宋時期汴河漕米歲額表以明之。〔註17〕

表十五：北宋時期汴河漕米歲額表

皇帝紀年		西　元	漕 米 歲 額	資 料 出 處
太祖	開寶五年	九七二	約數十萬石	《宋會要》，〈食貨〉四六之一；《宋史》，卷一七五。按：汴、蔡兩河公私船，凡運米數十萬石。
	開寶九年	九七六	百餘萬石	《長編》，卷一七，開寶九年九月丁卯條。

頁 4251。

〔註12〕《長編》，卷二六九，神宗熙寧八年冬十月壬辰條。

〔註13〕按，江淮運米京師，始定以六百萬石爲歲額，《長編》見於卷六四，眞宗「景德三年」是歲條；另《通考》，卷二三，〈國用考〉一，歷代國用，則引陳傅良語，爲「景德四年」。何者爲是，待考。

〔註14〕按，仁宗嘉祐四年，罷黃河所運菽，自是歲漕三河而已。見《通考》，卷二五，〈國用考〉三，漕運，頁245中；《宋史》，卷一七五，〈食貨志〉上三，漕運，頁4252。

〔註15〕張方平，前引書，卷二七，〈論汴河利害事〉，頁1～2。

〔註16〕同上。

〔註17〕參閱青山定雄，《唐宋時代の交通と地誌地圖の研究》（東京：吉川弘文館，昭和38〔1963〕年3月），第九宋代における漕運の發達，頁351～354。

太 宗	太平興國二年	九七七	數百萬石	《長編》，卷一八，太平興國二年秋七月庚辰條。
	太平興國六年	九八一	秔米三百萬石、豆一百萬石	《宋會要》，〈食貨〉四六之一；《宋史》，卷一七五；《通考》，卷二五。
	端拱二年	九八九	五百萬石	《長編》，卷三○，端拱二年夏四月條；《通考》，卷二五。
	淳化四年	九九三	六百二十萬石	《墨莊漫錄》，卷四。
	至道元年	九九五	五百八十萬石	《長編》，卷三八，至道元年九月丁未條。
眞 宗	咸平三年以前	一○○○	五百六十萬碩	《長編》，卷四六，咸平三年三月是春條，田錫疏文。
	咸平、景德中	九九八～ 一○○七	四百五十萬石	《宋會要》，〈食貨〉四二之一一。
	景德四年	一○○七	六百萬石（定額）	《通考》，卷二三；《宋會要》，〈食貨〉四二之三。
	大中祥符二年以前	一○○九	五百萬石	《長編》，卷七一，大中祥符二年夏四月壬辰條。
	大中祥符三年	一○一○	六百七十九萬石	《長編》，卷七四，大中祥符三年九月己亥條。
	天禧五年	一○二一	六百萬石	《長編》，卷九七，天禧五年冬十月戊申條。
仁 宗	天聖元年	一○二三	七百七十萬石	《長編》，卷一○一，天聖元年閏九月丁未條。
	天聖四年	一○二六	六百萬石	《長編》，卷一○四，天聖四年閏五月戊申條。
	天聖五年	一○二七	五百五十萬石	《宋會要》，〈食貨〉四二之一一。
	景祐元年	一○三四	三百五十萬石	《長編》，卷一一四，景祐元年二月甲辰條。
	慶曆年間	一○四一～ 一○四八	六百萬石	《歐陽文忠公集》，卷三三，許公墓誌銘。
英宗	治平二年	一○六五	五百七十五萬五千石	《宋史》，卷一七五；《通考》，卷二五。
神 宗	熙寧三年	一○七○	六百二十萬石	《長編》，卷二一一，熙寧三年五月壬子條。
	熙寧五年	一○七二	四百萬石	《宋會要》，〈職官〉二六之八。
	元豐四年	一○八一	六百餘萬石	《宋會要》，〈職官〉二六之一四。
	元豐六年	一○八三	六百二十萬石	《長編》，卷三三六，元豐六年閏六月乙未條。

哲宗	元祐六年	一○九一	四百五十萬石	《長編》,卷四七五,元祐七年秋七月是月條。
徽宗	政和元年	一一一一	六百七十二萬六千四百餘石	《宋會要》,〈職官〉四二之三四。
	政和五年	一一一五	六百六十七萬八千餘石	《宋會要》,〈職官〉四二之三八。
	政和七年	一一一七	四百六十五萬四千一百二十六石	《宋會要》,〈職官〉四二之三八~三九。

　　由上表可知,北宋時期,汴河運米歲額,除太祖時較少外,其餘均在四、五百萬石,或六、七百萬石之間,與景德定額六百萬石,所差不遠。依表中所列,以仁宗天聖元年,七百七十萬石為最多,但另據《宋史‧孫長卿列傳》所載,仁宗時曾達至八百萬石之年運量,〔註18〕當為最高額。而景祐元年,才三百五十萬石,乃因歲飢歉收,權減二百萬石,「候歲豐補之」。〔註19〕倘以六百萬石歲額計,用四、五百料之汴河綱船載運,每三十或二十五隻為一綱,每年需運五百至四百八十綱。據發運副使呂淙言:

　　　本司額管汴綱二百,每綱以船三十隻為額,通計船六千隻,一年三
　　　運,趁辦歲計。〔註20〕

以六千隻綱船,一年三次,來往於汴河運糧;若再加以其他錢、物之綱運,以及公私商旅、人船客貨之往來,則汴河之上舳艫相接,繁忙運輸之景象,可想而知。

　　汴河上引黃河充其水源,然則黃河素有含沙量高、暴漲暴落等特性,因此也成為汴河一切問題之根源。含沙量高,造成河道日益淤淺;暴漲暴落,帶來洪汛等災害。為維護汴河航運安全暢通,針對上述缺失,其時因應措施大致可歸納為;建設汴口(接黃河)、疏浚河道、導洛通汴(清汴)、狹河、減水、水櫃濟運、固護汴堤、汴河防汛等。〔註21〕關於汴河之整治,因屬另一專題,此處不擬深論。

　　總之,經由此等措施,北宋時期汴河多能維持正常航運功能。不過,

〔註18〕　《宋史》,卷三三一,〈孫長卿列傳〉,頁10641～10643;因未有確切繫年,故未列入表十七之中。

〔註19〕　《長編》,卷一一四,仁宗景祐元年二月甲辰條。

〔註20〕　《宋會要》,〈職官〉四二之五三。

〔註21〕　參閱黎沛虹、紀萬松,〈北宋時期的汴河建設〉,《史學月刊》,1982年第一期,頁24～31。

困於氣候影響，冬季冰凍水涸，不利航行；又爲避免黃河浮冰大量流入，有損堤岸、船隻，進而威脅京師安全。因此，自宋初以來，汴渠有閉口之制，〔註22〕即由冬至前三十日閉汴口，〔註23〕至來春清明日，始「發頭運糧綱入汴」。〔註24〕閉口停航，加以修固堤防，總計汴河全年通漕約二百餘日。〔註25〕神宗熙寧六年（1073）以前，汴口啓閉以時，大抵皆遵行不悖。唯太祖開寶八年（975）平南唐，爲送李後主入京，曾開例行運，事據《春明退朝錄》載云：

> 開寶八年十一月，江南（南唐）平，留汴水以待李國主。舟行盛寒，河流淺涸。詔所在爲壩閘，瀦水以過舟。官吏擊凍，……。
> 〔註26〕

汴口啓閉之制，雖然確保京師與汴河通航安全。但也因此而「勞人費財」、「阻絕漕運」。〔註27〕熙寧六年，乃依范子奇建議：「差人打撥凌牌，及就汴口造木筏欄截浮凌。」〔註28〕是冬，詔不閉汴口。〔註29〕然以人工打撥、造筏截浮凌之法，仍難敵自然天候考驗。熙寧八年冬十一月癸亥，「汴水凌牌，擁遏京城」、「河道已凍合」。〔註30〕神宗聞奏大驚，當即下詔，派員前往汴口監督，連夜閉塞。事後檢討，乃因「嘗有不閉口指揮，致無準備」，令「歲備閉口材料，毋得誤事」。〔註31〕而此亦終非正本清源之道。

至於汴水通航期之眞正延長，是在元豐二年（1079）六月，至哲宗元祐五年（1090）十月，〔註32〕十一年之清汴行運期間。元豐三年春正月，清汴初行，三司奏云：

〔註22〕趙彥衛，《雲麓漫鈔》（涉聞梓舊，臺北：新文豐出版公司，民國74年1月出版），卷一，頁19。另，江少虞，前引書，卷六四，〈談諧戲謔〉，語嘲十三，頁11上。魏泰，《東軒筆錄》（稗海，臺北：新文豐出版公司，民國74年1月出版），卷七，頁48。

〔註23〕《長編》，卷二九三，神宗元豐元年冬十月戊申條。

〔註24〕同前書，卷三〇二，神宗元豐三年春正月癸巳條。

〔註25〕《宋史》，卷九四，〈河渠志〉四，汴河下，頁2327。

〔註26〕宋敏求，《春明退朝錄》（百川學海，臺北：新文豐出版公司，民國74年1月出版），卷上，頁5。

〔註27〕《長編》，卷二四八，神宗熙寧六年十一月壬寅條。

〔註28〕《宋會要》，〈方域〉一六之七。

〔註29〕同註27、28。

〔註30〕《長編》，卷二七〇，神宗熙寧八年十一月癸亥條。

〔註31〕同上。

〔註32〕《宋史》，卷九四，〈河渠志〉四，汴河下，頁2328～2332。

發運司歲發頭運糧綱入汴，舊以清明日。自導洛入汴，以二月一日。

今自去冬汴水通行，不必以二月爲限。〔註33〕

頭運糧綱已可視河道實際狀況，提前入汴發送，而不再以清明或二月爲限。其後，清汴行運，實則「四時行流不絕」，如「遇冬有凍，即督沿河官吏，伐冰通流。」〔註34〕當元祐五年再度導河入汴後，大致冬季又閉汴口。北宋末，汴河上流多處因盜決口，塞久不合，「乾涸月餘，不通綱運」，〔註35〕京師乏糧。不久，雖再通綱運，北宋亦旋即滅亡。

南宋時期，汴河爲金所有。據孝宗乾道、淳熙之際，樓鑰、周煇……等奉使北行，沿途所見卻是斷流淤塞，任由河底種麥，車馬行之其中，人家作屋其上。〔註36〕短短五十年間，汴河已成污渠，隋堤唐柳，不復彷彿，〔註37〕更與北宋時風帆林立之盛況，非可同日而語。至此汴河正式走入歷史，不再崛起。

（二）惠民河：原名閔河，因與蔡河合流，故亦稱蔡河。蔡河本以汴水爲源，後周世宗疏浚河渠時，即是「導汴水入于蔡水」。〔註38〕閔河位於蔡河之西，與洧、潩諸水（約在今河南新鄭至許昌之間），皆東南流入潁水。太祖開國之初，積極興修以開封爲中心之水道交通網。建隆元年（960），首將閔、蔡二水合流。據《宋會要》載云：

建隆元年，始命右領軍衛將軍陳承昭督丁夫導閔水，自新鄭與蔡水

〔註33〕同註24。

〔註34〕《宋史》，卷九四，〈河渠志〉四，汴河，頁2333。

〔註35〕同上，頁2335。

〔註36〕樓鑰，《北行日錄》（知不足齋本，臺北：文海出版社，民國70年10月出版），卷上，孝宗乾道五年（1169）十二月二日記云：「二日癸未，晴，風，車行八十，虹縣早頓，……飯後，乘馬行八十里，宿靈壁，行數里，汴水斷流。……。三日甲申，晴，車行六十里，……又六十里，宿宿州。自離泗州循汴而行，至此河益埋塞，幾與岸平，車馬皆由其中，亦有作屋其上。……」
同書，卷下，乾道六年（1170）正月二十日，記云：「車行六十里，至雍丘縣，……，又六十里，漸行汴河中，……。」「（二十四日）宿宿州，汴河底多種麥。」

〔註37〕周煇，《北轅錄》（續百川學海本，臺北：文海出版社，民國70年10月出版），淳熙三年（1176）二月一日記云：「是日，行循汴河，河水極淺，洛口即塞，理固應然。承平漕江淮米六百萬石，自揚子達京師，不過四十日。五十年後，乃成污渠，可寓一笑，隋堤之柳，無復彷彿矣。」「二日，至虹縣，晚宿靈壁縣，汴河自此斷流。自過泗地皆荒脊，兩岸奇石可愛。或云花石綱所棄者。」

〔註38〕《資治通鑑》，卷二九四，後周紀五，世宗顯德六年二月甲申，頁9595。

合，貫京師，南歷陳、潁，達壽春，以通淮右。舟檝相繼，商賈畢

至，都下利之。於是以西南爲閔河，東南爲蔡河。〔註39〕

此處「自新鄭與蔡水合」，實指閔水自新鄭附近，合洧、溱二水，西南流至開封，與蔡水會合。其後，乾德二年，又自長社（今河南許昌）引溵水，合于閔水。〔註40〕故《宋史・河渠志》云：

蔡河貫京師，爲都人所仰，兼閔水、洧水、溵水以通舟。閔水自尉

氏歷祥符、開封合于蔡，是爲惠民河。〔註41〕

閔河以洧、溱、溵諸水爲源，蔡河又與閔河合流。開寶六年（973）三月，閔河正式改名爲惠民河。整條河以開封城爲交會轉折點，分爲上、下二段，上段惠民河，由西南流入開封，再繞由東南出城，爲下段蔡河，南流至蔡口，入潁河。北宋中葉以後，漸以蔡河通稱之。如《東京夢華錄》記〈東都外城〉云：

城南一邊，東南則陳州門，傍有蔡河水門；西南則戴樓門，傍亦有

蔡河水門。蔡河正名惠民河，爲通蔡州故也。〔註42〕

即以蔡河通稱上、下二段河。其中，蔡河二水門，據《宋史・地理志》云：「上曰普濟，下曰廣利。」〔註43〕

至其綱運範圍，凡流域所經，陳、潁、許、蔡、光、壽諸州物資，皆「自惠民河（蔡河）至京師」。〔註44〕米糧年運量，以六十萬石爲定額。〔註45〕其間，往來綱船，若依仁宗慶曆間，蔡河額管三十五綱〔註46〕論，每綱以三十船計，則約有一千隻船保持行運。

蔡河通航狀況，可謂是宋代諸河中較佳者。〔註47〕由於以洧、溱、溵等諸水爲源，水質較清，水量豐沛，既少淤塞，秋冬亦得「行運不絕」。〔註48〕

〔註39〕《宋會要》，〈方域〉一六之二二。

〔註40〕《宋史》，卷九四，〈河渠志〉四，蔡河，頁2336。

〔註41〕同上。

〔註42〕孟元老，前引書，卷一，〈東都外城〉，頁7。

〔註43〕同註6。

〔註44〕《通考》，卷二五，〈國用考〉三，漕運，頁248下；《宋會要》，〈食貨〉四六之一。

〔註45〕參見註11。

〔註46〕包拯，《包孝肅奏議集》（明正統元年合肥方正刊本，臺北：現藏於國立故宮博物院），卷八，〈興利〉，〈請修蔡河堰并斗門〉，頁2～3。

〔註47〕參見史念海，前引書，第六章，頁237～239。

〔註48〕同註46。

然則諸水洪枯期相同，爲應付水量大小變化，沿河「斗門棧板須依時啓閉」，〔註49〕以調停水勢。此外，熙寧八年，爲將京西糴米，運往河北封樁，乃就汴、蔡間丁字河故道「鑿隄置牐，引汴水入蔡河」，〔註50〕以通漕運。於是，汴、蔡二水又再通航。

　　（三）廣濟河：原名五丈河，開寶六年更名。〔註51〕據《東京夢華錄》記東都〈穿城河道〉云：〔註52〕

> 東北曰五丈河，來自濟、鄆，般挽京東路糧斛入京城，自新曹門北入京，河上有橋五。（下略）

京東路曹、濟、鄆諸州物資，經由上、下二水門：曰咸豐、善利者，〔註53〕入至京師。宋初，江南未平，京師仰給，唯賴京西、京東數路而已。由於「河渠轉漕，最爲急務」，相對地五丈河通漕備受重視。《王文正公筆錄》有云：

> 京東自濰、密以西州郡，租賦悉輸沿河諸倉，以備上供。清河起青、淄，合東阿，歷齊、鄆，涉梁山濼、濟州，入五丈河，達汴都，歲漕百餘萬石。〔註54〕

此爲五丈河漕糧之輝煌紀錄。及江南獻土，東南物資大量運至京師，汴河成爲建國之本，廣濟河漕米頓減。太平興國六年，僅十二萬石，後雖定額六十二萬石，〔註55〕卻常不及其數。

　　蓋廣濟河本由汴水分流而出，泥沙淤積迅速。後周世宗曾於顯德四、六年，兩次疏浚。然太祖建隆初，又見泥淤，不利行舟。爲加強水源，減少淤塞問題。建隆二年，乃引京、索二水入五丈河，據《長編》云：

> 初，五丈河泥淤，不利行舟。詔右監門衛將軍陳承昭於京城之西，夾汴河造斗門，自滎陽鑿渠百餘里，引京、索二水通城壕，入斗門，架流於汴東，匯於五丈河，以便東北漕運。〔註56〕

〔註49〕同註40，頁2337。
〔註50〕《長編》，卷二六五，神宗熙寧八年六月丙午條。
〔註51〕《宋會要》，〈方域〉一六之二〇。
〔註52〕同註5。
〔註53〕同註6。
〔註54〕王曾，《王文正公筆錄》（百川學海，臺北：新文豐出版公司，民國74年1月出版），頁4。另，江少虞，前引書，卷二一，〈官政治績〉，漕河，頁9～10。
〔註55〕參見註11、12。
〔註56〕《長編》，卷二，太祖建隆二年三月甲辰條。

圖五：北宋運河圖（以開封為中心）

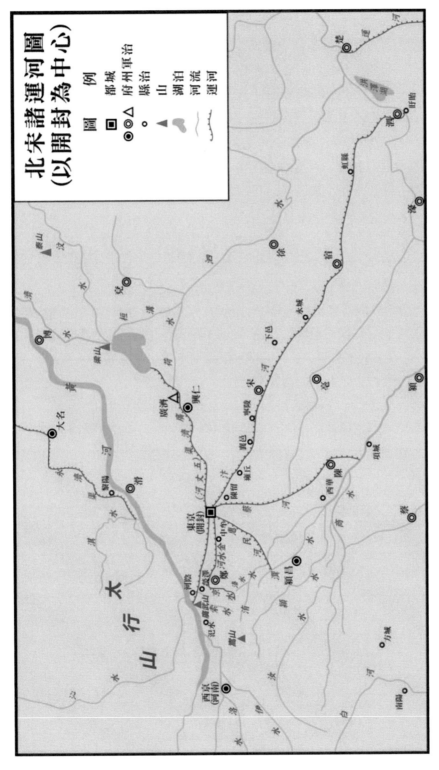

（本圖據史念海《中國的運河》，頁 218 圖重繪）

此水即是金水河。《宋史・河渠志》,〈金水河〉載:

> 太祖建隆二年春,命左領軍衛上將軍陳承昭率水工鑿渠,引水過中
> 牟,名曰金水河。凡百餘里,抵都城西,架其水橫絕於汴,設斗門,
> 入浚儀,通城壕,東匯于五丈河。公私利焉。〔註57〕

金水河含沙量少,可使廣濟河不致時常淤塞。但因自汴堤上爲槽,跨水
而過,「舟至即啓槽,頗妨舟行。」〔註58〕汴河之上,舟船林立,不勝其煩,
水槽因而常被廢置,廣濟河亦連帶不通。景德三年(1005),汴河減水,「分
注濁水入廣濟河」。〔註59〕此舉無異雪上加霜,廣濟河從此長期淺澀難通。直
至哲宗元祐元年,都水監建言:

> 廣濟河以京、索河源,轉漕京東歲計。今若依舊,即于宣澤門外
> 置槽架,作通流,入咸豐門裡,由舊河道復廣濟河源,應接漕運。
>
> 〔註60〕

先是,由於導洛通汴成功,清汴行運,元豐五年(1083),乃「坼金水河透槽,
回水入汴」,「自城西超字坊引洛水,由咸豐門立堤,凡三千三十步,水遂入
禁中」,〔註61〕金水河改名天源河。天源河不再以京、索河水爲源,是正紓解
槽渠供水壓力,而專一成爲廣濟河源。

(四)金水河:一名天源河,本京水,「導自滎陽黃堆山,其源曰祝龍泉。」
〔註62〕金水河主要功能爲充京師皇城、內苑、池沼、花木灌溉之用。《東京夢
華錄》載云:

> 金水河,自京城西南分京、索河水築堤,從汴河上用木槽架過,從
> 西北水門入京城,夾牆遮擁,入大內灌後苑池浦矣。〔註63〕

其雖非運輸水道,但自太祖以來,即引充廣濟河水源,可謂攸關京東通漕大
計。

所謂「南船北馬」,位居北方之開封,除具有前述交錯之水道運輸網
外,陸路交通更是四通八達。據《元豐九域志》所載,汴京與界外諸州距

〔註57〕《宋史》,卷九四,〈河渠志〉四,金水河,頁2340～2341。

〔註58〕《長編》,卷三二七,神宗元豐五年六月戊寅條。

〔註59〕《宋史》,卷九四,〈河渠志〉四,廣濟河,頁2339。

〔註60〕《長編》,卷三七五,哲宗元祐元年夏四月己亥條。

〔註61〕同註57、59。

〔註62〕同註57;《宋會要》,〈方域〉一六之二六。

〔註63〕同註5。

離如下：〔註64〕

> 東至本京界二百四十里，自界首至南京（應天府）六十里。
>
> 西至本京界一百一十五里，自界首至鄭州二十五里。
>
> 南至本京界二百一十五里，自界首至陳州一百五里。
>
> 北至本京界一百里，自界首至滑州一百里。
>
> 東南至本京界二百五十五里，自界首至亳州一百五十里。
>
> 西南至本京界一百五里，自界首至潁昌府七十里。
>
> 東北至本京界一百四十五里，自界首至曹州一百三里。
>
> 西北至本京界一百一十五里，自界首至衛州七十五里。

由此大致可知其對外交通路向。再者，汴京城四週城門，時人皆以所通往之地名俗稱之。茲以《東京夢華錄》所載，北宋徽宗崇寧至宣和時期，東都外城各城門名，條列於下對照之：〔註65〕

> 正東：新宋門（通往宋州，即南京應天府）。
>
> 正西：新鄭門（通往鄭州）。
>
> 正南：南薰門（唯一不具對外交通功能之門，純為御用）。
>
> 正北：封丘門（通往封丘縣，位京北六十里）。
>
> 東南：陳州門（通往陳州及潁昌府）。
>
> 東北：新曹門（通往曹州）。
>
> 正北之東：陳橋門（通往祥符縣之陳橋鎮，乃大遼人使驛路）。
>
> 正北之西：新酸棗門（通往酸棗縣，位京西北九十里）。
>
> 正北再西：衛州門（通往衛州）。

以上各方城門俗名，正與前所列四至八到相呼應，由此等府州縣鎮，再向外輻射，形成以汴京為中心，通達全國各地之陸路交通網。〔註66〕

　　陸路搬運物資，通常憑藉人力、獸力（包括馬、驢、騾、馳、牛等），或以車載，或背負擎擔，送達目的地。〔註67〕北宋時期，汴京地區出現各式大小般載之車，〔註68〕大者稱「太平車」，可載數十石，需用騾或驢二十餘匹，

〔註64〕王存，前引書，卷一，東京，頁2。

〔註65〕同註42。另參見王存，前引書，卷一，東京，頁2～3。

〔註66〕參閱傅崇蘭，《中國運河城市發展史》（成都：四川人民出版社，1985 年 11 月第一版），導論，頁34～35。周寶珠，《宋代東京開封府》（開封：河南師大學報編輯部，1984 年 3 月第一版），第二章第一節，頁26～27。

〔註67〕參見趙效宣，前引書，〈人與物之傳遞制度〉，一陸路傳遞，頁171～183。

〔註68〕孟元老，前引書，〈般載雜賣〉，頁21。

或牛五、七頭拉拽。其次，有「平頭車」，形制如太平車而小，僅以一牛拉車。又有獨輪「串車」，前後、兩旁各有人把駕扶拐，前有驢拽。另有用人力之「浪子車」、「凝車」。前者，平盤兩輪；後者，專載巨石大木，有短梯盤而無輪，皆可省人力。車以外，又有全憑獸力之駝、騾、驢、馱子，「或皮或竹為之，如方匾竹篦，兩搭背上，斛斗則用布袋馱之。」〔註69〕

二、臨 安

即杭州，為南宋行都所在。此時領土範圍僅及於淮水、大散關（陝西寶雞西南）一線以南之地，在此以北黃河流域路分，全部淪沒於金。時移勢變，就綱運而言，與北宋不同者，臨安之外，長江沿岸以及各要地大軍駐防處，亦成為綱運物資重要集中地。〔註70〕此即南宋時期上供綱之外，又常見有總所綱之發送。因此，相形之下，臨安已不若北宋時開封綱運規模之大。

其時，全國各路綱運物資，配合屯駐大軍，分區發送，大致如張守所云：

> 兩浙之粟，專供行在；而江東之粟，以餉淮東；江西之粟，以餉淮西；荊湖之粟，以餉鄂岳荊南。量所用之粟，漕臣將輸，而歸其餘於行在。錢帛亦然。〔註71〕

其中，淮東、淮西、荊湖，再加四川，即為南宋四大總領所，由總領統管各地區錢糧軍馬。〔註72〕行在所需錢帛米糧，則主要來自兩浙東、西路，其次為各地大軍用度所餘。以紹興三十年（1160）上供米為例，凡一百一十二萬石，〔註73〕約僅及北宋時期東南上供米定額六百萬石之六分之一強。

若論都市發展，杭州因位於杭州灣北岸，正居大運河南端終點，與錢塘江交會處。基於地理位置優越，交通輻湊，加以商品經濟、城市化發展等社會經濟有利條件，據統計，早在北宋熙寧十年左右，杭州歲入商稅額，已高居全國第二位，屬於標準「地區城市」。〔註74〕南宋，定之為行在，使政治、

〔註69〕同上。

〔註70〕參見橋本絋治，〈南宋における漕運の特殊性について─北邊の軍糧調達における漕運の役割─〉，收入東洋文庫宋代史研究室編修，《青山博士古稀紀念宋代史論叢》（東京：省心書房，昭和49〔1974〕年9月25日發行），頁339～369。

〔註71〕朱熹、李幼武，前引書，別集下卷一，張守，頁9～10下。

〔註72〕《通考》，卷六二，〈職官考〉十六，總領，頁561下～562上；《宋會要》，〈職官〉四一之四四。

〔註73〕《繫年要錄》，卷一八四，高宗紹興三十年春正月癸卯，頁6下。

〔註74〕斯波義信撰，郁越祖譯，〈長江下游地區的城市化和市場發展（摘譯）〉，收入

經濟中心相結合，自此更是「戶口蕃盛，商賈買賣者，十倍於昔。」〔註 75〕
而每年上百萬石米糧與錢帛等官屬物資輸入杭城，輒使水、陸路交通益顯
繁忙。

以水路言之，由於其地「襟江抱湖」，川流奔湊，杭城內外河川縱橫，因
此水上交通，尤為稱便。據《夢粱錄》、《咸淳臨安志》、《淳祐臨安志》等文
獻記載，臨安城四周有旱門十三、水門五，最重要為城北三門：曰天宗水
門，曰餘杭水門，曰餘杭門，舊名「北關」。蓋北門凡「浙西、蘇、湖、常、
秀，直至江、淮諸道，水陸俱通。」其次，為東南保安水門，通跨浦橋，與
浙江相望。〔註 76〕杭城內外川流約有二十餘，城內四河，曰茆山（亦作茅
山）河、鹽橋運河（大河）、市河（小河）、清湖河。前二者，為北宋時期
城內二條主要水道；南宋時，茆山河已堙廢。唯鹽橋運河，自南而來，與
保安水門裡橫河會合，直而往北，分由天宗水門、餘杭水門而出，縱貫全
城。城外有河十七條，其中，「運河」自浙江跨浦橋由南而北，至保安水門入
城，為杭城通往浙江之重要水道；「新開運河」，位城北餘杭門外，北新橋之
北，通秀、常、蘇、湖、潤等河，「凡諸路綱運及販米客舟，皆由此達於行
都。」〔註 77〕

大抵綱運路線，浙西路及外路各地綱運物資，多由長江自鎮江入運河，
經常州、蘇州、嘉興府，而至臨安府北關入城。浙東路有二：一為嚴、婺、
衢、徽（屬江南東路）諸州，沿錢塘江上游諸水〔註 78〕而下，由杭城之南浙

復旦大學中國歷史地理研究所編，《歷史地理研究》第一冊（上海：復旦大學
出版社，1986 年 5 月出版），頁 396～398。

〔註 75〕吳自牧，《夢粱錄》（點校本，見《東京夢華錄》〔外四種〕），卷一三，兩赤縣
市鎮，頁 238。

〔註 76〕吳自牧，前引書，卷七，杭州，頁 183。

〔註 77〕同前書，卷一二，城內外河，頁 232～234；施諤，《淳祐臨安志》（清光緒九
年武林掌故叢編本，北京：中華書局，1990 年 5 月出版），卷一○，山川，河
渠，頁 21～30；潛說友，《咸淳臨安志》（清道光十年錢塘汪氏振綺堂刊本，
北京：中華書局，1990 年 5 月出版），卷三五，山川十四，河，頁 1～11。

〔註 78〕《讀史方輿紀要》，卷八九，〈浙江〉一有云：「浙江之源有三，一曰新安江，
或謂之徽港，源出徽州府西北百二十里之黟山（今黃山），經……嚴州府淳安
縣界，……遂安縣，……經府城南，東陽江流合焉。此浙江西出之源也。一
曰東陽江，或謂之婺港。源出金華府東南百三十里之大盆山，經……為畫
溪，……烏傷溪，……合于南溪，……至蘭溪縣西南六里，而信安江流合焉。
此浙江東南別出之源也。一曰信安江，或謂之衢港，源出衢州府開化縣東北
六十里之百際嶺，……金溪，……常山縣……，江山縣……，定陽溪流合

江、龜山二渡口，溯「運河」入城。其中，往來嚴、婺、衢、徽州諸船，「下則易，上則難，蓋灘高水逆故也。」〔註79〕一爲明、越、溫、台、處等州，可由海路「上潭通于江、浙」，〔註80〕或「泛餘姚小江，易舟而浮運河，達于杭、越。」〔註81〕

至於臨安城內物貨搬載，「水路皆便」，故多用船隻；如無水路，「以人力運之」。此與汴京多用車乘運物不同。蓋「杭城皆石版街道，非泥沙比，車輪難行，所以用舟隻人力耳。」〔註82〕

貳、黃河流域

所謂黃河流域，指黃河南北以及淮水以北地區。南宋時期，幾已入金，而北宋時期則有陝西、河東、河北諸路分，以及京西北與京東路。其時，全國以汴京爲中心，形成綱運物資輸送網路，已如前述。就本區域而言，京西北與京東路物資，運往汴京；而汴京則輸送軍資往西北三路。以下再分論之。

一、西北三路

北宋時以陝西、河東、河北爲沿邊三路。由於軍備所需，軍資運輸最是要務。其時有由汴京，以及沿邊或近裡州軍就近發送者。此外，宋初曾一度「轉漕關中，以給大梁」，運輸路線據《通考》云：「自三門白波入關，自河入汴，入京師」，黃河成爲宋初漕運四河之一。唯此時黃河之漕乃順流而下，與唐代泝河而上，三門底柱稱險之困境，已有不同。太平興國六年漕粟、豆凡八十萬石，〔註83〕次於汴河，居四河之第二位。但此後「歲漕益減耗，才運菽三十萬石」，〔註84〕延至仁宗嘉祐四年，正式罷運。

米糧之外，鹽與竹木爲黃河綱運大宗。鹽主要來自解池。仁宗天聖四

焉，……東北經金華府蘭谿縣城西，而與東陽江合流，此浙江西南別出之源也。……至嚴州府……與新安江會，三源同流。……桐江，……富春江，……，東經府城南，而謂之錢塘江。東北流入海寧縣界，南岸則爲紹興府蕭山縣界，夾岸有山，……謂之海門。又東則錢清、曹娥之水，並匯于紹興府北，而爲三江海口。此浙江源流之大略也。亦曰浙河。」

〔註79〕吳自牧，前引書，卷一二，江海船艦，頁236。
〔註80〕同上，浙江，頁232。
〔註81〕同註79。
〔註82〕吳自牧，前引書，卷一二，河舟，頁236～237。
〔註83〕同註11。
〔註84〕《宋史》，卷一七五，〈食貨志〉上三，漕運，頁4252。

年，重開永豐渠，〔註 85〕使解鹽得由安邑經永豐渠運至白家場，再至河中府（今山西永濟縣），〔註 86〕順黃河而下，達三門集津垛鹽務，再順流至白波務（河南河清縣白波鎮），〔註 87〕由河入汴，至京師。竹木亦多來自西北，其如秦鳳路鳳翔府寶雞縣有木務，專供修河用椿木，即由此發送。〔註 88〕編木成筏，由渭水入黃河，經三門、白波，轉汴至京師。河東路亦有植木司，徽宗政和二年時，曾採伐四十一萬五百餘條梁木，團成二百有五綱，由黃河下送赴京。〔註 89〕

至於沿邊軍資運輸，據《宋史·食貨志》〈漕運〉所載，可見其梗概。茲錄之如下：

> 河北、河東、陝西三路租稅薄，不足以供兵費，屯田、營田歲入無幾，糴買入中之外，歲出內藏庫金帛，及上京榷貨務緡錢，皆不翅數百萬。選使臣、軍大將，河北船運至乾寧軍（治今河北永安縣），河東、陝西船運至河陽（河南孟縣三十五里），措置陸運。或用鋪兵廂軍，或發義勇保甲，或差夫力，車載馱行，隨道路所宜。河北地里差近，西路迴遠，又涉磧險，運致甚艱。〔註 90〕

由此可知，自汴京發送沿邊三路物資，係採水、陸聯運，而西路（陝西、河東）艱難，尤甚於河北。

西路運輸，由汴京發送，大致可分為三段，第一段汴京至河陽，循水路船運，由汴河上泝入黃河。第二段由河陽循陸路，分赴河東、陝西。陝西路，指西京（洛陽）至京兆府（長安）段。據近人王文楚考證，北宋時期洛陽至長安間陸路交通，以崤山北路、黃、渭南側路為主。〔註 91〕即由洛陽一路西行，經新安、澠池、硤石、陝州、靈寶、湖城、閿鄉，至潼關、華陰、渭南，而至長安。往河東之路，則由河陽北行經太行道，〔註 92〕至潞州（治今山西

〔註 85〕《長編》，卷一○四，仁宗天聖四年閏五月戊申條。

〔註 86〕《宋會要》，〈食貨〉四二之一五。

〔註 87〕同上，〈食貨〉四二之二。

〔註 88〕同上，〈食貨〉四三之三。

〔註 89〕李燾，前引書，卷一七，徽宗政和六年九月乙卯條。

〔註 90〕同註 84，頁 4256。

〔註 91〕王文楚，〈西安洛陽間陸路交通的歷史發展〉，收入復旦大學中國歷史地理研究所編，《歷史地理研究》第一冊，頁 27～29。

〔註 92〕《長編》，卷三，太祖建隆三年五月乙亥條云：「發潞州民開太行道，通饋運。」

長治）一路北抵太原府。第三段，再由長安、太原發赴各極邊駐防之地。

近裡或沿邊州軍饋運，每視情況需要，因時因地制宜，多有不同，此處不擬深究。至於汴京往西綱運，實則水陸路皆非易事。哲宗元祐三年（1088），關中地區水、旱災交作，時有吳革者，議由京水陸運米，以濟關中之飢。計畫陸運以車營務車、駝坊駝，運至陝；「水運以東南綱船般至洛口，以白波綱船自洛口般入黃河。」時，蘇轍任職戶部，曾分析水陸運米難易，事見《龍川略志》載云：

> 陸運至難，君不過欲多差小使臣、軍大將，謹其囊封耳。車營務、駝坊兵級，多過犯配刺，到既行，必多作緣故，使前後斷絕。監者力不能及，所在盜食且賣。若不幸遇雨，則化爲泥土，君皆莫如之何也。……至如水運亦且不易，汴河自京城西門至洛口，水極淺，東南綱船底深，不可行。且方春綱先至者，皆趁酬獎得力，綱輅令曲去，人情必大不樂。及至洛口，倉廩疏漏，專斗不具，雖卸納亦不如法。白波綱運，昔但聞有竹木，不聞有糧食，此天下之至險，不可輕易，吾已付輦運司，令具可否矣。然君難自言，吾當見諸公議之。〔註93〕

此中暴露諸多管理與人爲缺失，致使陸、水運兩難。其後運米以往，果如其言，「運米中路留滯，雖有至洛口，散失敗壞不可計。」才至洛口，已艱難萬狀，更遑論再向西運。

往河北之運輸，主要憑藉御河。據《宋史・河渠志》載：「御河源出衛州共城縣百門泉，自通利、乾寧入界河（白溝河），達于海。」〔註94〕大抵由汴京泝汴入黃河，運至黎陽（河南濬縣東北），或至馬陵道口（今河南大名縣南）下卸，〔註95〕以車乘載至御河，再船運而北。其中，御河由於百門泉水源充沛，水勢壯猛，自衛州以下，可通三、四百斛之舟，四時行運不絕。但是黃河至御河間一段，需轉由陸路盤運，頗爲不便。神宗熙寧八年，程昉、劉璯建議，開沙河，以連通黃、御河。即於衛州開沙河故道，由黃河岸邊王供埽（今河南汲縣東），引河水入御河。如此，黃御直通，費省而利多。其時，大名安撫使文彥博反對最力，所持理由，即以黃河暴漲暴落，含沙量

〔註93〕蘇轍，《龍川略志》（百川學海，臺北：新文豐出版公司，民國74年1月出版），卷五，〈言水陸運米難易〉，頁20～21。

〔註94〕《宋史》，卷九五，〈河渠志〉五，御河，頁2353。

〔註95〕同上，頁2356。

大為慮，深恐黃河水「大即吞納不得，必至決溢；小則緩漫淺澀，必致淤澱」，御河「上下千餘里，必難歲歲開淘」。〔註96〕然終開沙河。不久，河果決衛州。

總之，自元豐四年，黃河由小吳埽（今河南濮陽縣西南）決口北流，御河即「數為漲水所冒，亦或湮沒」，〔註97〕河北餽運自大受影響。因此，哲宗元祐六年四月，經刑部奏言，御河糧綱本為六十分重難差遣，其後河道平穩，改作六十分優輕。自「小吳決口，注為黃河，水勢險惡」，於是又復為重難。〔註98〕

二、京西北與京東路

京西路又分南北，屬黃河流域者，主要指京西北路諸府州軍。此地區上供物資，各就地利，或由黃、汴河入京，如滑、孟二州及河南府；或由惠民（蔡）河入汴，如穎昌府（即許州）及鄭、汝、陳、蔡、穎等州。〔註99〕其中，惠民河，如前所述，除陳、穎、許、蔡諸州外，淮南西路之光，壽二州，亦均由此入京。

蓋陳州為蔡河幹流所經；穎州有穎水與蔡河相會；許、汝、蔡三州，位蔡河之西，屬石塘河（今河南葉縣南）運輸範圍，下游入於汝水，而汝水位於穎水之東，於許州郾城（今河南郾城縣），可借商水相通。如此，許州物資可由商水入于穎水，再入蔡河；汝、蔡二州物資，一則可循汝水而下，入于淮河；一則亦可溯汝水而上，至許州，再輾轉入蔡河。至於光、壽二州，皆位於淮水之濱，漕舟可由淮河入穎水，會蔡河，而至京師。〔註100〕

蔡河以六十萬石為歲額，仁宗慶曆以後，卻「般運絕少」。究其原因，據包拯奏云：

> 蔡河每年上供斛斗，係定額六十萬石。見管三十五綱自去年以來，般運絕少。慶曆五年（1045）內只般到一十六萬二千七（二？）百六

〔註96〕文彥博，《文潞公文集》（明嘉靖五年平陽府刊本，臺北：現藏於國家圖書館），卷二三，奏議，言運河；《長編》，卷二七八，神宗熙寧九年冬十月「是月」條。
〔註97〕同註94，頁2357。
〔註98〕《宋會要》，〈食貨〉四三之四。
〔註99〕《宋史》，卷八五，〈地理志〉一，京西北路，頁2114～2118；王存，前引書，卷一，京西路，頁20～38。
〔註100〕參見史念海，前引書，第六章，頁236～237。

十七石，比祖額計虧四十三萬七千七（二？）百三十三石。……蓋
是催綱使臣等，不切用心往來催趲，致此虧欠萬數不少。兼訪聞諸
處斗門，例皆破壞，並不修補。其斗門放水，自有時候，多是官員客
旅計會，不依時候開放。泊綱船即時到彼，即無水可行。〔註101〕

實乃人謀不臧所致。針對此等疏失，包拯除請沿河「逐縣所管斗門」，限日「疾
速牢固添修，不得走透水勢」外，並嚴斥催綱使臣、官員等，不得徇情縱法，
或收受倖賄。如有不依時開放斗門，致使綱運「邀難住滯」，或「拖延不及元
額」，則催綱使臣，將「重行責罰」。〔註102〕

經此整頓申飭，蔡河綱運應有起色，實則不然。神宗熙寧八年十月，張
方平在〈論京師軍儲事〉奏箚中，論及惠民河漕運云：

近歲並不曾趲辦般運，其到京之數，每年五、七萬石而已。勘會皇
祐五年曾降朝旨，令蔡河撥發司，每年添般上供斛料數目，本路辭
訴部內災傷，乞候豐熟應副。自後因循，亦是催促不前。今相度本
路財賦不至豐贍，諸色支費亦多，今辦年額必恐不迨。乞降敕命，
今後年額上供斛料，特與減十五萬石，只今般運二十萬，須管到京
數足，不得更有虧闕。內供御小麥并油醋庫油麻，逐時依省司拋數
供納外，許以大麥、小麥、小豆、黑豆、穀、粟充數。〔註103〕

據此而知，蔡河所運，並不能達到定額數，且還特與減量。另，此處所云「減
十五萬石，只今般運二十萬」，合計三十五萬石。按，蔡河六十萬石定額中，
二十五萬石是淮南年額，般赴京畿之咸平、太康、尉氏諸縣充軍糧；其餘三
十五萬石，才是京西起發年額。〔註104〕故張方平所云，當專指京西路由蔡河
般赴上京之數。此種搬運不足現象，直至北宋末，亦未見改善。

京東東、西路，約當黃河以南、淮水以北，汴河東北至海之地。此地區
上供物資，主要賴濟水、廣濟河，由東北方向運入汴京。關於廣濟河之整治，
歷經周世宗、宋太祖先後努力，宋初，京東路曹、濟、鄆諸州物資，順濟水
入梁山泊，由合蔡鎮入廣濟渠，而至汴京。〔註105〕若由鄆州經陸運，可更東
達於青州。（參見本文第二章第一節）

〔註101〕同註46。
〔註102〕同上。
〔註103〕張方平，前引書，卷二三，〈論京師軍儲事〉。
〔註104〕同上。
〔註105〕《長編》，卷一○六，仁宗天聖六年十二月「是月」條。

　　然而廣濟河素有水源問題，初引京、索二水，架槽絕汴，頗爲勞擾；景德二年，又分濁汴而入，廣濟河因而常堙塞不通。熙寧八年十二月，經過疏濬，歲運「京東穀六十萬石。」〔註106〕但並不能持久，元豐五年二月，即以淺澀難行，詔罷廣濟河輦運司及京北排岸司，移上供物於淮陽軍界，計置入汴，以清河輦運司爲名。〔註107〕據《宋會要》載：

> 先是，京東路轉運司言，廣濟河用無源陂水，常置渠以通漕，歲上
> 供六十二萬碩。間一歲旱，底著不行。欲移人船於淮陽軍界上吳鎮，
> 下清河，及南京、穀熟、寧陵、會亭，臨汴水共爲倉三百楹，從本
> 司計置七十萬碩上供。置輦運司隸轉運司。……京北排岸司沿廣濟
> 河置，故並罷之。〔註108〕

按，前此，眞宗景德三年（1006），內侍趙守倫議，自京東分廣濟河由定陶至徐州，入清河，以達江湖漕運。眞宗以「地有龍阜，而水勢極淺，雖置堰堓，又歷呂梁灘磧之險，非可漕運。」〔註109〕詔罷。及是，改由淮陽軍（治下邳縣，今江蘇邳縣南）上吳鎮，下清河，入汴行運。清河（或稱南清河）位汴水之東，上游可通濟水，東南至淮陽軍會沂水，以下稱泗水，南流入淮河。原置於曹州之廣濟河輦運司罷廢，改置清河輦運司於淮陽軍。爲應京東物資泝汴而來，乃於本路南京（應天）府界內汴河段，由上而下，於寧陵（位京西五十五里，當汴河入府界處）、穀熟（位京東南四十里）及會亭鎮（屬下邑縣，位京東一百二十里，當汴河出府界處），臨水置倉三百間，以供貯運。

　　京東路上供物資，經此路線大調整，雖使漕糧數額增加，但由淮陽軍回運，實嫌迂遠，朝臣多有反對者，如御史王亘於元豐五年七月，即奏請重行考量；〔註110〕次年九月，工部又建議恢復五丈河運輸，「以舊廣濟河并清河行運。」〔註111〕七年八月，汴河堤岸司，以「京東地富穀熟」，建議由東京河岸開河置斗門，引汴河水「通廣濟河，應接行運。」〔註112〕次年十一月，壽春

〔註106〕《宋史》，卷一七五，〈食貨志〉上三，漕運，頁4254。
〔註107〕同上，頁4254～4255。
〔註108〕《宋會要》，〈食貨〉四三之三。
〔註109〕《長編》，卷六三，眞宗景德三年秋七月丁卯條。
〔註110〕同前書，卷三二八，神宗元豐五年七月庚子條。
〔註111〕同前書，卷三三九，神宗元豐六年九月丙午條。
〔註112〕同前書，卷三四八，神宗元豐七年八月丙戌條。

縣令充曹州教授周誧更詳陳廣濟河通漕之利云：

> 廣濟河實京師漕運三河之數，下則通於江淮、二浙，上則達於京
> 師。故京東一路所產，與夫江淮、二浙皆得以有無相易，而致諸京
> 師。京東之民賴此爲業者眾矣。故祖宗以來，輦運之官，置之於曹，
> 京東錢穀，皆自濟至於曹。自曹至於京師，不過四、五百里耳。比
> 者，……移輦運置於淮陽，京東錢穀，自濟入泗，由泗入清汴，而
> 達於京師，迂曲遼遠，近二千里。〔註113〕

建議復置輦運司於曹，使上供及京東之民兩蒙其利。元祐元年四月，在都水
監建議下，于宣澤門外架槽引京、索河水，沿舊河道復廣濟河源，應接漕運。
同年十一月，正式恢復廣濟河輦運司，并置清河輦運司。

參、江淮地區

宋代路分區畫，時有變異，大抵江淮地區，包括兩淮、江南東西、荊湖
南北及兩浙諸路。隨著經濟重心南移之歷史發展，江淮地區於宋代占有舉足
輕重地位。仁宗慶曆四年，李覯在上富弼書中，直言：

> 當今天下根本，在於江淮，天下無江淮，不能以足用；江淮無天
> 下，自可以爲國。何者？汴口之入，歲常數百萬斛，金錢布帛百物
> 之備，不可勝計，而度支經費尚聞有闕。是天下無江淮，不能以足
> 用也。吳楚之地，方數千里，耕有餘食，織有餘衣，工有餘材，商
> 有餘貨，鑄山煮海，財用何窮。水行陸走，饋運而去，不聞有一物
> 由北來者。是江淮無天下，自可以爲國也。〔註114〕

江淮地區，無論農工商均足以自給，而國家所需，米糧錢帛百物，出自江
淮者，不計其數。江淮實爲天下根本。其後神宗熙寧八年，張方平於奏摺中
亦有同樣看法，指出汴河爲「建國之本」。而汴河所運，以江淮物資占絕大
多數。

北宋時期汴河每年漕米約在六百萬石上下（參見表十五），江淮六路上供
米糧，或送汴京，或赴南京等地送納。茲以皇祐元年爲例，作表於下以見一
斑。

〔註113〕同前書，卷三六一，哲宗元豐八年十一月丁巳條。

〔註114〕李覯，《直講李先生文集》（明刊本，四部叢刊初編集部，臺北：臺灣商務印
書館，民國54年8月臺一版），卷二八，〈寄上富樞密書〉，頁203上。

表十六：仁宗皇祐元年江淮六路上供米送納統計表〔註115〕

路分 ＼ 送納地 數額（石）	京　師	京畿其他縣分	南　京	總　計（百分比）
淮　南	一、五〇〇、〇〇〇	（咸平、尉氏）二〇〇、〇〇〇（太康）五〇、〇〇〇		一、七五〇、〇〇〇（二七・一四）
江南東	七四五、一〇〇	（拱州）二四五、〇〇〇		九九〇、〇〇〇（一五・三五）
江南西	一、〇〇八、九〇〇		二〇〇、〇〇〇	二〇八、九〇〇（一八・七四）
荊湖南	六五〇、〇〇〇			六五〇、〇〇〇（一〇・〇八）
荊湖北	三五〇、〇〇〇			三五〇、〇〇〇（五・四三）
兩　浙	八四五、〇〇〇	（陳留）四〇三、三五二（雍丘）二五一、六四八		一、五〇〇、〇〇〇（二三・二六）
總　計（百分比）	五、〇九九、〇〇〇（七九・〇七）	一、一五〇、〇〇〇（一七・八三）	二〇〇、〇〇〇（三・一〇）	六、四四九、〇〇〇（一〇〇）

　　由上表可知，當年六路上供總額為六百四十四萬九千石。就送納地言，赴闕（京師）五百零九萬九千石，占總額百分之七九・〇七；京畿其他縣分，如咸平（京東南九十里）、尉氏（京南九十里）、太康（京東南二百三十里）、拱州（即襄邑縣，位京東一百七十里）、陳留（京東五十二里）、雍丘（京東八十七里）等，凡一百一十五萬石，占百分之一七・八三；南京應天府，二十萬石，僅占百分之三・一〇。若將京師與其他近畿縣分合計，則占百分之九六・九。再就六路送納比例言，以淮南路最多，凡一百七十五萬石，占總額百分之二七・一四；其次為兩浙路，一百五十萬石，占百分之二三・二六；三為江南西路，一百二十萬八千九百石，占百分之一八・七四；四為江南東路，九十九萬一百石，占百分之一五・三五；五為荊湖南路，六十五萬石，

〔註115〕張邦基，《墨莊漫錄》（稗海，臺北：新文豐出版公司，民國74年1月出版），卷四，頁41～42。

占百分之一○・○八；末爲荊湖北路，三十五萬石，僅占百分之五・四三。其中，若將江南東、西路合計，凡二百一十九萬九千石，占總比例三四・○九，約三分之一強。若再與兩浙路合計，則已過其半。由是愈加證明江淮地位之重要，而長江以南之江浙，更攸關國計。

北宋如此，南宋尤然。不但以杭州爲行在府，且在供輸大計上「兩浙之粟供行在」，「江東之粟餉淮東」，「江西之粟餉淮西」，「荊湖之粟餉鄂、岳、荊南」。即以江南富庶物資，分區就近供輸，以應需要。就運輸路線而言，以錢塘江、長江、淮河等東西向天然水道，配合連通其間南北向人工運河，交錯成便捷之水運網路。北宋時期，各地綱運，由西向東，由南而北，由江而入淮南運河，〔註116〕北上入淮至汴，而達京師。南宋時期，浙西諸州與外路綱船，由江入運河而南，至臨安；浙東諸州，即由錢塘江及其上游諸水，順江而下，抵臨安。以下再就淮南東西、荊湖南北、兩浙與江南東西，分而論之。

一、淮南東西

淮南東路境內有汴河、淮水、淮南運河以至於長江，北宋時期，長江以北綱運水路運程，此區域約占五分之四。其中，汴河自亳州酇縣（州東八十里）酇陽鎮入淮南東路，東南流經宿州、靈壁、虹縣、臨淮，至盱眙入淮河。淮河由盱眙至淮陰段，中經洪澤湖，風濤最是險惡。另淮河至邗溝入口處之山陽灣，向來水流迅急，多有沈溺之患。爲改善上述二處河道通航困境，乃於山陽末口至龜山間，先後分成三次，開出一條漕渠，以避百里長淮之險。

第一段爲沙河，自楚州山陽末口（江蘇淮安縣北）至淮陰磨盤口，凡四十里。於太宗雍熙前後，在淮南轉運使劉瑋、喬維岳主持下完成。〔註117〕第

〔註116〕按，宋代對隋唐時之邗溝、江南運河，均稱爲「運河」，而不仍舊名。《宋史》，卷九六，〈河渠志〉六，〈東南諸水〉載徽宗宣和二年四月，詔曰：「江淮漕運尚矣。春秋時，吳穿邗溝，東北通射陽湖，西北至末口。漢吳王濞開邗溝，通運海陵。隋開邗溝，自山陽至揚子入江。……今運河歲淺澀，當詢訪故道，及今河形勢與陂塘瀦水之地，講究措置悠久之利，以濟不通。」而臣僚上言，亦只云「淮南運河」。江南運河情形亦同。

〔註117〕《長編》，卷二五，太宗雍熙元年二月壬午朔條。《宋史》，卷九六，〈河渠志〉六，〈東南諸水〉上，頁2379；卷三○七，〈喬維岳列傳〉，頁10118。又，《宋史・河渠志》載爲六十里，莫知孰是。

二段爲洪澤渠，由淮陰與沙河相接，至洪澤鎮，凡四十九里。仁宗時，發運使馬仲甫創議，許元繼而鑿成。〔註118〕第三段爲龜山運河，自龜山蛇浦（今江蘇盱眙縣東北）至洪澤鎮，與洪澤渠相接，長五十七里，闊十五丈，深一丈五尺。神宗元豐三年正月，江淮發運司建議開鑿；〔註119〕經都水監丞陳祐甫勘測，奏爲可行，〔註120〕乃與蔣之奇共同承辦，於七年正月始事，至二月功成。〔註121〕

　　淮南運河，爲溝通江淮之重要水道。此時與前代不同者，唯眞州已取代揚州，成爲運河入江之要會。眞、揚間，有運河相通，凡外江綱船，齊集於此，以入運河。〔註122〕由此東至揚州，溯運河，經高郵、寶應，而達楚州。至於眞州之崛起，可謂爲北宋城市發展史上一件大事，究其原因，純拜漕運所賜。

　　蓋眞州位揚州西南六十里，南臨長江。《元豐九域志》，〈淮南東路〉〈眞州〉條載以「軍事」，知其初以江津要塞之地，深具軍事機能。其地本屬揚州，太祖乾德二年，以永貞縣迎鑾鎮置建安軍；大中祥符六年，升爲州。〔註123〕此後，即迅速發展，竄升爲淮南大邑。歐陽修「眞州東園記」有云：「眞爲州，當東南之水會，故爲江淮、兩浙、荊湖發運使之治所。」〔註124〕胡宿亦於「眞州水閘記」（作於天聖五年）載道：

> 維迎鑾之奧區，乃瀕江之劇郡。……南踰五嶺，遠浮三湘，西自巴峽之津，東泊甌閩之域，經塗咸出，列壤爲雄。據會要而觀來，大聚四方之俗，操奇貨而遊市，號爲萬商之淵。淳化中始建外台，並置大使，領山海經畫之重，督星火期會之嚴，九賦斂財，日以商乎功利，萬艘銜尾，歲乃實于京師。〔註125〕

其時眞州已是四方咸會，萬商雲集，盛極一時。

〔註118〕《宋史》，卷九六，〈河渠志〉六，〈東南諸水〉上，頁 2381；卷三三一，〈馬仲甫列傳〉，頁 10646～10647。

〔註119〕《長編》，卷三〇二，神宗元豐三年春正月庚寅條。

〔註120〕同前書，卷三四一，神宗元豐六年冬十一月己巳條。

〔註121〕同前書，卷三四四，神宗元豐七年三月乙卯條。

〔註122〕《宋會要》，〈方域〉一七之一四～一五。

〔註123〕王存，前引書，卷五，淮南東路，頁 198。

〔註124〕歐陽修，前引書，卷四〇，〈眞州東園記〉。

〔註125〕胡宿，《文恭集》（聚珍版叢書，臺北：新文豐出版公司，民國 74 年 1 月出版），卷三五，〈眞州水閘記〉，頁 419～421。

不過，南宋以降，臨安成爲綱運中樞，綱船南走，其勢稍挫。經濟機能消減之餘，又回復其軍事本色，成爲江北軍防重鎮。關于眞州崛起之始末，樓鑰「眞州修城記」中，言之甚詳。茲錄於下：

眞之爲州，未遠也。自唐永淳中（高宗，682～683），始析江都置永正（貞）縣，南唐爲迎鑾鎮。皇朝乾德二年，升建安軍。大中祥符六年，以聖像一鑄而成，遂以爲名。而實當江淮之要會，大漕建臺，江湖米運，轉輸京師，歲以千萬計。維揚、楚、泗俱稱繁盛，而以眞爲首。中興以來，不復置發運使，而山陽、通、泰之鹽，沂江而上，商賈輻湊，猶爲淮堧大郡。佛狸之駐瓜步，近在六合之境；逆亮之至瓜洲，去此無數十里。郡居二者之間，故亦再罹兵禍。朝廷以保障之未固，屢飭守臣築城鑿池，以爲設險之計。……嘉定二年（1208）八月，……乃大肆其力于斯城，因前功而增築之，合四百六十餘文，基厚六丈，上居三之一，可列七騎，高二十二尺，浚濠五百餘丈，闊者至一十五丈，深（疑有脫文），稱之女慄。易土以甓，凡鵲臺、砲臺、武臺、角臺、甕城、馬面等，蝥結堅緻。金湯之固，歸然與維揚相爲長雄，足爲邊庭之壯觀。〔註126〕

眞州城市機能之轉變，雖云時勢使然，但漕運興衰當爲主因，而運河沿岸楚、泗、宿等淮南要邑之中衰，均同此理。茲囿於本文主旨，僅以眞州爲例，其餘即不再多論。

江、淮之間，除以淮南運河爲運輸骨幹外，在運河以東至海，通、泰、楚、海諸州之地，爲豐富之淮南鹽場。其間亦有小支運河與淮南運河相通，以利綱運。如仁宗時，淮南江浙荊湖制置發運副使徐的開泰州（治海陵縣，今江蘇泰州市）海安至如皋間漕河，並治理西溪河。〔註127〕天聖四年，張綸修成泰州捍海堰，由西溪縣小海寨東南至耿莊，凡一百八十里，又「於運河置閘納潮水以通漕。」〔註128〕如皋以南，於南宋度宗咸淳五年（1269），兩淮置制使李庭芝「鑿河四十里入金沙（今江蘇南通縣治）、餘慶場，兼浚他運河。」〔註129〕使揚州與通州間之鹽場相連。

泰州以北，如楚州附近有支家河，哲宗元符元年（1089）開修，「導漣水

〔註126〕樓鑰，《攻媿集》，卷五四，〈眞州修城記〉，頁507～508。
〔註127〕《宋史》，卷三〇〇，〈徐的列傳〉，頁9968～9970。
〔註128〕《長編》，卷一〇四，仁宗天聖四年八月丁亥條。
〔註129〕《宋史》，卷四二一，〈李庭芝列傳〉，頁12600。

與淮通」,稱通漣河,〔註130〕「楚海之間,咸賴其利。」〔註131〕另有運鹽河,於神宗熙寧九年(1076)修成,自高郵南引運河水,東至樊漢鎮(泰州西北八十里),再折而南行至泰州。〔註132〕南宋時期,爲整治淮南運河,光宗時有紹熙堰(由揚州江都至楚州淮陰)之興築。其中一支自高郵往東,至興化、鹽城而達於海,凡二百四十里;又一支由泰州海陵南至揚州泰興,而入于江。〔註133〕

　　淮南西路,南北約以長江、淮河爲界。北宋時期,光、壽二州上供物資由淮河入潁水,上溯轉蔡河,至京師;其餘諸州,則分別南入長江,再順江而東至眞州,循淮南運河,上溯入京。入江諸州,由境內南注於江之天然水道而行,如黃、蘄間有巴河,蘄州之蘄水,舒州之潛水、皖水,以及無爲軍之須水。唯和州無,初遵陸而行,至歷陽入江。太祖開寶八年九月,鑿橫江河於歷陽,上達含山,以通漕運。〔註134〕

　　南宋時期,淮南東、西成爲前疆,與金接壤。長江天險,沿岸要地列陣屯防,諸軍錢糧則由總領掌之,如淮東總領掌鎮江諸軍,淮西總領掌建康、池州諸軍等。〔註135〕此時淮西諸州漕運路線,以長江爲主幹,由沿江各支流河口,上溯北運。孝宗時,王之望有「措置淮西漕運儲積奏議」,於此論究頗詳。在其規劃下,江北不必多置糧食,只於江南岸之蕪湖儲積,再循長江依次津發至和州(安徽歷陽)、巢縣、桐城、廬州(安徽合肥)以及壽春、濠州(安徽鳳陽)、光州(河南潢川)、麻城等淮西屯兵聚點。津發路線,據云:

> 和州者,由當利河運;昭關、褒禪等處,密近含山縣者,由太陽河口入歷湖運;巢縣、廬州者,由裕河入焦湖(即巢湖)運;桐城者,由樅陽江口運。以上皆近蕪湖,見有倉廒可以頓放,或只繫舟岸下,節次發放,實爲穩便。惟壽春、濠州最爲迴遠。自眞州、瓜州入閘,經由揚州、高郵、楚州入淮,過盱眙之西,又一百八十里至濠州;須著水運,又四百七十里至壽春,漕運爲費力,

〔註130〕同前書,卷九六,〈河渠志〉六,〈東南諸水〉上,頁2383。
〔註131〕王稱,前引書,卷九七,〈吳居厚列傳〉,頁5上~下。
〔註132〕《讀史方輿紀要》,卷二三,〈江南〉五,泰州,運河,頁1088。
〔註133〕《宋史》,卷九七,〈河渠志〉七,〈東南諸水〉下,頁2395。
〔註134〕《長編》,卷一六,太祖開寶八年九月「是月」條。《宋史》,卷九六,〈河渠志〉六,〈東南諸水〉上,頁2379。
〔註135〕《宋會要》,〈職官〉四一之四四。

且有敵境抄略，……可以措置陸運，廬州至壽春二百里，……比之水運，甚為省便，可保無虞。光州、麻城，由巴河運，自江入巴河，出陸一百五十里至麻城，又二百四十里至光州，所屯人數不多，可以和糴相應副。〔註136〕

此中特別指出濠州、壽春、光州等邊陲城市，由水運繞行淮南運河，溯長灘而上，既為迂遠，又有抄略之虞，不若改由陸運省便安全。

水運之外，亦有純由陸運，就諸州之間相互運補，可分東、西兩路。東路，自安豐（即壽春）運至無為，無為運至廬，廬運至濠。西路，自蘄運至黃，黃運至光。〔註137〕

二、荊湖南北

仍以長江為運輸骨幹，荊湖南路物資，由湘、資水系，自南而北，流入洞庭湖，東至岳州入長江，下鄂州。〔註138〕荊湖北路，洞庭湖以西、以南諸州，由沅、澧水系，入洞庭湖，上可至江陵府，下可由岳州入長江，洞庭湖以北、長江沿岸諸州，則由長江、漢水而下。如此，兩湖物資，齊集江陵、鄂州，下至黃岡出界，順江而下，至真、揚，再輾轉北上淮、汴，入汴京。另，長江自西蜀而來，四川地區物資，順江而下，出三峽，於江陵府下卸，再轉運入江。而地屬京西南路之南陽、襄、鄧等州，囿於山川形勢，或遵陸北行，或沿漢水入江行運。

上述諸行運路線，皆有迴遠之嫌。其時，乃有建議，自江陵開河，上通漢水，再鑿渠打通南陽、方城隘口，上接白河水系，進而與石塘、沙、蔡等河連通，使聚於江陵、鄂州之兩湖、川蜀，甚而嶺南諸物資，由此一路上運北行入京。構想誠佳，然經過太宗太平興國三年（978）與端拱元年（988）

〔註136〕王之望，《漢濱集》（文淵閣四庫全書本，臺北：臺灣商務印書館，民國75年3月出版），卷七，〈措置淮西漕運儲積奏議〉，頁1上～2上。

〔註137〕劉克莊，前引書，卷八三，〈玉牒初草〉，寧宗嘉定十二年十月，頁714下。

〔註138〕張舜民，《畫墁集》（知不足齋叢書，臺北：新文豐出版公司，民國74年1月出版），卷七，〈郴行錄〉，頁51～71。茲就其所經行程，自揚州以下，錄於后，以資參考：

揚州→真州→江寧府→蕪湖→銅陵→池州→蘄口→巴河口→黃州→鄂州→岳州（以上長江水程）→過閣子湖（即灘湖）→汨羅江口（東）、青草湖（西）（以上洞庭湖水程）→過瀏陽江口→潭州→車子磯→昭靈灘（湘中最險處）→青山磯→衡山（以上行湘水）；以下未再記錄行程，而至「郴之通惠禪師院」云云。但可推知衡山以下至衡州，由耒水至郴州。

兩次努力，均因方城附近「地勢高，水不能引」，而使時人「通湘潭之漕」、「通襄漢漕路至京」之理想，宣告失敗。〔註139〕

不過，端拱元年同時，卻開成由江陵通漢水之「荊南漕河」。據《宋史・河渠志》載，此河由荊南（即江陵）城東，「至師子口入漢江」，「可勝二百斛重載，行旅者頗便。」〔註140〕南宋初，此河已淤，紹興元年，尚書省建議，於江陵舊有漕河，略加開淘，則「江陵城下綱運，從江漢直達襄峴。」〔註141〕至於荊南漕河之確實路線，據《中國水利史稿》中冊，就《太平寰宇記》、《輿地紀勝》、《古今圖書集成》等相關文獻考證，認為大體上「自荊門州西南流至江陵，在江陵、俞潭市（去江陵城六十里）、潛江、景陵四點聯線上，自景陵的獅（師）子河口入漢江。」〔註142〕應為可信。

南宋時期，湖廣總領所受納江西、湖南二路米穀，視需要再轉發江州以及郢州、襄陽、光化、均州等大軍屯戍之地。蓋邊烽寧息時，重兵屯於武昌，湖南、江西二路江綱，於鄂州交卸，改發京襄者有限；但當虜騎壓境時，大軍北守，湖南綱運輒再往北運。北運主要憑藉漢水，自漢口泝流而上，至郢州、襄陽、光化、均州交付。然漢水自郢州以上，灘瀨甚多，綱運至此，「盤灘」而上，為應水勢，溯流牽舟，「換竹」而行。《宋會要》載云：

> 漢江自嶓冢、倉浪以至于大別，水勢湍激。自漢口泝流至郢州，猶鮮灘磧，自郢州、襄陽以上，則有所謂三十六灘之險，綱運至此必須小舟數百般載，謂之「盤灘」。泝流牽舟，率用百丈，以竹為之。至襄陽者，自漢江以竹而造，至鄂州以換；其往均州及光化者，至襄陽復一換，謂之「換竹」。〔註143〕

由於水路艱難，綱梢欠折，有礙軍屯。為革其弊，寧宗嘉定十五年（1222）三月，湖廣總領所提出「搬運以時」之法，奏云：

> 切緣糧道之運，全藉襄江之水，而水生水落，則有時節之異。儻使江湖綱運春夏盡到鄂州，趁此漢水汛漲，泝涼（流）而上，達之均襄，無有阻滯，則公私俱可省力。設或秋冬方到鄂渚，則水落石出，

〔註139〕《宋史》，卷九四，〈河渠志〉四，白河，頁2345。
〔註140〕同上。
〔註141〕王象之，《輿地紀勝》（清咸豐庚申伍崇曜覆校本，臺北：文海出版社，民國60年10月二版），卷六四，〈江陵府〉上，景物上，漕河。
〔註142〕《中國水利史稿》中冊，第七章第四節，頁235。
〔註143〕《宋會要》，〈食貨〉四四之二○。

爲害誠不免。……是以本所每年春夏之間，諸州起到上供米及和糴
米綱，不問元科去處，即趁水漲改撥襄陽諸處軍前；至秋冬水涸，
卻令續到之綱，就近交卸，以補春夏改撥之數。權時施宜，似得其
當。（《宋會要》，〈食貨〉四四之二一）

因此規定潭、衡、邵、永、全、道諸州米綱，「趁水起發，限在半年，春末夏
初」，次第搬到鄂州，再往北發送，以應需要。

三、兩浙與江南東、西路

北宋時期，兩浙路諸州物資，順錢塘江上游諸水而下，至杭州，再溯江
南運河，中經太湖流域，至京口（今鎮江市）渡江，入淮南運河，沂淮入
汴，至京師。另，沿杭州灣南岸，由臨安起至蕭山西興鎮，中經山陰、會稽
（浙江紹興），至上虞，有運河通漕，可勝二百石以上船。〔註144〕而上虞之
東，順餘姚江，可達明州（今寧波市）。此運河將錢塘江以南浦陽、漕娥、甬
江等水系爲之連通，可謂是江南運河之延伸，有稱之爲浙東運河，或西興運
河者。江南東、西路，則以長江爲綱運主幹，境內諸州軍經由支流水系，與
之相通。其中江南西路，尤以贛水及其上游支流爲通航水道，贛水流入彭蠡
湖（即鄱陽湖）再轉而入江。又北宋末，徽宗宣和七年（1125）九月，曾開江
東古河，自蕪湖沿江由宣溪、溧水至鎮江，渡揚子，趨淮、汴，可免六百里
江行之險。〔註145〕

南宋時期，臨安爲綱運中樞，諸路綱運即由長江而下，至鎮江，入運河，
南達臨安。《宋史》有云：

〔註144〕王存，前引書，卷五，兩浙路，越州，蕭山、上虞皆有「運河」；《宋史》，卷
九七，〈河渠志〉七，〈東南諸水〉下，頁 2406～2407；施宿等纂，《嘉泰會
稽志》（清嘉慶十三年刻本，北京：中華書局，1990 年 5 月出版），卷一〇，
水，府城，運河；上虞縣，運河，頁 1、16；同書，卷一二，八縣，頁 1～38，
載有諸縣運河路，茲就相關者，錄於下：
蕭山縣：運河路東來自山陰縣界，經縣界六十二里，西入臨安府錢塘縣界，
　　　　勝舟二百石。
山陰縣：運河水路東來自會稽縣界五十三里一百六十步，西入蕭山縣界，勝
　　　　舟五百石。
上虞縣：運河路在縣南二百二十步，東來自餘姚縣界，經縣界五十三里六十
　　　　步，西入會稽縣界，勝二百石舟。
餘姚縣：餘姚江路，西來自上虞縣界，經縣界五十五里，東入慶元府慈溪縣
　　　　界，勝舟二百石。
〔註145〕《宋史》，卷九六，〈河渠志〉六，〈東南諸水〉上，頁 2391。

> 國家駐蹕錢塘，綱運糧餉，仰給諸道，所繫不輕。水運之程，自大
> 江而下，至鎮江則入牐，經行運河，如履平地，川、廣巨艦，直抵
> 都城，蓋甚便也。〔註146〕

此時，長江與浙西運河成為綱運骨幹水道。而浙西運河，即隋唐以來之江南
運河，尤為諸路綱運往來最頻繁之水道。其於南宋，猶如汴河之於北宋，誠
為行在仰給生命線，至關重要。

浙西運河，自臨安府北郭務至鎮江江口牐，全長六百四十一里。〔註147〕
隨河流走勢，各處淺狹深闊，自有不同。全線大致可分作六段：第一段，京
口至丹陽呂城，地勢最高，河道亦最淺狹。每遇「春夏不雨」，「官漕艱勤」；
或當「夏秋霖潦」，良田淹沒。其間，唯賴丹陽之練湖調節水量。南宋初，因
受戰亂影響，堤岸多已圮闕，湖水亦淤澱日淺。曾於高宗紹興七年（1137），
孝宗乾道七年（1171）、淳熙十年（1184），以及寧宗慶元五年（1199），多次
興工築堤開濬。〔註148〕

第二段，丹陽呂城至常州奔牛，地勢仍高仰，由於別無湖港潴水，自有
運河以來，即於呂城、奔牛二鎮，築埭置閘，以均節水勢。陸游作「常州奔
牛閘記」時指出：「蓋無之，則水不能節，水不節，則朝溢暮涸，安在其為餫
也。」〔註149〕

第三段，常州奔牛至無錫望亭，〔註150〕地勢西高東低，鄰近雖有湖澤溪
河潴水濟運，但歲久淺淤，「每遇水澀，綱運便阻；一入冬月，津送使客，作
壩車水，科役百姓，不堪其擾。」〔註151〕寧宗嘉泰元年（1201），乃疏濬漕渠，
以及白鶴溪、西蠡河、直湖、烈塘、五瀉堰等港，以利濟運。並於望亭修上、
下二閘，固護水源。〔註152〕

第四段，無錫望亭至平江府（即蘇州）閶門；第五段，平江府盤門至嘉
興府（即秀州）杉青鎮；此二段河道沿岸地勢平坦，且鄰近太湖，與湖水相

〔註146〕《宋史》，卷九七，〈河渠志〉七，〈東南諸水〉下，頁 2406。
〔註147〕同上，頁 2405。
〔註148〕同上，頁 2404～2405。
〔註149〕陸游，《渭南文集》（明活字印本，四部叢刊初編集部，臺北：臺灣商務印書
　　　　館，民國 54 年 8 月臺一版），卷二○，〈常州奔牛閘記〉，頁 187～188。
〔註150〕史能之，《咸淳毗陵志》（清嘉慶二十五年趙懷玉刻李兆洛校本，北京：中華
　　　　書局，1990 年 5 月出版），卷一五，山水，運河，頁 24～25。
〔註151〕同註146，頁 2410～2411。
〔註152〕同上。

通，水源無虞，河道闊深，航行順暢。第六段，嘉興府至臨安北關，河身較淺狹，且多轉折；沿河涇港極多，河水易於走泄，故需時加疏濬修固，以利行運。〔註153〕

　　諸路綱運之外，兩浙諸州，除溫、台、處州，不通水路，以及「臨安府、鎮江府，不係接目般運去處外」，秀、湖、常州、江陰軍、平江府，由浙西運河行運；衢、婺、嚴州，「自溪入江（錢塘江）」；明州、紹興府，循浙東運河渡江；循此等路線，「將本州合發錢斛，般赴行在。」（《宋會要》，〈食貨〉四三之二〇）

肆、閩廣地區

　　福建、兩廣地區，僻處嶺南，背山面海，綱運物資，或走海道，或由內陸採水陸聯運方式發送。其如舶貨，《宋會要》載云：「福建市舶司每歲所發綱運，有麤細色陸路綱，有麤色海道綱。」北宋時期，海道綱大致沿海岸北上，至通州上陸，〔註154〕順運河至揚州，再溯淮南運河，入汴京。南宋時期，由海岸線至錢塘江口，即可上達臨安。此外寧宗時，規定「凡中國之賈，高麗與日本諸蕃之至中國者，惟慶元得受。」〔註155〕由是推測，閩廣海道綱，當亦有於慶元府（即明州）登陸，循浙東運河達臨安。關於海道綱運，詳見本節之末。

　　海道運輸量大，但有風濤之險，又有轉運之勞，〔註156〕故內陸運輸仍為主要。福建路有二條路線，一為兩浙線，由南劍（福建南平）東北行，經建州、浦城（建州東北三百三十里），越楓嶺（浙閩分界），抵兩浙路衢州，順信安溪而下，達杭州。另為江東線，由南劍向西，越杉嶺（福建光澤縣西北七十里，今閩贛分界），經江南西路建昌軍東北角，入江南東路至金沙渡（貴溪縣西北），再東向信州，至衢州，抵杭州。〔註157〕北宋時期，均由杭州團綱，

〔註153〕同上，頁2405～2406。
〔註154〕張邦基，前引書，卷三，頁1上。
〔註155〕方萬里、羅濬，前引書，卷六，敘賦下，市舶，頁1下。
〔註156〕同註154。
〔註157〕王存，前引書，卷九，福建路，建州：「東北至本州界四百七里，自界首至衢州二百六十里。」另，同書，卷五，兩浙路，衢州：「西南至本州界二百六十里，自界首至建州四百四十五里。」梁克家，《淳熙三山志》（明崇禎十一年刻本，北京：中華書局，1990年5月出版），卷五，地理類五，驛鋪，西路，諸鋪最西之營頂鋪下注云：「西取南劍界首五里，又八里至武步，去金沙六十

再溯運河入汴京。上述二路線，需翻越仙霞嶺、五夷山，山路險惡，備極艱苦。眞宗大中祥符元年九月詔：「福建山路險惡，其輦官物軍士，自今遇旬休節序，特給假。」〔註158〕以慰辛勞。

福建路所起發綱運，初皆經由兩浙再團綱。崇寧三年以後，始專置催綱官管理。據《宋會要》，〈食貨〉四五之三～四載云：

> 崇寧三年八月十三日，江淮荊浙等路發運司奏，契勘本司總轄東南諸路內，……福建路合起上供錢帛綱運不少，盡皆經由兩浙團發，從來未有專置催轄綱運官。數內自江州至荊岳一員，所歷路分州軍不多，今相度欲將江州至荊、岳州催轄綱運官一員，移於兩浙，自潤州至衢州以來，催轄綱運，於蘇州安置廨宇。

廣南東路，走江西線。《玉海》，卷一八二載云：「廣南金銀香藥犀象百貨，陸運至虔州，而後水運至京師。」〔註159〕蓋宋初，全由陸行，太宗淳化以後，始改爲水陸聯運。《宋史‧凌策傳》云：

> 先是，嶺南輸香藥，以郵置卒萬人，分鋪二百，負檐抵京師。且以煩役爲患，詔策規制之。策請陸運至南安，泛舟而北，止役卒八百，大省轉送之費。〔註160〕

所謂「陸運至南安」，實則僅指南雄以北，越大庾嶺至南安一段。南雄以南至廣州有水道可行。《宋史‧劉蒙正傳》載：

> 嶺南陸運香藥入京，詔蒙正往規畫。蒙正請自廣韶江（今北江）沂流至南雄；由大庾嶺步運至南安軍，凡三鋪，鋪給卒三十人，復由水路輸送。〔註161〕

至南安軍，順贛江、長江、運河，而達汴京或臨安。

廣南西路，走荊湖南線，北宋時，大致由桂州（廣西桂林），北過興安，至荊湖南路全州，順湘江而下，達江陵，再走長江，運河入京。江陵至桂州沿途置有水遞鋪，然湘江「多巨潭險石」，使水運倍增困難，「程限與陸鋪等」，〔註162〕並不快捷。南宋時期發送行在路線，茲以范成大《驂鸞錄》所

里。金沙至南劍五十里。」

〔註158〕《長編》，卷六九，眞宗大中祥符元年九月甲辰條。

〔註159〕另，參見《宋史》，卷一七五，〈食貨志〉上三，漕運，頁4251。

〔註160〕同前書，卷三○七，〈凌策列傳〉，頁10128～10129；另，《長編》，卷五二，眞宗咸平五年秋七月乙巳條。

〔註161〕《宋史》，卷二六三，〈劉蒙正列傳〉，頁9101。

〔註162〕《長編》，卷一八，太宗太平興國二年春正月丙寅條。

載爲參考，大致由臨安溯錢塘江，經嚴州、婺州、衢州、信州，而至江南西路撫州、隆興府、臨江軍、袁州、萍鄉，入荊湖南路潭州，往南過衡州、永州至全州，入桂州界，經興安、靈川二縣，而達靜江府。〔註163〕

又，桂州之北興安縣境內，舊有靈渠連通湘、灕二水。〔註164〕宋初，因歲久「石窒舟滯」，不能通漕。仁宗慶曆間，儂智高亂，時陽朔主簿陶弼建議「郴、桂州靈渠，通漕湘江，軍興轉粟可十倍。」〔註165〕不爲採納。及李師中任提點廣西刑獄，始「焚石，鑿而通之。」〔註166〕長江與西江水系，藉此而溝通。此下，遇堙塞即時加疏濬，直至南宋，仍行運不斷。〔註167〕

南宋時期，廣馬綱運路線，自邕州橫山寨起綱，至靜江府再團綱出發，至醴陵淥口驛分路，發往行在及江上諸軍。大致可分爲四條綱道，其一，自醴陵東入江西，經豐城至撫州，東過信州，出浙江衢州、嚴州，達行在。其二，由豐城與前者分路，自撫州東北經饒州，循川秦綱道至池州，東經南陵，至太平、建康，又東至鎮江。其三，由醴陵淥口驛與第一道分路，自潭州，北至鄂州。其四，自岳州西北，至荊南（江陵），又以至襄陽。〔註168〕

再者，安南進貢，乃由邕、欽州入境，至靜江府，循水路入京。《嶺外代答》載云：

> 其國入貢，自昔由邕或欽入境，蓋先遣使議定移文，經略司轉以上聞，有旨許其來，則專使上京。不然，則否。……紹興二十六年（1156），乞入貢，許之。乃遣使由欽入。……乾道九年（1173），……乞以象貢，許之。……自邕州右（左）江永平寨入，象綱所過州

〔註163〕范成大，《驂鸞錄》（文淵閣四庫全書本，臺北：臺灣商務印書館，民國75年3月出版），全一卷。按，乾道八年十二月，范成大出知靜江府，由吳郡赴任，沿途所經，大致可作參考。

〔註164〕《宋史》，卷九七，〈河渠志〉七，〈東南諸水〉下，廣西水，頁2417～2418。周去非，前引書，卷一，〈地理門〉，靈渠：「湘水之源，本北出湖南，融江本南入廣西，其間地勢最高者，靜江府之興安縣也。昔始皇帝南戌五嶺，史祿於湘源上流，灕水一派，鑿渠踰興安，而南注于融，以便于運餉。蓋北水南流，北舟踰嶺，可以爲難矣。」

〔註165〕黃庭堅，《豫章黃先生文集》（嘉興沈氏藏宋本，四部叢刊初編集部，臺北：臺灣商務印書館，民國54年8月臺一版），卷二二，〈東上閤門使康州團練使知順州陶君墓誌銘〉，頁240～242；《宋史》，卷三三四，〈陶弼列傳〉，頁10735。

〔註166〕《宋史》，卷三三二，〈李師中列傳〉，頁10677。

〔註167〕《宋史》，卷九七，〈河渠志〉七，〈東南諸水〉下，廣西水，頁2417～2418。

〔註168〕參見王恢，前引文，頁46～47。

縣，……不足以聳外夷。比至靜江，……方見大朝威儀。……帥司
津遣入朝。……比到闕，偶得賜國之寵，使者滿意而歸。……過靜
江府，……乞自欽州歸國，許之。比至欽，留兩月，其國以舟楫旗
幟，迓之而歸。〔註169〕

至靜江府，由帥司「津遣」入朝，即由水道發送，此處雖未明白指出行經路
線，但由前述推論，當與范成大入桂及廣馬赴行在綱路一致。

伍、四川地區

宋代四川四路綱運有發赴京師及陝西者。上京綱運，以岷江、長江為主
要水道。《宋史》載云：

> 川益諸州金帛及租、市之布，自劍門（四川劍閣縣東北）列傳置，
> 分輂負擔至嘉州（四川樂山），水運達荊南，自荊南遣綱吏運送京
> 師。〔註170〕

劍門至嘉州採陸運，嘉州以下，順導江、蜀江，至戎州（今四川宜賓市）入
岷江，經恭州（今重慶市），下長江，經夔州（今四川奉節），出三峽，至荊
南上岸，團綱後再起發，走長江、運河赴京。金帛、租布之外，戎、瀘、昌、
普等州，牛皮、筋角等綱，均搭附此線綱船至荊南交付。〔註171〕

南宋時期，川秦馬綱發赴行在，於孝宗乾道元年至三年（1165～1167），
一度採水運，沿嘉陵江、長江，自利州，經閬、果、合、恭、涪、忠、萬、
夔諸州，穿歸、峽州，而抵鄂州，再採陸運，〔註172〕赴行在及江上諸軍。然
水運終因諸弊端，廢罷。〔註173〕乾道四年（1168）起，全遵陸行。行程改由
利州東路出金州，經京西南路房州、光化軍、襄陽府、郢州，而至荊湖北路
漢陽軍、鄂州，再東向江南西路至興國軍、江州，入江南東路池州、宣州，
南入兩浙路，過湖州，達臨安。沿途歇泊驛程，大致如當時提舉四川買馬監
牧公事張松所奏：

> 本司所買馬，係在西和、階、文、黎州、南平軍置場收買，出自遠

〔註169〕周去非，前引書，卷二，外國門上，安南國，頁15～18。
〔註170〕同前書，卷一七五，〈食貨志〉上三，漕運，頁4252。
〔註171〕《長編》，卷二一七，神宗熙寧三年十一月乙卯條。
〔註172〕《朝野雜記》，甲集卷一八，〈綱馬水陸路〉，頁24下～26下。
〔註173〕同上；員興宗，《九華集》（文淵閣四庫全書本，臺北：臺灣商務印書館，民
　　　　國75年3月出版），卷七，〈議國馬疏〉，頁3下～6下，指出川秦市馬五病，
　　　　並云水路運馬之不當。

蕃，纔買到場，便行起發。徑由道路多是山坡嶮峻，自早至暮，餵
飼失時。雖依元降指揮於房州、鄂州、襄陽府、江州、宣州，各有
住程歇泊。緣爲十程以上，方得歇泊。今相度更於房州竹山縣，光
化軍臥佛驛、鄂州長壽縣驛、漢陽軍漢川驛、興國軍驛、江州石溪
驛、池州貴池縣、湖州安吉驛八處，各住程驛歇泊一日。〔註174〕

由是可知，陸運所經，多是山坡險路，綱運亦非易事。先是，隆興二年（1164），
四川茶馬司奏，金、房州一帶（由利州東路至京西南路段）「皆崎嶮山谷，路
皆曲折，值潢潦雨雪」，人馬失所。而金州至均州梅溪驛，「二百八十里皆淺
山土路，更無嶮峻」，〔註175〕略加修葺開廣，可闢爲新路。不過，由張松奏言，
知所行仍爲金房舊路。

入陝綱運，亦有水、陸運二途。水運，以嘉陵江爲主要水道。嘉陵江爲
川境內長江最大支流，發源於秦嶺、岷山，由北而南縱貫四川中部，至重慶
與長江匯流。其東有渠江，由巴州流經渠州，至合州相會；其西有涪江，流
經綿州、梓州、遂州，亦至合州交會。沿嘉陵江下行可通荊南，上溯則可達
陝西鳳州等地。〔註176〕南宋時，爲輸軍糧於關外諸軍，曾就水、陸運孰便討
論之。蓋嘉陵江「灘磧相望，夏苦漲流之失，冬阻淺澀之患」，〔註177〕漕舟自
嘉陵而上，「春夏漲而多覆，秋冬涸而多膠。」〔註178〕紹興六年（1136）十一
月，四川安撫置制大使席益建議，「於上流水澀之時，併運在閬、利近處；春
水生後，一發運至軍前。」〔註179〕不失爲一良法。就水、陸運相較，「水運遲
而省費」，「陸運速而勞民」，〔註180〕爲寬民力，終採席益轉般摺運之法，行水
運。

陸運，由成都東北行，經漢州、綿州、劍州，過劍門關，入利州，自金
牛驛入青陽驛，至興州出界，入鳳州，可通秦、熙、河諸州及鳳翔府，以至
汴京。〔註181〕北宋時期，爲應茶馬貿易所需，「官中收買川茶」，或「川綱往

〔註174〕《宋會要》，〈兵〉二五之一六～一七。
〔註175〕同上，〈兵〉二五之七～八。
〔註176〕參閱賈大泉，《宋代四川經濟述論》（成都：四川省社會科學院出版社，1985
　　　　年5月第一版），十商業交通，頁197～204。
〔註177〕《繫年要錄》，卷一一〇，高宗紹興七年夏四月丙辰，頁8下～9下。
〔註178〕熊克，前引書，卷二四，高宗紹興八年春正月「是月」，頁2上～下。
〔註179〕《宋會要》，〈食貨〉四四之一。
〔註180〕同註177。
〔註181〕《宋會要》，〈方域〉一〇之四～五。

秦州」〔註182〕等綱運物資，均循此線而行。由金牛驛至鳳州，除經興州外，
另有「褒斜新路」，即自金牛驛東至興元府，北經褒城，過武休關達鳳州。神
宗熙寧七年曾行此線，元豐元年，則又復興州舊路。〔註183〕至於前述南宋川
秦馬綱發赴行在，金州以上路線，當自西和、階、文諸州買馬場起發，經金
牛驛，東至興元府，西南行入金州，再循房州以下路線，趨赴行在。

陸、海道綱運

　　宋代綱運，除前述各地區，以江河水運為主，陸運為輔外，沿海地區，
尚有海運。誠然宋代沿海及海外貿易已極發達，而綱運物資以京師為最主要
目的地，北宋都汴，位居黃河中游，非臨海口，海綱上岸後，仍需轉由內陸
運達。因此，海道運輸量雖大，但既有風波之險，又有轉徙之勞，故非因時
所需，鮮少行運。

　　南宋時期，王師南移，建炎紹興之際，高宗轉徙移蹕，甚而一度避泊海
上，時綱運常由海道而來。其後，以臨安為行在。臨安位居錢塘江出口，瀕
海不遠，有利於海舶，因此南宋以後，海道綱運較為頻繁。其中，尤以麤色
舶貨，動輒數萬斤，即採海道綱運為常制。以下就所蒐史料，作一宋代海道
綱運表，以茲參考。

表十七：宋代海道綱運表

皇帝紀年	西元	發送地	收納地	事略	徵引
真宗 天禧元年	一〇一七	江淮發運司	登、維、密州	（八月丙子）令江淮發運使漕米三萬石，由海路送登、維、密州，從京西安撫使張廓之請也。	《長編》卷九〇。
仁宗 天聖四年	一〇二六	溫州	明州	（十一月）詔溫州所支綱運兵梢、綱官轉海至明州，添支米人日一升半，元破四十五日內有船，或遇便風時月，別無阻滯，及軍梢用心攬駕轉海行運，不約日限到明州本鎮。其餘日添支米，舊合回納，自今與免，剋筭、填官一例消破。	《宋會要》，〈食貨〉四二之一一。

〔註182〕同上。
〔註183〕同上。

神宗 熙寧七年	一〇七四	山東	河朔	京東路察訪鄧潤甫等言:「山東沿海州郡地廣,豐歲則穀賤,募人為海運,山東之粟可轉之河朔,以助軍食。」詔京東、河北路轉運司相度,卒不果行。	《宋史》,卷一七五,〈食貨志〉上三。
徽宗 宣和三年	一一二一	淮南、江浙、荊湖制置發運司	汴京	三月十四日,淮南江浙荊湖制置發運使趙億言,今月六日奉御筆,運河淺澀,中都闕誤(給)仰火急,措置……須管於三日中三十綱到京,及別行措置自江入淮到汴利害聞奏。契勘……自江入淮到汴,緣經涉大海泛洋,轉至淮河,方可入汴,未見得可與不可泛海入淮行運。先已牒通海州、鎮江府子細相度,講究的確利害。……依奏。	《宋會要》,〈食貨〉四三之一〇~一一。
高宗 建炎四年	一一三〇	秀州金山村	行在(台州章安鎮)	(正月丙午)左直徽猷閣江淮發運副使兼軍前糧料使宋輝,自秀州金山村以海船運米八萬斛,錢帛十萬貫匹,至行在。時百司正闕食,從行者甚賴之。	《繫年要錄》,卷三一。
		福建市舶司	行在(台州章安鎮)	(正月丙辰)命福建市舶司悉載所儲金帛見錢,自海道赴行在。	《繫年要錄》,卷三一。
		登、萊	行在(越州)	(五月丁巳)宰執擬呈海州東海縣李彥先遣人至行在。秋聞登、萊積粟頗多,欲就委彥先用海舟轉輸,以助軍食。(高宗未允)	《皇宋中興兩朝聖政》,卷七。
		廣東轉運司	福州	(六月己卯)詔廣東轉運司,募使臣押糧舟,自海道至福州交納。	《繫年要錄》,卷三四。
高宗 紹興元年	一一三一	兩浙路	越州	三月十二日,戶部言,越州通判趙公竑言,兩浙路見有起發米斛萬數不少,內有經由海道前來綱運。除官綱平河行運合依宋輝措置外,海道般運糧料係為登險,理當優異。(制定賞、罰格)	《宋會要》,〈食貨〉四三之一七。

		湖南	行在（越州）	（十月十二日）權吏部員外郎李元裕，自湖南督上供綱泛海還行在。是日，至福州大金灣爲盜所殺。	《繫年要錄》，卷四八。
		潮州	福州溫州	十月十九日，三省言，保義郎翁柔等狀，準建炎四年聖旨指揮，置收糴糧斛，每一萬碩爲綱，選差有才幹使臣兩員管押舟船綱運，經由海道載至福州交納。……柔等……就潮州裝發三綱，每綱各一萬碩，經涉大海，於今年正月內到福州交卸了足。竊見成忠郎潘和等，亦於潮州裝發綱運，前來溫州交卸。	《宋會要》，〈食貨〉四三之一八。
紹興二年	一一三二	閩、廣、溫、台	紹興府臨安府	四月二日，紹興府言，閩、廣、溫、台二年以來，海運糧斛錢物前來紹興府，並係至餘姚縣出卸，騰剝般運。……今既移蹕臨安……將閩、廣、溫、台等處發到錢物斛斛，並就本州出卸，優立價直，雇募湖船騰剝，就元押人，由海道直赴臨安江下。	《宋會要》，〈食貨〉四三之一八。
紹興五年	一一三五	明州	沂、密州	臣（呂頤浩）契勘，臣已條具分三路進兵，以窺中原事，其糧食亦合分項應副，一項自明州由海道趨沂、密州。……一月之糧，令海舡附帶前去，到密州板橋鎮左右住岸，則有糧可因矣。	《忠穆集》，卷二，〈論軍糧供軍事〉。
孝宗乾道九年	一一七三	浙東諸郡	浙西	多十月甲子，臣僚言，伏見浙東諸郡，今歲例有旱傷，如溫、台二州，自來每遇不稔，全藉轉海般運浙西米斛，粗能贍給。	《皇宋中興兩朝聖政》，卷五二。
孝宗淳熙元年	一一七四	福建市舶司	臨安	十月十日，提舉福建路市舶司言，……今乞將細色步檐綱運，差本路司戶丞簿合出官押。麤色海道綱運，選差諸州使臣諳曉海道之人管押，其得替待闕官不許差。從之。	《宋會要》，〈職官〉四四之三○。

| 理宗淳祐九年 | 一二四九 | 廣東 | 欽州 | 乞調福建、廣東兵船來戍欽州。……因此舟之戍，載之以米，是亦一便。乞……特與於廣東米內科撥若干石，俾令自海運至欽州，……既至欽州，則陸路三日至邕，……庶幾嶺外添此一糧道，邊儲賴以稍實，官兵可以增戍，國事幸甚。 | 《可齋續藁後》，卷六，〈奏乞調兵船戍欽行海運之策〉。 |

　　由上表所列，粗略可知，北宋時期海運米糧綱，多為沿海各地間，由南往北發送，如由江淮發往山東之登、維、密諸州；由溫州往明州；以及卒不果行之山東往河朔。唯徽宗宣和三年，曾因淮南運河淺澀，水源不足，中都闕食，而改由江泛海，入淮到汴。此皆權宜之計，非為常策。南宋時期，則多以行在為目的地，由沿海諸路，如兩浙、閩廣發送。其中，建炎四年至紹興元年間，因軍情緊急，發送頻繁，且有自內陸，如湖南發來者；山東半島之登、萊州，則又議而未行。由於海綱漸多，紹興元年三月，並制定賞罰格律，以資懲勸。麤色舶貨，並以海道綱運為定制，時有云：「錢由江行，香由海行。」〔註184〕另有因時所需，由沿岸海運軍糧，如自明州北往沂、密州；廣東南至欽州等。

　　沿海各地發赴臨安之海綱，徑「由海道直赴臨安江下」。不過，定海至臨安間之海道，因有砂磧阻淺，不通南船。時為免科調沿海之民，乃行「優立價直，雇募（明州）湖船騰剝」〔註185〕之法。如此，既得稍紓諸縣民力，又免海船留滯之患，使綱運糧斛均可如期運達行在。

第二節　運輸方法

　　宋代綱運，就運輸方法而言，有轉般與直達二法。就其施行地區而言，由於東南諸路最所仰重，綱運遲速盈闕，攸關國計，故於運輸方式最為講求。其他地區綱運，轉般之法，時有所見。其如北宋時期沿邊三路軍資輸送；以及南宋時期四川地區之溯嘉陵江供關外軍糧，荊湖北路之泝漢水，以供輸京襄大軍等，均採轉般摺運之法。凡此已如前述，故本節僅以東南綱運為範圍，

〔註184〕《宋會要》，〈職官〉四四之三三。
〔註185〕同上，〈食貨〉四三之一八。

再就轉般、直達二法之施行，及其變革原因，探討之。

壹、轉般法

轉般之法，於唐代裴耀卿、劉晏改革漕運時，相繼採行。其時，就漕運所經江、汴、河、渭各水域「緣水置倉，轉相受給」，而有「江船不入汴，汴船不入河，河船不入渭」之轉般法則。宋代國都東移，運路雖大爲縮短，但綱運轉般之法，仍繼續施行。據《通考》載云：

> 轉般之法，東南六路斛斗，自江浙起綱至於淮甸，以及眞、揚、楚、泗爲倉七，以聚軍儲。復自楚、泗置汴綱，般運上京，以發運使掌之。〔註186〕

是即許月卿所云：「江舟不入淮，淮舟不入汴，隨寓而倉，粟無耗散。」〔註187〕大抵承襲前代緣水設倉，分段轉輸之原則，再配合當代回綱運鹽及糴米代發等政策，使宋代轉般法意義更爲豐富。〔註188〕茲再分述。

一、設立轉般倉

北宋時期，汴京爲綱運中樞，爲收納四方運至之物資，時在京諸倉，包括船般倉、稅倉、折中倉、茶庫倉等，總二十三所。其中，船般倉主受四河運至京師者，分東、西、南、北四河，凡十五倉。據《通考》及《宋會要》載：〔註189〕

> 曰永豐、通濟（有二）、萬盈、廣衍、延豐（有二）、順成、濟遠、富國，凡十倉，皆受江淮所運，渭之東河，亦謂之裡河。
> 曰永清、永富二倉，受懷、孟等州所運，謂之西河。
> 曰廣濟第一，受潁、壽等州所運，謂之南河，亦謂之外河。
> 曰廣積、廣儲二倉，受曹、濮等州所運，謂之北河。

知東河，即裡河所受江淮物資最多，故有十倉以儲納之。此外，茶庫倉空時，亦兼受船般斛斗。神宗元豐四年夏四月，都大提點在京倉場司，以汴河糧綱

〔註186〕《通考》，卷二五，〈國用考〉三，漕運，頁246下。

〔註187〕許月卿，《百官箴》（文淵閣四庫全書本，臺北：臺灣商務印書館，民國75年10月出版），卷六，〈發運轉運箴〉，頁12下。

〔註188〕參見周建明，〈論北宋漕運轉般法〉，《史學月刊》，1988年第六期，1988年11月出版，頁18～22。

〔註189〕《通考》，卷二五，〈國用考〉三，漕運，頁244中；《宋會要》，〈食貨〉六二之一～二。

歲運六百萬石，及司農寺起發淮浙四十餘萬石，除已於沿途汴倉分納外，並建議於「萬盈、廣衍兩倉，增廠屋四百間」，〔註190〕以備儲積。

京師以外，「凡漕運所會，則有轉般倉」設立。如眞、揚、楚、泗等州，凡七倉。設倉目的，其初乃因「南自眞州江岸，北至楚州淮堤，以堰瀦水，不通重船，般剝勞費，遂於堰旁置轉般倉，受逐州所輸，更用運河船載之入汴，以達京師。」〔註191〕如此可免「推舟過堰」之勞。譚稹曾云：

> 祖宗建立眞、楚、泗州轉般倉之本意，可謂至密。一則以備中都緩急，二則以防漕渠阻節，三則綱般裝發，資次運行，更無虛日。

〔註192〕

設置轉般倉可充分發揮儲運以及中繼轉接之功能。

仁宗天聖五年（1027），眞州水閘完工，「以省舟船過埭之勞」，運舟力勝由原本不過三百石，增至官舟七百石，私船達一千六百石。其後，「北神、召伯、龍舟、茱萸諸埭，相次廢革」，〔註193〕甚爲利便。隨著水閘之普遍利用，轉般倉中繼功能，亦生變化。時發運使方仲荀即奏「眞、楚州堰爲水閘，自是東南金帛茶布之類，直至京師。」〔註194〕惟上供斛斗，仍行轉般。

長江沿岸亦設有轉般倉。仁宗天聖五年，荊湖北路爲轉般益州布帛，於沙市「起蓋布庫」，「每益州布綱到，只就江岸點檢，對交與上京省員。」〔註195〕慶曆元年（1041）九月，制置司言：

> 比年河流淺涸，漕運艱阻，糜費益甚，請量增江淮兩浙荊湖六路糴鹽錢。……又置轉般倉於江州，益漕船及僱客舟以運。〔註196〕

南宋時期，爲應四總領所及行在所需，諸漕運要會處則有大軍倉及轉般倉設立。據考證江寧府大軍倉之設立有云：

> 大軍一倉，創於紹興五年，至今已得三十六年，前後支過運糧無慮二千餘萬斛。〔註197〕

〔註190〕《長編》，卷三一二，神宗元豐四年夏四月乙亥條。

〔註191〕《宋史》，卷一七五，〈食貨志〉上三，漕運，頁4258。

〔註192〕《通考》，卷二五，〈國用考〉三，漕運，頁247上。

〔註193〕沈括，前引書，官政二，「淮南漕渠」條，頁432。

〔註194〕《通考》，卷二五，〈國用考〉三，漕運，頁247上。

〔註195〕《宋會要》，〈食貨〉四二之一七～一八。

〔註196〕《長編》，卷一三三，仁宗慶曆元年九月乙卯條。

〔註197〕姚廣孝等奉敕編，《永樂大典》（臺北：大化書局，民國74年8月初版），卷七五一六，大軍倉，頁3上～4下。

鎮江府亦於舊轉般倉址，置大軍倉。據載：

> 紹興七年，每上江糧運至鎮江，冬則候潮閘占舟，而坊（妨）摺運，
> 綱兵亦復侵耗。運使向子諲乞置倉，以轉般為名。諸路綱至，即令
> 卸納。從之，淳熙戊戌（五年），郡守司馬伋、總領葉翱、運副陳峴、
> 三司同創。〔註 198〕

此外，揚州、楚州、山陽、無為軍、江州、洪州、江陵府、襄陽府、仙遊（興
化軍）、郴州等地，均有大軍倉。〔註 199〕

　　轉般倉之設，最早即於紹興七年鎮江府之京口，《黃氏日抄》有云：

> 嘗考轉般倉之名，本為關津處，停米易舟而設。國朝以淮浙直達京
> 師非便，置轉般於真州、泗州。南渡後，以浙米直達兩淮非便，又
> 置轉般於京口。〔註 200〕

浙米由京口轉般於兩淮。不過，當春冬運河水涸時，江湖諸路糧綱，則自鎮
江府轉江陰，而至行在。紹興二十九年（1159）九月，司農少卿張宗元入對言：

> 糧舟自下江來，有全舟俱失，人物俱亡者，是守閘則有關津之阻，
> 轉江則有艱險之慮。二者皆非良便。今宜於沿流，權就下卸，命戶
> 部計行在儲蓄之數，豫定量度，因河流濟通之時，令兩浙轉運使，
> 隨宜轉般，公私兩便。〔註 201〕

明言守閘、轉江俱非良策，唯因時轉般，方使公私兩便。

　　乾道二年，復於隆興府（即洪州）置轉般倉，由其建置可窺南宋諸轉般
倉之大概。《宋會要》，〈食貨〉四四之九載：

> 七月四日，戶部言：「江西州郡每處起發米綱，應副江、池、建康、
> 鎮江府等處軍儲，以路遠，多因管押臣及兵梢沿路侵盜，往往少欠
> 數多。又如上江灘磧，舟船阻滯。欲下江西轉運司就隆興府踏逐順
> 便高阜去處，改造轉般都倉一所。官吏令運司就差上流諸州縣合發
> 米斛，自受納之日，便差定本州使臣，或見任寄居官計置舟船，每
> 及三千碩或萬碩為一綱，支給水腳廩費等錢，先次起發，不必拘定。
> 仍據隆興府轉般倉至交納處，合用水腳廩費等錢數附綱起發，趁江

〔註 198〕同上。熊克，前引書，卷二一，高宗紹興七年夏四月乙巳，頁 8 下～9 上。
〔註 199〕同註 197：《宋會要》，〈食貨〉六二之六二。
〔註 200〕黃震，《黃氏日抄古今紀要逸編》（知不足齋叢書，臺北：新文豐出版公司，
　　　　　民國 74 年 1 月出版），〈乞申朝省修倉並乞免江西米運入倉狀〉。
〔註 201〕《繫年要錄》，卷一八三，高宗紹興二十九年九月辛卯，頁 14 上～下。

水泛漲之時，經押赴轉般倉交納。……。」從之。

其後，度宗淳祐間，王埜任江西轉運副使，知隆興府，以綱米不便，乃就湖口造轉般倉，事畢受代。〔註202〕

　　淮南西路無爲軍原有轉般倉一所。乾道八年（1172）八月七日，淮南運判向士偉，以其「水路迂遠」，建議「本司後倉屋見有二十餘間，周回空地，可以添造倉廒。」運判馮忠嘉則不以爲然，上言：

> 無爲軍距巢縣水路一百四十里，路稍徑直，在所不論。距和州下水九十里，至裕溪口合九江。水路之間，冬乾則成下水，春水生則爲上水。（下水）則快而易進，上水則急而難溯。又下水六十里至楊林渡，又上水二十五里始至和州。凡上下水一百七十五里，迂遠如此。臣獨謂聚糧最宜乘水未退，運入廬州爲上，其次則莫如和州，又其次則莫如巢縣。蓋倉合肥，運道不惟艱難，且有不通之時。至和州自可指撥下卸，何若自爲迂遠。伏望詳酌置倉去處，且仍舊貫。〔註203〕

以爲合肥運道艱難，且時而不通，不若仍爲舊貫，乘水而運，則無所謂迂遠。

　　孝宗淳熙五年閏六月十一日，詔「鎮江、建康府各置轉般倉一所，鎮江府於閘外，建康府於石頭城修築。」〔註204〕按鎮江府所建即前所述者。八年（1181）三月十七日，鄂州亦建倉，詔云：

> 鄂州於近處建倉，如遇綱運到岸，即令入倉，不得於諸倉安頓。以臣僚言，湖南每歲發米到鄂州無一定交納之地，出卸後時姦弊不一。間遇風濤，或至沈覆，非惟陷折官物，而部押官吏往往因此狼狽失所，故也。〔註205〕

知鄂州置倉，可使湖南綱運減少風濤沈溺、陷折官物之患；部押官吏亦得以休停，以紓其狼狽失所之弊。此外，張孝祥出知荊南、荊湖北路安撫使時，曾於荊州置萬盈倉，以儲諸漕之運。〔註206〕

　　孝宗時，由於戰事稍戢，諸倉積米漸多，爲免陳腐損敗，出納當「以陳易新」爲原則。淳熙十四年九月十七日，中書門下省言：

〔註202〕《宋史》，卷四二〇，《王埜列傳》，頁12576。
〔註203〕《宋會要》，〈食貨〉六二之六三～六四。
〔註204〕同上，〈食貨〉六二之六五。
〔註205〕同上，〈食貨〉六二之六五～六六。
〔註206〕《宋史》，卷三八九，〈張孝祥列傳〉，頁11943。

> 鎮江、建康府轉般等倉，并鄂州、江陵、襄陽府見樁管米斛，數目
> 浩瀚，屢降指揮令逐州府同總領所常切措置，以新易陳。卻元自來
> 綱運到岸，憚於般卸，往往就船支遣，是致損壓陳次。詔：令守臣
> 將見港管米斛，逐一契勘元交卸歲月先後，并開具淳熙十一年至十
> 三年終，已對兌過數目，分明以聞。仍仰淮東西、湖廣總領所，今
> 後遇綱到岸，須管拘摧赴倉卸納，依節次指揮，以新易陳，不得仍
> 前就般（船）支遣。〔註207〕

以綱運到岸，憚於般卸，多就原船支遣，如此倉內積米，無由代換，而致積
陳；故乃申嚴總領所，須拘摧赴倉卸納，依時間先後，出陳入新，以除積弊。
此誠倉儲管理之正法也。

二、分段轉輸與回綱運鹽

　　分段轉輸，最早於太祖時，即已採行。開寶三年秋，三司以「倉儲月給
止及明年二月」，請分屯諸軍盡括民船，「以資江、淮漕運」。太祖聞之大怒。
時陳從信云：

> 嘗游楚、泗，知糧運之患。……又楚、泗運米于舟，至京復輦入
> 倉，宜宿備運卒，令即時出納，如此每運可減十日。楚、泗至京
> 千里，舊八十日一運，一歲三運。若去淹留之虛日，則歲可增一
> 運焉。〔註208〕

此云「楚、泗運米于舟，至京『復輦入倉』」，由其語意，當于楚、泗時即曾
般輦入倉，至京則再下卸「復輦」入倉。另，先前三司議括民船，以「資江、
淮漕運」，而此處所論，「楚、泗至京千里，舊八十日一運」，是即以楚、泗作
分段。

　　又，太宗淳化四年（993），內殿崇班楊允恭任江淮兩浙都大發運使。先
是，三路上供米，歲不過三百萬石。允恭至盡籍三路舟卒與所運物數，令諸
州擇吏悉集，「辦數授之，江浙所運止於淮泗，由淮泗輸京師。行之一歲，上
供者六百萬。」〔註209〕是已由都大發運使總其責，統籌三路上供人船、物資，

〔註207〕《宋會要》，〈食貨〉六二之六七。
〔註208〕《宋史》，卷二七六，〈陳從信列傳〉，頁9403～9404；並參見陳均，前引書，
　　　　卷二，太祖開寶三年九月，更漕運法，頁28上～29上；釋文瑩，《玉壺清話》
　　　　（知不足齋叢書，臺北：新文豐出版公司，民國74年1月出版），卷八，頁
　　　　10上～下。
〔註209〕《長編》，卷三四，太宗淳化四年十二月壬辰條。曾鞏，前引書，卷一八，武

分段轉般，以達京師。

《通考》，卷二五漕運，引呂東萊語云：

在祖宗時，陸路之粟至眞州入轉般倉，自眞方入船，即下貯發運司，
入汴方至京師。

實則，由前所述，可知非僅陸路之粟，水路糧米亦均自太祖、太宗時，即已
採行分段轉般之法。即東南諸路綱運於眞、楚、泗等轉般倉下卸，「轉相灌注」，
「江舟不入淮，淮舟不入汴」，再自楚、泗置汴綱，般運上京。

分段轉輸之法，又與回綱運鹽之銷鹽政策相配合，所謂：

江湖上供米，舊轉運以本路綱輸眞、楚、泗州轉般倉，載鹽以歸，
舟還其郡，卒還其家。〔註210〕

淮南東路靠海之通、泰、海諸州及漣水軍，爲東南主要鹽產區。如前所述，
此區內有運河與揚州、楚州連通，將鹽貨銷往江南、荊湖諸路。利用諸路綱
運漕船，回腳空船載鹽以歸，一則漕船不致放空，再則鹽貨亦得船出運，實
兩蒙其利，毫不浪費。正所謂「諸州雖有費，亦有鹽貨以償之，此是宋朝良
法。」〔註211〕

爲儲轉般鹽貨，淮南各地設有鹽倉及轉般倉，《玉海》，卷一八一〈鹽鐵〉
載云：

淮南鹽置倉以受之，通、楚州各一，泰州三。又置轉般倉二，一於
眞州，以受五倉鹽；一於漣水，以受海州、漣水鹽，江南、荊湖歲
漕米至淮南，受鹽以歸。

在此分段轉輸、米鹽分運之轉般法下，各河道由專船行駛，既熟悉水域，又
無需等水，運輸效能因此大爲提高。就汴舟至轉般倉漕米輸京師而言，已由
原本歲二、三運，提升至「歲摺運者四」，即每年往返可運四次。由於河水多
涸，且有閉汴口之制，故至冬舟卒還營，至春復集，名曰「放凍」。〔註212〕
舟卒既得以輪休，逃亡者少；而汴船不涉江路，又無風波沈溺之患。凡此皆
可謂是轉般法之利。

其後，發運使權益重，六路上供米團綱發船，不復委本路，轉運使獨專
其任，吏胥用事其間。於是「操舟者賕諸吏，輒得詣富饒郡，市賤貿貴以移

臣，楊允恭，頁 1 下～3 上。
〔註210〕《長編》，卷一八八，仁宗嘉祐三年十一月庚寅條。
〔註211〕《通考》，卷二五，〈國用考〉三，漕運，頁 248 下～249 上。
〔註212〕《宋史》，卷一七五，〈食貨志〉上三，漕運，頁 4252～4253。

京師」。自是「江汴之舟，合雜混轉，而無辨矣」！挽舟之卒「有終生不還其家，而老死河路者」。〔註213〕分段轉輸之法大壞，漕事綱運凋蔽不振。

慶曆中（1041～1048），江淮歲漕不給，京師乏軍儲，參知政事范仲淹薦許元獨可倚辦，擢爲江、淮制置發運判官。許元至，「悉發瀕江州縣藏粟，所在留三月食，遠近以次相補，引千餘艘轉漕而西」。〔註214〕其時，許元所行具體辦法，乃是：

> 創汴河一百綱，漕荆湖、江淮、兩浙六路八十四州米，至眞、揚、
> 楚、泗轉般倉而止；復從通、泰載鹽，爲諸路漕司經費，發運司自
> 以汴河綱，運米入京師。〔註215〕

未幾，京師足食。許元因此倍受重用，後又擢爲發運副使，乃至發運使。皇祐中（1049～1053），由於東南諸路歲飢不登，仁宗詔減歲漕百萬石，許元針對時弊，奏言：

> 近歲諸路因循，糧綱法壞，遂令汴綱至冬出江，爲他路轉漕，兵不
> 得息。宜敕諸路增船載米，輸轉般倉充歲計，如故事。〔註216〕

時諸路轉運使以元欲去六路財賦，多上章論其罪。元罷去，諸路綱不集。

嘉祐三年十一月庚寅，乃下詔切責有司格詔不行，及發運使不能總綱條，轉運使不能幹歲入。預敕江湖兩浙轉運司，期以一年，各造船補卒，團本路綱，自嘉祐五年（1060），汴船不得復出江。〔註217〕《宋大詔令集》中載有此詔，詔名「令江南荆湖兩浙造舡團綱般起赴眞楚泗轉般倉發運司不得撥綱往諸道詔」，全文如下：

> 國家建都河汴，仰給江淮，歲漕資糧，溢於漢唐。緊經制之素定，
> 有常守而不踰。六路所供之租，各輸於眞楚，度支所用之數，集於
> 京師。以發運司總其綱條，以轉運使幹其歲入。荆湖舟楫，回載海
> 鹽，淮南舳艫，不涉江路。方冬閉塞，役卒得以少休。近歲因循，
> 茲事從而遂廢。吏緣爲蠹，人寔告勞。比飭攸司，遵用往則。曠歲
> 于此，格詔不行。豈發運使不能總綱條，轉運使不能幹歲入。今茲
> 議復，皆本故常。事惟爾職，隳則有譴。其令江南東西、荆湖、兩

〔註213〕《長編》，卷一八八，仁宗嘉祐三年十一月庚寅條。
〔註214〕《宋史》，卷二九九，〈許元列傳〉，頁9944。
〔註215〕《通考》，卷二五，〈國用考〉三，漕運，頁246上。
〔註216〕同註212、213。
〔註217〕同上。

> 浙轉運使，限一年各造舡，招添梢工，及駕船卒團成本路糧綱。自
> 嘉祐五年始，止令逐路據年額斛斗，般赴眞、楚、泗轉般倉，卻運
> 鹽歸本路。發運司更不得支撥裡河鹽糧綱往諸路。〔註218〕

此詔，雖明令自嘉祐五年起，六路歲米仍採分段轉般、回綱運鹽之法，以及
飭令發運司不得支撥汴綱出江。然而至期，諸路綱船猶不足。「汴綱不出江」，
本欲漕卒得歸息，但因汴綱多傭丁夫，每船卒不過一、二人，至多當留守綱
船，故「實無得歸息者」。而汴船不入江外，江外船不得至京師，舟卒又失商
販之利。汴綱工卒「訖冬坐食苦不足」，於是皆「盜毀船材，易錢自給」，造
成「船愈壞而漕額愈不及」〔註219〕之惡性循環。英宗治平三年（1066），始詔
出汴船七十綱。神宗即位，三司使唐介奏請「出汴河運船于江湖，轉東南之
粟，中外爲便。」〔註220〕於是，汴綱悉出江如故。分段轉輸之法，名存實亡，
「惟發綱、發運未罷」耳。〔註221〕

　　汴綱出江後，運鹽則趁冬季北風而運，然風濤覆溺之事，時有頻傳。神
宗熙寧六年八月丙戌，三司言：

> 淮南發運司，歲冬乘北風，以汴綱輸鹽於湖北；春乘南風發上供糧
> 入汴。聞去冬今春風不順，發鹽百二十綱，而風水壞五百餘艘，兵
> 工水死甚眾。〔註222〕

神宗詔蔣之奇根究以聞。蔣之奇後奏云：「汴船出江，覆溺人船實比遞年數多。」
積弊已深，難復其舊，終至改弦更張，行直達之法。

三、糴米代發

　　自發運使該總諸路，有無相通，其權益重，乃至糴米代發，使轉般倉功
能隨之改變。神宗熙寧二年，行均輸之法，發運使薛向兼都大提舉江淮、兩
浙、荊湖、福建、廣南等九路銀銅鉛錫坑冶市舶之事。〔註223〕發運使既有錢
貨，又周知諸路財賦之有無，「凡糴買稅斂上供之物，皆得徙貴就賤，用近易

〔註218〕不著撰人，《宋大詔令集》（北圖北大互校本，臺北：鼎文書局，民國61年9
　　　　月出版），卷六七一，財利下，頁184。

〔註219〕《通考》，卷二五，〈國用考〉三，漕運，頁245下；《宋史》，卷一七五，〈食
　　　　貨志〉上三，漕運，頁4253。

〔註220〕劉摯，《忠肅集》（聚珍版叢書，臺北：新文豐出版公司，民國74年1月出
　　　　版），卷一一，〈唐質肅神道碑〉，頁150～154。

〔註221〕《通考》，卷二五，〈國用考〉三，漕運，頁249上。

〔註222〕《長編》，卷二四六，神宗熙寧六年八月丙戌條。

〔註223〕《長編拾補》，卷五，神宗熙寧二年九月壬午條。

遠」，兼持「從便變易」原則，以供辦中都所需。〔註224〕

至是，歲運六百萬石給京師外，諸倉常有餘蓄。蓋發運司所儲，常有一千二百萬石，以其別有糴米之制也。據載：

> （發運司）可以糴一千二百萬石，又在此（眞、揚、楚、泗）七倉
> 儲米之外，每歲之春，撥發見米上供，至九月間，不待秋苗起催，
> 而其年歲計六百萬石，已達中都矣。此六百萬石已足給用，而見粟
> 猶有六百萬。是嗣歲上供，更有指準，設有水旱災傷，蠲租折額，
> 亦未至乏供。〔註225〕

及州郡告歉，則折納上等價錢，謂之「額斛」；計本州歲額，以倉儲代輸京師，謂之「代發」。發運司糴米，以調節豐歉，《通考》載云：

> 復於豐熟以中價收糴，穀賤則官糴，不至傷農；饑歉則納錢，民以
> 爲便。本錢歲增，兵食有餘，國家建都大梁，足食足兵之法，無以
> 加於此矣！〔註226〕

轉般之法，乃寓有平糴之意。「江湖有米，可糴於眞；兩浙有米，可糴於揚；宿、亳有麥，可糴於泗。」〔註227〕發運使坐視六路豐歉，得以居間斡旋之。轉般倉由原本綱運路線中繼站功能，繼而發展至調節豐歉，倉儲平糴功能，儼然成爲中央與地方經濟聯繫之樞紐。〔註228〕

均輸之法，迄後雖不能成。發運司糴米之制，卻行之有年。其間，爲儲糴米，諸轉般倉，嘗有廢併、添修以應需要。如元豐二年冬十月辛丑，權江淮等路發運使沈希顏奏道：

> 淮南轉般倉，泗州最爲近便，雖有南北兩倉，纔可貯穀一百五萬餘
> 石。揚州廢倉三百餘間，約貯穀百萬石，乞徙置泗州。從之。〔註229〕

又，三年夏四月庚子，「賜江淮發運司度牒三百，給眞、楚、泗州修轉般運倉、河水牐之費。」〔註230〕

南宋時期，糴米之制改由三司、戶部總其權，繼續推行。紹興八年（1138）

〔註224〕《宋史》，卷一八六，〈食貨志〉下八，均輸，頁4556。

〔註225〕程大昌，《考古編》（儒學警悟，臺北：新文豐出版公司，民國74年1月出
版），卷七，發運司，頁53～54。

〔註226〕《通考》，卷二五，〈國用考〉三，漕運，頁246下。

〔註227〕《宋史》，卷一七五，〈食貨志〉上三，漕運，頁4258。

〔註228〕周建明，前引文，頁20。

〔註229〕《長編》，卷三〇〇，神宗元豐二年冬十月辛丑條。

〔註230〕同前書，卷三〇三，神宗元豐三年夏四月庚子條。

三月甲辰，戶部侍郎向子諲建言：

> 安民固圉，必資儲蓄。江西宜於洪州置糴，於江州置轉般倉，以給
> 淮西。湖南於潭州置糴，於鄂州置轉般倉，以給襄漢。湖北於鼎
> 州，（淮東西於廬州），淮東於眞州。仍多造船，則遣戌出兵，無往
> 不利。〔註231〕

糴米與轉般倉之制並重，實爲安民固土之道。寧宗嘉定十一年（1218）十二
月癸卯，李安行奏云：

> 乞將今年綱運應入浙者，就江東，三司截留科撥，理爲和糴之數。
> 卻責三司以元降糴本，於浙西豐熟州郡，就便收糴，徑解豐儲倉，或
> 平江、嘉興和糴倉，祗還兌撥之數。其江東諸郡，如建康、太平、
> 池、寧國、廣德等處，守科撥隸司農寺交納者，亦許兌撥應副江上
> 軍糧。卻就行在支撥和糴米，還司農寺支遣。……從之。〔註232〕

由三司主持糴米，科撥截留聽其指揮。

貳、直達法及其變革原因

直達法，自徽宗崇寧三年開始全面實施。大觀以後，或行轉般或行直達，
詔令不一。改行直達，乃歸因於轉般法之敗壞。茲先論其原因。

一、轉般敗壞之因

若論轉般法敗壞原因，大致可歸納爲糴本空竭、鹽法變更、船法盡廢及
倉儲浩費私四者。茲再分論之。

（一）糴本空竭：發運使糴米代發，以供京師之用，如前所云乃爲足食
足兵之良法。然則崇寧初，蔡京爲相，爲「求羨財以供侈費」，發運使胡師文，
竟「以糴本數百萬緡充貢，入爲戶部侍郎。」自是，來者紛紛效尤，「而本錢
竭矣！」〔註233〕

按發運司以錢充羨餘，並非始自胡師文，蘇轍於元祐元年三月「論發運
司以糴糴米代諸路上供狀」中，曾指出發運司糴米代發已爲東南大患，有
云：

〔註231〕《繫年要錄》，卷一一八，高宗紹興八年三月甲辰，頁18下。另，參見熊克，
　　　　前引書，卷二四，高宗紹興八年三月壬辰，頁4上～下。
〔註232〕劉克莊，前引書，卷八二，〈玉牒初草〉，寧宗嘉定十一年十二月癸卯，頁706
　　　　下。
〔註233〕同註226、227。

項者，發運司以錢一百萬貫，爲糴糶之本。每歲於淮南側近，趁賤糴米。而諸路轉運司上供米至發運司者，歲分三限，第一限自十二月至二月，第二限自二月至五月，第三限自六月至八月，違限不至，則發運司以所糴米代之，而取直於轉運司，幾倍本路實價。轉運司米雖至，而出限一日，輒不得充數。江湖諸路自來皆係出米地方，而難得見錢。舊日官歲糴米，錢散於民，故農不大傷，無錢荒之弊。今發運司以所糴米代供，而責錢於諸路。諸路米無所售，而斂錢以償發運司，則錢日益荒，而農民最病，此東南之大患也。訪聞發運司所收厚利，別無所用，不過以爲羨餘進奉，以固結恩寵。〔註234〕

發運司嚴程限，責錢於諸路，造成錢荒日甚，成爲東南大患。而其所入錢，即充羨餘，進奉邀寵。如此，使原本坐視豐歉，居間平價，卹農便民之善法，竟成科錢蠹民之秕政。及胡師文變本加厲，將糴本全數充貢，「本錢既竭，不能增糴，而儲積空矣！儲積既空，無可代發，而轉般無用矣！」故云糴本空竭，爲轉般敗壞原因之一也。

（二）鹽法變更：宋初在轉般法下，江湖之船回綱載鹽而歸，甚是利便，頗爲時人稱道。《古今鹺略》載宋人論鹽之弊云：

> 國朝淮鈔未行，置倉建康，江、浙、湖、廣以船運米而入眞州，因船回鹽而散江、浙、湖、廣，此之發鹽，得船爲便；彼之回船，得鹽爲利。國不匱而民亦足，費省而利饒。〔註235〕

此即如前所論「兩蒙其利」。另，近人郭正忠亦指出，宋初轉般運鹽主要原因有三：〔註236〕

> 其一，是汴河與運河河床淺狹，不適于江船入航；而且長江與運河之間，原有堤堰攔截。天聖改閘後，南北雖可通航，汴淮船夫尚乏江航之經驗。

> 其二，是江湖糧船回載時，例須在淮南搬鹽；至淮南卸糧入轉般倉，既符合及時承擔這一任務的需要，又可使運夫獲得販運拖腳鹽的收益。

〔註234〕蘇轍，《欒城集》，卷三七，〈論發運司以糴糶米代諸路上供狀〉，頁373上～下。

〔註235〕轉引自戴裔煊，前引書，第一編第二章，頁60。

〔註236〕郭正忠，前引書，第四章，頁340。

其三：是長途直達，兵梢疲于奔命，不若轉般法有「放凍」休整之機。

但是，隨著水利設施之進展，分段轉輸名存實亡，汴綱趁多出江運鹽，以及通商鹽法，時而行之，〔註237〕官般官運漸輟，各路運夫拖腳鹽利相對減少。及蔡京推行鈔法，通商法徹底取代官般官賣。大觀四年，侍御史毛注言：

> 崇寧以來，鹽法頓易元豐舊制，不許諸路以官船迴載爲轉運司之利，許人任使用鈔請鹽，般載於所指州縣販易，而出賣州縣用爲課額。〔註238〕

回綱載鹽制度破壞。而「轉般與鹽法相因，鹽法既變，迴舟無所得，舟人逃散，船必隨壞。」〔註239〕向子諲曾指出：「漕米至眞、揚，載鹽以歸，充經費，故漕不乏，民力亦寬。自鹽課歸榷貨，漕計已自不足。」〔註240〕前此，「綱運搬米無欠折，以搬鹽酬之。今無般鹽，則米綱亦壞。」〔註241〕故云鹽法變更，爲轉般法敗壞原因之二也。

（三）船法盡廢：此所謂「船法」，指轉般法下分段行船之法。北宋末，王襄以「船、倉、鹽」三者，爲東南運漕取於六路之三項資本。所謂船法，有云：

> 六路之船，以供江外之綱。淮南之船，以供入汴之綱。常六千隻，以六千般運六百萬石，則一舟之運，歲常千石。人船之力有餘，故不勞而能辦。其後漸廢，至章惇爲相，船祇四千，而撥東河之船，運西河之石。每一大石升船，一舟輒壞，比及運畢，壞者過半。蔡京更改法度，廢爲直達，此船法壞也。〔註242〕

分段行船之法，於仁宗時已然破壞，雖嘉祐三年詔，申於五年汴綱不得出江，但終不得行。及鹽法變更，舟人逃散，「船亦隨壞」。蓋「押綱使臣及兵梢，無往來私販之利，遂侵盜官物，負欠者十九。又使臣兵梢，不復以官舟爲家，一有損漏不修治，遂使破壞。」〔註243〕熙寧二年，（1069）發運使薛向

〔註237〕《通考》，卷一六，〈征榷考〉三，鹽鐵，頁160上。

〔註238〕《宋史》，卷一八二，〈食貨志〉下四，鹽中，頁4445～4446。

〔註239〕王應麟，前引書，卷一八二，〈食貨〉，漕運，建隆發運使，頁28上。《宋史》，卷一七五，〈食貨志〉上三，漕運，頁4258。

〔註240〕朱熹、李幼武，前引書，〈別集〉下卷一一，向子諲，頁2下～3上。

〔註241〕王稱，前引書，卷一〇五，〈徐勣列傳〉，頁1上～2上。

〔註242〕趙汝愚，《諸臣奏議》（宋刻明印本，臺北：文海出版社，民國59年5月出版）卷四五，天道門，災異九，王襄「上欽宗論彗星」，頁17上～24下。

〔註243〕胡宏，《五峰集》（文淵閣四庫全書本，臺北：臺灣商務印書館，民國75年3

有鑑於吏卒上下共為侵盜貿易，甚則託風水沈沒以滅跡，而官物以故濕惡陷折者，不減二十萬斛。於是「始募客舟與官舟分運，以相檢察，而舊弊悉去。」〔註244〕前此，綱運全為官船運輸，至是客舟加入，成為官民聯運，此為綱運經營形態之一大變革。

　　然此法僅收效於一時，元祐七年（1092），蘇軾出知揚州，到任未久，「所斷糧綱欠折，干繫人徒流不可勝數，衣糧罄於折會，船車盡於折賣，質妻鬻子，飢瘦伶俜，聚為乞丐，散為盜賊。」〔註245〕事態極為嚴重。蘇軾四處訪聞，得知其因，緣於「元祐三年（1088）以來，始行點檢收稅，行之數年，其弊乃出」。點檢收稅之法行，一綱三十隻船，稅務官不過一員，於是「一船點檢，即二十九隻船皆須住岸伺候」，「苟以隨船為名，公然勒留點檢，與兒戲無異。」凡此，蘇軾於「論綱梢欠折利害」奏議中，均一一指出，並剴切分析道：

> 揚州稅務，自元祐三年七月始點檢收稅，至六年終，凡三年間其收糧綱稅錢四千七百餘貫，折長補短，每歲不過收錢一千六百貫耳。以淮南一路言之，真、揚、高郵、楚、泗、宿六州軍所得不過萬緡，而所在稅務專攔，因金部、轉運司許令點檢，緣此為姦，邀難乞取，十倍於官。遂致綱梢皆窮困骨立，亦無復富商大賈肯以物貨委令搭載，以此專仰攘取官米，無復限量。折賣船版，動使淨盡。事敗入獄，以命償官。顯是金部與轉運司違條刻剝，得糧綱稅錢一萬貫，而令朝廷失陷綱運米三十萬餘石，利害皎然。〔註246〕

先是，綱運不許停滯，不許檢查，並可搭載若干私物。及是，逐處點檢收稅，所得不多，卻令綱梢無利可圖，以致赤露窮困，「妻子流離，性命不保」，「雖加刀鋸，亦不能禁其攘竊。」且又使綱運住滯，耽誤行程。故云船法盡廢，是為轉般之法敗壞原因之三也。

　　（四）倉儲浩費：轉般法推行，綱運沿途要會處即有轉般倉設置。由是衍生出管理制度，舉凡設官、駐兵、造船、維修、裝卸等，均浩費不貲。以真、楚州轉般七倉為例，平日養吏卒糜費已甚大，而在路折閱，又動以萬數。因此，曾孝廣主張行直達之法，有云：

　　　　月出版），卷三，向侍郎行狀，頁 19 下～40 上。
〔註244〕同註 223。
〔註245〕《長編》，卷四七五，哲宗元祐七年秋七月「是月」條。
〔註246〕同上。

其轉般七倉所置吏卒，及造船場、春料場、排岸司工匠、吏額等；
及汴河二百納（綱）額船共六百艘；逐路破兵梢、火夫等，亦當減
省。〔註247〕

認為此等開支自可節省。

　　此外，江淮一帶，土地潮濕，倉儲時間不能過久。眞宗大中祥符六年
（1013），江淮大稔，稻粟積多，倉庾不能貯。眞宗以「民間粒食愈賤，可依
例增價收糴，以惠農民。仍令所在州軍，除上供外，常積三年儲。」馬知節
言：「江淮卑濕，囷倉必作地梁，方免糜費。」〔註248〕北宋漕糧數額，動輒六、
七百萬石，綱運順暢，則可保及時輸送上京，而無倉儲積久陳腐霉爛之虞。然
熙豐以後，綱運時而受阻，故轉般倉儲糧時間，勢必增長，陳腐損敗在所難免。
凡此，皆轉般倉制本身之缺點，實亦為導致轉般之法不行，原因之一也。

二、直達法

　　轉般之法已壞，徽宗崇寧三年（1104），戶部尚書曾孝廣建議推行直達法，
建言中首先指出設置轉般倉，「雖免推舟過堰之勞」，然侵盜之弊，由此而起。
繼而又云：

天聖中，發運使方仲荀奏請廢眞、楚州堰為水牐，自是東南金、帛、
茶、布之類，直至京師。惟六路上供斛斗，猶循用轉般法，吏卒糜
費與在路折閱，動以萬數。欲將六路上供斛斗，並依東南雜運，直
至京師或南京府界卸納，庶免侵盜乞貸之弊。〔註249〕

自是，各類綱運全面施行直達法。「六路郡縣各認歲額，雖湖南、北至遠處，
亦直抵京師，號直達綱。」由於發運司糴本已空，因此「豐不加糴，歉不代
發。」〔註250〕至於舊管淮汴綱船，則「分撥與諸路直達」；〔註251〕而諸路綱
船，則「各認船額所在，并發運司。」〔註252〕是即由發運司統一調撥綱船，
直達上京。

　　直達初行之時，「立法峻甚，船有損壞，所至修整，不得踰時。」所經州
縣，欲其速過，「但令供狀，以錢給之，沿流鄉保悉致騷擾，公私橫費百出。」

〔註247〕《宋會要》，〈食貨〉四七之三。
〔註248〕同上，〈食貨〉五四之二。
〔註249〕同註227。
〔註250〕同上。
〔註251〕《宋會要》，〈職官〉四二之三三。
〔註252〕同上，〈職官〉四二之三二～三三。

〔註253〕又，鹽法已壞，舟人逃散，只得另行召募；而應募者「率游手亡賴，盜用乾沒，漫不可核」，〔註254〕「沈舟而遁，戶部受虛數。」〔註255〕至此，推行直達，未見其利，反見其害。大觀三年（1109），「詔罷直達綱，自來年並依舊法，復行轉般。」〔註256〕並令發運司督修倉廠，荊湖北路提舉常平王璹措置諸路運糧舟船之事。

此後，轉般、直達更迭而行。大抵政和二年（1112），復行直達綱，毀拆轉般諸倉，宣和元年（1119），「復行轉般綱運」；〔註257〕旋又行直達；宣和五年（1123），「降度牒及香、鹽鈔各一百萬貫」，以「均糴斛斗，專備轉般」。次年，「均糴斛斗，轉般上京，所有直達候轉般斛斗有次第日，罷之。」靖康元年（1126），除「淮南、兩浙依舊直達」外，「江、湖四路並措置轉般。」〔註258〕蓋自宣和五年以後，轉般、直達二法並行。南宋時期，沿江要地，多設有轉般倉，視所需要，再行轉運至沿邊重鎮。而發赴行在綱運，初時「川廣巨艦」直達而至；其後所運漸多，輒有積滯，於是京口亦置轉般倉，上行渡江，可供淮東之用；下行至臨安，以供行在。

綜上所論，轉般、直達二法，就其施行時間而言，北宋前期以轉般法為主；仁宗天聖以後，二法並行，米糧轉般，金帛茶布雜般之類，則行直達；徽宗崇寧以後，以直達法為主，轉般法時而復行。南宋以後，則又以轉般為主。再就施行利弊而言，轉般之法，緣水設倉，分段轉輸，用於長途大規模運輸，尤其量大積重如米、鹽等物資，分段行運，可降低風險，頗為符合科學精神；回綱運鹽、糴米代發，則不失為商品供銷、調節物價之善法；此其利也。然沿途轉般，滋弊耗時；人船、物料、倉儲設備等必要開銷，又浩瀚不貲；此其弊也。反觀直達之法，沿流不作裝卸，經濟速達，適於量小質輕之雜般綱運，此其利也。然喪失調節經濟功能，長途行運，風險增大；加諸舟子無行、管理不當等人為疏失，此其弊也。是二者猶如「水運有舟楫之勞，陸運有夫丁之擾；雇舟差夫，不勝其弊。」轉般、直達，利弊互見。故如何順應時勢，取利捨弊，誠非易事。

〔註253〕同註227。
〔註254〕《宋史》，卷三五六，〈任諒列傳〉，頁11221。
〔註255〕同前書，卷三七二，〈辛炳列傳〉，頁11548。
〔註256〕李燾，前引書，卷一七，徽宗大觀三年十月丁酉，頁6上。
〔註257〕《宋會要》，〈職官〉四二之二六。
〔註258〕同註227，頁4258～4259。

第五章　綱運組織與管理辦法

第一節　綱運組織

　　宋代綱運，事出財政，攸關國計。論其組織，可分爲上層管理機構，中層監督單位與下層搬運單位三級。經此由上而下，從中央至地方分層負責統籌、規劃、執行等工作，形成宋代綱運之層級組織系統。

壹、上層管理機構

　　王應麟曾論宋代財賦分之爲二，云：

> 三司使居中，發運使居外，相爲表裡。祖宗外置轉運司，以漕一路之賦，內置三司使，以總天下之財。〔註1〕

因此，綱運上層管理機構，又可分爲中央（內）與地方（外）二級。

一、中央管理機構

　　北宋初期，三司居中以總其政；神宗元豐改官制以後至南宋，則由戶部司其職。此外，吏部、刑部、工部、太僕寺、司農寺、太府寺等機構中，亦有相關部門，主掌部分政務，茲將渠等列爲其他相關權責機構，與三司、戶部三者，並論於後。

（一）三　司

　　宋代沿襲唐末五代之制，置三司「以總國計」，〔註2〕應「四方貢賦之入，

〔註1〕　王應麟，前引書，卷一八六，〈宋朝三司使〉，頁 12 上～14 下。

〔註2〕　同上：《宋史》，卷一六二，〈職官志〉二，三司使，頁 3807。另，參見江少虞，前引書，卷二五，〈官職儀制〉，三司使，頁 1 上～下：《類編皇朝大事記講義》，

朝廷不預」，〔註3〕凡「天下財賦，內庭諸司，天下帑庫」，〔註4〕悉隸三司。其內設有使、副使、判官，下轄鹽鐵、度支、戶部三部。其中，三司使職「掌邦國財用大計」，經天下財賦，而均其出入，時「目為計相」，「位亞執政」。〔註5〕副使、判官人選，必經地方行政之歷練者，方得出任。如以「員外郎以上，歷三路轉運使及六路發運使」者，充副使；以「朝官以上，曾歷諸路轉運使、提點刑獄」者，充判官。〔註6〕三部則各有專責。鹽鐵，掌天下山澤之貨、關市、河渠、軍器之事，「以資邦國之用」；度支，掌天下財賦之數，每歲均其有無，制其出入，「以計邦國之用」；戶部，當天下戶口、稅賦之籍，榷酒、工作、衣儲之事，「以供邦國之用」。〔註7〕

三司總二十案，分由三部掌領。據《宋史・職官志》載：

> 鹽鐵分掌七案：一曰兵案，二曰胄案，三曰商稅案，四曰都鹽案，五曰茶案，六曰鐵案，七曰設案。

> 度支分掌八案：一曰賞給案，二曰錢帛案，三曰糧料案，四曰常平案，五曰發運案，六曰騎案，七曰斛斗案，八曰百官案。

> 戶部分掌五案：一曰戶稅案，二曰上供案，三曰修造案，四曰麴案，五曰衣糧案。〔註8〕

二十案各有其責，然多少均與綱運事務相關。其中，又以兵、胄、糧料、發運、上供、衣糧六案所掌，最關其事。茲再據《宋史・職官志》，分述其職與綱運事務相關者如下：

> 兵案：掌衙司軍將、大將、四排岸司兵卒之名籍，……。景德二年，併度支案為刑案。

> 胄案：掌修護河渠，給造軍器之名物，及軍器作坊、弓弩院諸務諸季料籍。

> 糧料案：掌三軍糧料、諸州芻粟給受、諸軍校口食、御河漕運……。

卷四，三司使，頁2上～4下。
〔註3〕《宋史》，同前註。
〔註4〕同前書，卷一六一，〈職官志〉一，頁3768。
〔註5〕同上，頁3807～3808。
〔註6〕同上，頁3808。
〔註7〕同上。
〔註8〕同上，頁3808～3809。另，《宋會要》，〈食貨〉五六之九載：「三司凡二十四案」，略有不同。

發運案：掌汴河、廣濟、蔡河漕運、橋梁、折斛、三稅。

上供案：掌諸州上供錢帛。

衣糧案：掌勾校百官、諸軍、諸司奉料、春冬衣、祿粟、茶、鹽、

鞵、醬、傔糧等。

兵案所掌則與同隸三司使之衙司職掌重疊。按，衙司，專「掌大將、軍將名籍，第其勞而均其役使。」〔註9〕軍將、大將常出而監押綱運，詳見於后。

　　三司為元豐官制施行以前，中央最高主管綱運事務機構，及王安石變法，始分其權。熙寧三年（1070），「以胄案歸軍器監」，「衙司歸都官」，「坑冶歸虞部」。及元豐官制行，罷三司歸戶部，而「三司之名始泯」。〔註10〕

（二）戶　部

　　元豐官制行，戶部職「掌天下人戶、土地、錢穀之政令，貢賦、征役之事。」〔註11〕下分左、右曹，設有尚書、侍郎、郎中、員外郎等官。其中，左、右曹所掌職事，據《宋史》卷一六三，〈職官志〉三載云：

以版籍考戶口之登耗，以稅賦持軍國之歲計，以土貢辨郡縣之物宜，以征榷抑兼併而佐調度，以孝義婚姻繼嗣之道和人心，以田務券責之理直民訟，凡此歸於左曹。以常平之法平豐凶、時斂散，以免役之法通貧富、均財力，以保伍之法聯比閭、察盜賊，以義倉振濟之法救飢饉、恤艱阨，以農田水利之政治荒廢、務稼穡，以坊場河渡之課酬勤勞、省科率，凡此歸於右曹。

另，《玉海》有云：

神宗始分天下之財，以為二司，轉運司獨用民常賦與州縣酒稅之課；其餘財利悉收於常平司，掌其發斂，儲之以待非常之用。罷三司而為戶部，轉運之財則左曹隸焉，常平之財則右曹隸焉。〔註12〕

可知左曹所掌，乃原轉運司之務，右曹所負，為原常平司之責。尚書置都拘轄司「總領內外財賦之數」，其屬有三：曰度支，曰金部，曰倉部。政和二年（1112）五月，都拘轄司，「總領戶、度、金、倉四部財賦。」〔註13〕凡四司

〔註9〕同註3，頁3810～3811。
〔註10〕同前書，卷一六三，〈職官志〉三，戶部，頁3847。
〔註11〕同上。
〔註12〕同註1。
〔註13〕同註10，頁3848。

所治之事，尙書主之，侍郎爲之貳，郎中、員外郎參領之。〔註14〕惟自紹聖三年（1096）起，右曹之事，「專隸所掌侍郎」，尙書不預其事。〔註15〕

戶部所屬度支、金、倉三部，各司其職。度支之職，量貢賦、租稅之入以爲出，以「計度軍國之用」；金部之職，參掌天下給納之泉幣，計其歲之所輸，歸于受藏之府，以「待邦國之用」；倉部之職，參掌「國之倉庾儲積及其給受之事。」〔註16〕三部之下又各領六案，分責辦事。茲再據《宋史‧職官志》三所載，詳述其職司內容於下：

度支：凡上供有額，封樁有數，科買有期，皆掌之。有所漕運，則計程而給其直。凡內外支供及奉給驛券，賞賜衣物錢帛，先期擬度，時而予之。分案五：曰度支，曰發運，曰支供，曰賞賜，曰支雜。

金部：勾考平準、市舶、榷易、商稅、香茶、鹽礬之數，以周知其登耗，視歲額增虧而爲之賞罰。凡綱運濡滯及負折者，計程帳催理。凡造度、量、權、衡，則頒其法式。合同取索及奉給、時賜，審覆而供給之。分案六：曰左藏，曰右藏，曰錢帛，曰榷易，曰請給，曰知雜。

倉部：凡諸路收糴折納，以時舉行；漕運上供封樁，以時催理；應供輸中都而有登耗，則比較以聞，歲以應用芻粟前期報度支，均定支移、折變之數。其在河北、陝西、河東路者，書其所支歲月，季一會之。若內外倉場帳籍供申愆期，則以法究治。分案六：曰倉場，曰上供，曰糴糶，曰給納，曰知雜，曰開拆。〔註17〕

由是可知，三部所司，均有關涉綱運之事者。

南宋初，戶部之下，設有催綱官及承受使臣，以「專一催督諸路綱運」。〔註18〕按，戶部原有承受使臣十二員，專充「諸色使喚」。乾道七年（1171），將其中六員改作催綱官；淳熙十六年（1189）八月，權戶部尙書葉翥，以其近

〔註14〕同上。
〔註15〕同上，頁3847、3848。
〔註16〕同上，頁3849～3850。
〔註17〕並參見不著撰人，《元豐官志不分卷》（國家圖書館藏抄本，臺北：文海出版社，民國70年10月出版），度支郎中員外郎、金部郎中員外郎、倉部郎中員外郎，頁60～61。
〔註18〕《宋會要》，〈食貨〉五六之六三。

來「差出絕少」，乞各減三員，共爲六員〔註19〕。寧宗嘉定五年（1212）十二月，戶部又奏其「未嘗舉職」，以致「綱運留滯」，而不知之。乞將催綱官，並數省罷，改由州縣委官應辦。事據《宋會要》載云：

> 近年以來，所謂催綱官未嘗舉職，往往多是有力之人，經營應辟，及假催綱爲名，干謁州縣批支驛券，需索夫馬，生事騷擾。若綱運之留滯，初不知之。至有經年往來州縣，更不赴部公參，虛請奉給，委實無用。乞箚下戶部，將使臣六員仍舊並作承受名目，祇從本部給帖，不理資任。所有催綱官悉行省罷。如諸州綱運或有濡滯，許于州縣見任官內選委前去催督，足可辦集。〔註20〕

（三）其他相關權責機構

1.吏部：職掌「文武官吏選試、擬注、資任、遷敍、蔭補、考課之政令，封爵、策勳、賞罰、殿最之法。」〔註21〕下屬有三：曰司封，曰司勳，曰考功。其中，考功掌「文武臣選敍、磨勘、資任、考課」之政令，凡內外官，「計在官之日，滿一歲爲一考，三考爲一任。」又有「磨勘之法」，文選官四等，武選官六等。〔註22〕凡此，皆關綱運上下文武官員之升遷殿最、賞罰獎懲之事。

2.刑部：職掌「刑法、獄訟、奏讞、赦宥、敍復」之事。有「凡斷獄本於律，律所不該，以敕、令、格、式定之」〔註23〕之謂。其下屬有三：曰都官，曰比部，曰司門。其中，都官與比部，最與綱運相關。按熙寧三年（1070），分三司之權，以「衙司歸都官」，「帳司、理欠司歸比部」。〔註24〕都官，掌徒流、配隸。「凡天下役人與在京百司吏職皆有籍，以考其役放及增損廢置之數。」〔註25〕負責押綱之軍、大將（副尉）定差時，都官「計其所歷，而以役之輕重均其勞逸」，並給印紙，「書其功過，展減磨勘歲月」。元祐八年（1093），以綱運差使關歸吏部，省副尉員三百。紹聖間（1094～1098），復其額，及元豐押綱法，又歸都官。〔註26〕比部，掌「勾覆中外帳籍」，凡場

〔註19〕同上。
〔註20〕同前書，〈食貨〉五六之七五～七六。
〔註21〕《宋史》，卷一六三，〈職官志〉三，吏部，頁3831。
〔註22〕同上，頁3839～3840。
〔註23〕同上，刑部，頁3857。
〔註24〕同上，戶部，頁3847。
〔註25〕同上，刑部，頁3860。
〔註26〕同上。

務、倉庫出納在官之物，皆「月計、季考、歲會」，由「所隸監司檢查以上比部」，至則「審覆其多寡登耗之數，有陷失，則理納」。南宋孝宗隆興元年（1163），詔都官、比部共置一員，自此都官兼其事。〔註27〕

3.工部：職掌「天下城郭、宮室、舟車、器械、符印、錢幣、山澤、苑囿、河渠」之政。其屬有三：曰屯田，曰虞部、曰水部。其中，水部職司最關綱運事權。凡「溝洫、津梁、舟楫、漕運之事」，「隄防疏瀹之政令」，皆掌之。〔註28〕凡此諸事，宋初隸三司河渠案，後領於都水監；元豐改官制，始正其職，歸於水部。〔註29〕

4.太僕寺：掌「車輅、廄牧」之令。下有左、右騏驥院與天駟監，掌國馬，別其駑良「以待軍國之用」；駝坊、車營、致遠務，掌分養驢、牛、橐駝等雜畜，以「供負載般運。」〔註30〕

5.司農寺：掌「倉儲委積之政令」，總「苑囿、庫務之事，而謹其出納」；凡京都官吏祿廩，以及「諸路歲運至京師」，悉皆掌焉。〔註31〕南宋高宗建炎三年（1129），罷之，以事務併隸戶部之倉部。高宗紹興四年（1134），復置。〔註32〕下轄二十五倉，掌九穀廩藏之事，以「給官吏、軍兵祿食之用」。凡「綱運受納及封樁支用」，月具數以報司農。〔註33〕下卸司，則專掌「受納綱運」，〔註34〕統領「裝卸五指揮，以供其役。」〔註35〕原規定凡糧綱起運，每五日申奏一次，其所「卸納到汴河糧斛數目」，直至「住運日住奏」。熙寧九年（1076）十二月二十六日，詔廢罷之。〔註36〕

〔註27〕同上，頁 3860～3861。
〔註28〕《通考》，卷五二，〈職官考〉六，工部，頁 482 上～中；《元豐官志不分卷》，水部郎中員外郎，頁 79～80；《宋史》，卷一六三，〈職官志〉三，工部，頁 3863。
〔註29〕《宋會要》，〈職官〉一六之三。
〔註30〕《通考》，卷五六，〈職官考〉十，太僕寺，頁 505 下～506 上；《元豐官志不分卷》，太僕寺官額，頁 173～174；《宋史》，卷一六四，〈職官志〉四，太僕寺，頁 3893～3894。
〔註31〕《通考》，卷五六，〈職官考〉十，司農寺，頁 508 上～中。按，此乃元豐官制行，始正其職。前此，掌「供籍田九種，大中小祀供豕及疏果、明房油，與平糶、利農之事。」
〔註32〕《宋史》，卷一六五，〈職官志〉五，司農寺，頁 3905～3906。
〔註33〕同上。
〔註34〕同上。
〔註35〕《宋會要》，〈職官〉二六之三二。
〔註36〕同上。

又有排岸司四，掌「水運綱船輸納、雇直之事」。〔註37〕北宋時期四排岸司，據《宋會要・職官》二六之二八載云：

> 東司，在廣濟坊，掌汴河東運江淮等路綱船輸納，及糧運至京師，分定諸倉交卸。領廣濟裝卸役卒五指揮，以備卸綱牽駕，以京朝官二人勾當。

> 西司，在順成坊，領汴河上鏁，以京朝官一人勾當，裝卸指揮五百二人。

> 南司，在建寧坊，領惠民河、蔡河，以京朝官一人勾當，廣濟兩指揮，一千人為額。

> 北司，在崇慶坊，建隆三年（962）置，領廣濟河，以京朝官一人勾當，廣濟一十五指揮，元額七千五百人。并在曹、鄆、濟等州，并廣濟軍住營，每年春初准催綱司差配上綱執役。

其中，西、南二司事務甚簡，東、北二司最為煩重。神宗元豐五年（1082），因廣濟河輦運司移司淮陽軍，改名清河輦運司，而罷京北排岸司。〔註38〕

南宋之初，隨高宗駐蹕所至，曾有揚州排岸司、〔註39〕行在（建康府）排岸司〔註40〕之設置；而臨安府則於紹興三年（1133），以知臨安府梁汝嘉之請，專置「行在排岸司」。〔註41〕

6.太府寺：掌「邦國財貨之政令，及庫藏、出納、商稅、平準、貿易之事。」〔註42〕凡四方貢賦之輸于京師者，「辨其名物，視其多寡，別而受之」。下隸

〔註37〕同註32，頁3905。另，據《通考》，卷五七，〈職官考〉十一，都水使者，載云都水監下隸有東西四排岸司。按，仁宗嘉祐三年十一月，有詔「置在京都水監，罷三司河渠司」：（《長編》，卷一八八；《宋大詔令集》，卷一六二）神宗熙寧三年三月，詔「今後四排岸司直屬三司管轄。」（《宋會要》，〈職官〉二六之二八）而元豐改官制，罷三司，使諸司各正其職；當即在此時，歸併于司農寺下。

〔註38〕《長編》，卷三二三，神宗元豐五年二月癸亥條；《宋史》，卷一七五，〈食貨志〉上三，漕運，頁4254～4255。

〔註39〕《宋會要》，〈職官〉二六之二九。

〔註40〕同上，〈職官〉二六之三○。

〔註41〕同註39。

〔註42〕《宋史》，卷一六五，〈職官志〉五，太府寺，頁3906。另，參見《通考》，卷五六，〈職官考〉十，太府寺，有云：「凡財貨、廩藏、貿易、四方貢賦、百官俸秩，皆隸三司，本寺但掌祠祭、香幣、巾帨、神位席，及造斗秤升尺而已。元豐改官制，始正職掌。」

官司凡二十有五，其中，左藏東西庫，掌「受四方財賦之入」，以待邦國之經費，給官吏、軍兵、奉祿賜予；布庫，掌「受諸道輸納之布」，辨其名物以待給用；茶庫，掌「受江、浙、荊湖、建、劍茶茗」，以給翰林諸司，及賞賚、出鬻；雜物庫，掌「受內外雜輸之物」，以備支用；香藥庫，掌「出納外國貢獻及市舶香藥、寶石之事。」〔註43〕

南宋初，罷之，以所掌職務隸戶部下之金部。高宗紹興二十八年（1158），下詔「諸州申到上供綱解，並令太府寺籍定」，且每半年「擇其稽違之甚者，申戶部所屬曹分根治」。〔註44〕

二、地方管理機構

北宋時期，發運、轉運二司居外，掌理地方財政，綱運事務由二司總其職；南宋時期，分區而運，其中，發至總領所者，再由其發往北邊大軍。此外，都大提舉茶馬司、買馬司、提舉坑冶司及提舉市舶司等機構，則主掌茶、馬、坑冶、舶貨等綱運事務。

（一）發運司

發運之名，始自于唐。宋承前制，亦設發運司。《宋史·食貨志》載云：

> 江南、淮南、兩浙、荊湖路租糧，於眞、揚、楚、泗州置倉受納，分調舟船泝流入汴，以達京師，置發運使領之。諸州錢帛、雜物、軍器上供，亦如之。陝西諸州菽粟，自黃河三門沿流入汴，以達京師，亦置發運司領之。粟帛自廣濟河而至京師者，……，由石塘、惠民河而至京師者，……皆有京朝官、廷臣督之。河北……御河達乾寧軍，其運物亦廷臣主之。廣南金銀、香藥、犀象、百貨，……川益諸州金帛及租、市之布，……水運至荊南，自荊南遣綱吏運送京師。〔註45〕

知其時，全國各地綱運，唯東南之江淮兩浙荊湖路，及陝西路黃河三門兩處，設置發運司，以發運使總其事，下有副使、判官。其他地區，則由京朝官、廷官等綱官督運。此即如《通考》所云：

> 本朝置發漕兩處，最重者是江淮至眞州陸路轉輸之勞；其次，北之粟，底柱之門，舟楫之利。若其他置發運，如惠民河、廣濟河，雖

〔註43〕以上俱引自《宋史》，卷一六五，〈職官志〉五，太府寺，頁3907～3909。

〔註44〕同上，頁3909。《繫年要錄》，卷一八〇，高宗紹興二十八年秋七月丙寅，頁2上。

〔註45〕《宋史》，卷一七五，〈食貨志〉上三，漕運，頁4251～4252。

嘗立官，不如兩處之重。此宋朝之大略如此。〔註46〕

蓋宋初，尚賴黃河以漕關中之粟，設三門、白波發運司主其事，置司河清縣，〔註47〕有三門、白波黃渭河水路發運使、判官各一人。〔註48〕太平興國二年，平江南，始置江淮水陸發運使，「運江南之粟，以贍京師。」〔註49〕此後，江淮所漕日益重要，有云：

> 宋朝所謂歲漕六百萬石，所專倚辦江淮。其所謂三門、白波之類，
> 非大農仰給之所，惟是江淮最重。〔註50〕

於是，仁宗慶曆三年（1043）八月，以「置使煩，而比歲漕益耗」，罷三門、白波發運使，分由陝西、京西轉運使兼領其事。〔註51〕嘉祐四年（1059），黃河罷運；〔註52〕次年（1060），改置三門白波都大提舉輦運司。〔註53〕自是，唯存東南諸路發運司。

東南發運司，置有使、副、判官。發運使總領淮南、江浙、荊湖六路八十八州，〔註54〕位在轉運使之上。〔註55〕仁宗時有二員：其一在眞州，「催督江浙等路糧運」；另一在泗州，「催促自眞州至京糧運。」〔註56〕神宗熙寧七年（1074）以後，使副只於眞州本司連書發遣，遇春運擁併，輪一員至揚、楚、泗州提舉催押末運入京（《長編》卷二五七）。其職掌，據《宋史・職官志》七載云：

> 掌經度山澤財貨之源，漕淮浙、江湖六路儲廩，以輸中都；而兼制
> 茶鹽、泉寶之政，及專舉刺官吏之事。〔註57〕

熙寧二年（1069），又假之以錢貨，凡上供之物，皆得「徙貴就賤」，「用近易遠」；並兼提舉九路坑冶、市舶之事，其權益重（參見第四章第二節）。《宋會

〔註46〕《通考》，卷二五，〈國用考〉三，漕運，頁248下。
〔註47〕《長編》，卷一四二，仁宗慶曆三年八月丙辰條。
〔註48〕《宋會要》，〈食貨〉四五之一。
〔註49〕《通考》，卷六二，〈職官考〉十六，發運使，頁561中；王泳，《宋朝燕翼詒謀錄》（百川學海，臺北：新文豐出版公司，民國74年1月出版），卷五，頁41。
〔註50〕同註46。
〔註51〕同註47。
〔註52〕同註45，頁4252。
〔註53〕同註48。
〔註54〕《長編》，卷一六九，仁宗皇祐二年十一月壬辰條。
〔註55〕《宋會要》，〈儀制〉三之三二～三四。
〔註56〕《繫年要錄》，卷七，高宗建炎元年秋七月丙午，頁13上～下。
〔註57〕另參見《元豐官志不分卷》，發運使官額，頁217～219。

要》引〈神宗正史職官志〉云：

> 轉輸淮浙江湖賦入之物，以供京都。收摘山、煮海、鼓鑄之利，以
> 歸公上，而總其漕運之事。(《宋會要》，〈職官〉四二之五)

崇寧三年（1104），行直達法，發運司「所拘綱船，均給六路」，其勢已削。

南宋時期，戶部總財權，發運使「徒有其名」。〔註58〕《朝野雜記》，甲集卷十一，發運使條載云：

> 祖宗盛時有之，置司眞州，歲漕江湖粟六百萬斛，以贍中都。渡江
> 後，江湖寇盜多，發運司第職糴買而已。

紹興二年（1132）正月，遂罷發運司，以其「職事分委漕臣」，〔註59〕「錢帛分赴行在」。〔註60〕此後，時復時罷。自乾道六年（1170）十二月，廢司，直至理宗嘉熙三年（1239）九月，復于平江府置浙西兩淮發運司，以守臣兼領之。〔註61〕

（二）轉運司

轉運之設，亦仿於唐。宋太祖乾德元年（963），始置諸道轉運使。〔註62〕太宗時，亦先後設有水陸轉運使。凡此，所除轉運使，「止因軍興，專主糧餉，至班師，即停罷。」〔註63〕故其初，轉運司廢置，無定制。至太平興國二年（977）以後，始定其制，據云：

> 邊防、盜賊、刑訟、金穀、按廉之任，皆委轉運使。又節次以天下
> 土地形勢，分路而治。繼增判官，以京官爲之。於是轉運使於一路
> 之權，無所不總。〔註64〕

《宋史・職官志》，則載其職掌云：

> 掌經度一路財賦，而察其登耗有無，以足上供及郡縣之費；歲行所
> 部，檢察儲積，稽考帳籍，凡吏蠹民瘼，悉條以上達，及專舉刺官

〔註58〕《朝野雜記》，甲集卷一一，發運使，頁7上～8上。

〔註59〕《宋史》，卷一六七，〈職官志〉七，發運使，頁3963。

〔註60〕同註58。

〔註61〕王謇，《宋平江城坊考》（宋史資料萃編第三輯，臺北：文海出版社，民國70年6月出版），附錄，〈官宇〉，發運司，頁9上～下。

〔註62〕王應麟，前引書，卷一八二，乾德轉運使，頁29上～下。

〔註63〕《通考》，卷六一，〈職官考〉十五，轉運使，頁557上。關於北宋轉運使制度、職權等，請參閱許懷林，〈北宋轉運使制度略論〉；及鄭世剛，〈北宋的轉運使〉，二文均收入鄧廣銘、酈家駒等主編，《宋史研究論文集》，頁287～318、319～345。

〔註64〕同註62；註63，頁557中～下。

吏之事。〔註65〕

轉運司儼然成爲路之最高行政單位，〔註66〕設有使、副、判官等職。

　　轉運使權重，雖經眞宗、神宗多置監司，如提點刑獄、提舉常平、提舉茶鹽〔註67〕等官，以分其權。但仍領「催科徵賦，出納金穀，應辦上供，漕輦綱運」之事。〔註68〕轉運使猶如地方行政首長，總理一方財賦，轉漕中央，至關重要。時以「漕臣」爲名，人選由「人主親擇」之。包拯曾於「請選內外計臣第一章」中云：

> 今之總邦計者，內則三司使，外則轉運使。……所有內外總計之臣，
> 欲乞特出宸斷，精加推擇，選任能者，責以實效，庶免將來敗事，
> 惟陛下留神省察。〔註69〕

另，於《宋大詔令集》中，存有太宗淳化元年（990）、三年（992），以及眞宗咸平元年（998）、二年（999）等四道誡約轉運使之詔文，中有云：「國家擇方正之士，領漕運之權」；「國家擇幹蠱之才，領轉漕之任，生民繫乎舒卷，國用倚之盈虛。……貨財盈美，飛輓辦集，有利於民。」〔註70〕雖詔名約束，實倚重之深，溢於言表。

　　轉運使既以天下形勢，分路而治，而地有南北，勢有緩急。故其職亦有輕重之別。文彥博曾就此奏言：

> 轉運使有路分輕重遠近之差，河北、陝西、河東三路爲重路，歲滿
> 多任三司副使，或任江淮都大發運使，發運使任滿，亦充三司副
> 使。成都路次三路，任滿亦有充三司副使，或江淮發運使。京東
> 西、淮南，又其次。江南東西、荊湖南北、兩浙路，又次之。二
> 廣、福建、梓、利、夔路，爲遠小。已上三等路分，轉運使副任滿
> 或就移近上次等路分，或歸任省府判官，漸次擢充三路重任，以至
> 三司副使。〔註71〕

〔註65〕《宋史》，卷一六七，〈職官志〉七，轉運使，頁 3964；《元豐官志不分卷》，
　　　　都轉運使官額，頁 221。
〔註66〕參見姜漢椿，〈北宋轉運使略論〉，《華東師範大學學報》，1987 年第五期（1987
　　　　年 10 月 15 日出版），頁 57～61。
〔註67〕章如愚，前引書，續集卷三七，〈官制門〉，監司，頁 1 下～2 上。
〔註68〕《通考》，卷六一，〈職官考〉十五，轉運使，頁 557 下。
〔註69〕包拯，前引書，卷三，擇官，請選內外計臣，頁 18～19。
〔註70〕《宋大詔令集》，卷一九○，〈政事〉四十三，誡飭一，頁 697～698；卷一九
　　　　一，〈政事〉四十四，誡飭二，頁 699。
〔註71〕《長編》，卷四○四，哲宗元祐二年八月癸未條。

至於轉運使員額，常無定數。大抵十八路中，京東、京西、河北、河東、陝西、淮南、兩浙諸路，各置使副，餘路不置副。〔註72〕有二員者，或皆爲使，或皆爲副，或爲同轉運使。而兩省五品以上任者，或爲都轉運使。〔註73〕元祐初（1086），司馬光建議，除三路（河北、陝西、河東）外，餘路不得過二員；大觀中（1107～1110），陝西漕臣，以四員爲額。政和中（1111～1118），又詔陝西以三員，熙、秦兩路，各二員。宣和初（1119），又詔陝西以都漕兩員總治於長安，而漕臣三員分領六路。〔註74〕

南宋時期，仍置官掌一路財賦之入。「按歲額錢物斛斗之多寡，而察其稽違，督其欠負，以供于上。」若有軍旅之事，則「供餽錢糧」，或令本官「隨軍移運」，或別置隨軍轉運使一員，或諸路事體當合一，則置「都轉運使」以總之。隨軍與都運廢置不常，而正使不廢。〔註75〕

時移勢變，諸路轉運使之輕重，又有不同。其如乾道三年（1167），韓元吉作〈江東轉運使題名記〉中有云：

> 今江東亦邊也。總九郡而治建業，天子南巡狩，建業新立行幸之宮，宿重師以控江淮，餽餉繁而道里舒，故所謂轉運者，視它路爲劇。〔註76〕

江東路地位，較之北宋，已然提升。

（三）總領所

總領所，長官爲「總領」，全稱「總領財賦」，職掌「措置移運應辦諸軍錢糧」。〔註77〕蓋古無其官，北宋靖康末（1127），高宗以大元帥，駐軍濟州，命隨軍轉運使梁揚祖總領措置財用，然尙未以官名之。建炎末（1130），張浚用趙開「總領四川財賦」，始置其官。〔註78〕紹興初期（1131），嘗以戶部長貳之官，分往建康、鎮江、岳州等地，總領都督府宣撫司財賦。〔註79〕紹興

〔註72〕《宋會要》，〈食貨〉四九之一。

〔註73〕同上。

〔註74〕同註65，頁3964～3965；《元豐官志不分卷》，轉運使官額，頁221～223。

〔註75〕同上。

〔註76〕周應合，《景定建康志》（清嘉慶六年金陵孫忠愍祠刻本，北京：中華書局，1990年5月出版），卷二六，〈官守志〉二，轉運司，頁18上～下；韓元吉，《南澗甲乙稿》（聚珍版叢書，臺北：新文豐出版公司，民國74年1月出版），拾遺，〈江東轉運使題名記〉，頁475。

〔註77〕《元豐官志不分卷》，總領官額，頁191。

〔註78〕《朝野雜記》，甲集卷一一，〈官制二〉，總領諸路財賦，頁9上～10上。

〔註79〕《通考》，卷六二，〈職官考〉十六，總領，頁561下。

十一年（1141），戰事稍弛，「收諸帥之兵，以爲御前軍」，分屯諸處，乃置三總領，仍帶「專一報發御前軍馬文字」。至此，又「預聞軍政」，不獨專司饋餉而已，序位已在轉運副使之上。〔註80〕

南宋凡四總領，淮東總領，掌鎮江諸軍錢糧；淮西總領，掌建康、池州諸軍錢糧；湖廣總領，掌鄂州、荊南、江州諸軍錢糧；四川總領，掌興元、興州、金州諸軍錢糧。官屬有幹辦公事、準備差遣，四川又有主管文字二員。至於所屬單位，據《宋會要》載：

> 淮東、淮西有分差糧料院、審計司、榷貨務、都茶場、御前封樁甲仗庫、大軍倉、大軍庫、贍軍酒庫、市易抵當庫、惠民藥局。湖廣有給納場、分差糧料院、審計院、御前封樁甲仗庫、大軍倉、大軍庫、贍軍酒庫。四川有分差糧料院、審計院、大軍倉、大軍庫、撥發船運官、贖藥庫、糴買場。吏額，淮東九人，淮西、湖廣十人，四川二十人。〔註81〕

其中，東南三總領，仰「朝廷科撥」；獨四川總領「專制利源」，即有軍興，朝廷亦不問。〔註82〕

（四）其他相關權責機構

1.都大提舉茶馬司、買馬司：前者，掌「榷茶之利，以佐邦用」。北宋神宗熙寧七年（1074）始，經畫川蜀買茶，以充秦鳳、熙河路博馬之事。設有主管茶馬、同提舉茶馬、都大提舉茶馬及買馬官等，分司其責。南宋紹興七年（1137），復置茶馬官，凡買馬州縣，如黎、文、敘、長寧、南平、珍等，皆與知州、通判同措置任責。歲發川秦馬綱應副屯駐諸軍及三衙之用。寧宗嘉泰三年（1203），以「所發綱馬不及格式」，分爲茶、馬二司，以文臣主茶於成都，武臣主馬於興元府。〔註83〕

買馬司，專司買馬，辨其良駑，平其價值，團綱發交諸監和諸軍。〔註84〕宋初，「凡市馬之處」，如河東之府州、岢嵐軍，陝西之秦、渭、涇、原、儀、環、慶、階、文州、鎮戎軍，川峽之益、黎、戎、茂、雅、夔州、永康

〔註80〕同前三註；《宋會要》，〈職官〉四一之四四～四五。
〔註81〕《宋會要》，〈職官〉四一之四四～四五。
〔註82〕同註78。
〔註83〕《通考》，卷六二，〈職官考〉十六，都大提舉茶馬，頁562上～中；《宋史》，卷一六七，〈職官志〉七，都大提舉茶馬司，頁3969～3970。
〔註84〕參見王恢，前引文，頁38。

軍等,「皆置務」,遣官以主之。〔註 85〕神宗熙寧年間,由都大提舉買馬司主其事。此後,至南宋紹興三年（1133）,邕州始置買馬司,由提舉買馬官負責廣馬買發之事。〔註 86〕

2.提舉坑冶司:掌「收山澤之所產及鑄泉貨,以給邦國之用。」〔註 87〕北宋太祖開寶平吳後,置監鄱陽;既而,江淮、荊浙、閩廣之地,皆有監。初,以發運使或轉運使副兼提點;仁宗景祐二年（1037）,始置江浙川廣福建等路「都大提點坑冶鑄錢」一員。〔註 88〕元豐二年（1079）,通領九路,增為二員,遂分兩司:在饒州者,領江東、淮、浙、福建等路;在虔州者,領江西、荊湖、二廣等路。

南宋,紹興二十九年（1159）,復置江淮荊浙福建廣南路提點坑冶鑄錢公事,與轉運判官序官,並依舊于饒、贛二州置司,以「措置坑冶,督責鼓鑄」為職。〔註 89〕乾道六年（1170）,歸併發運司;八年（1172）,復置;淳熙三年（1176）,併贛司歸饒州。屬官有幹辦公事一員、檢踏官三至六員、催綱官一員。〔註 90〕

3.提舉市舶司:掌「蕃貨海舶征榷貿易之事」。〔註 91〕宋初,於廣州置司,以知州為使,通判為判官,及轉運使掌其事。其後杭州、明州（定海縣）亦置司,元祐初（1086）,福建路於泉州置司。〔註 92〕另,元豐三年（1080）,始令轉運司兼提舉,而州郡不復預焉;後專置提舉,而轉運亦不復預;後又盡罷提舉官,大觀元年（1107）,復置。〔註 93〕

南宋建炎初,罷閩、浙市舶司,歸轉運司;未幾復置。紹興二十九年（1159）,福建、廣南「各置務於一州」,兩浙市舶「分建於五所」;乾道初（1165）,以臣僚言「兩浙提舉市舶一司抽解搔擾之弊」,可罷之;及福建、廣南市舶「物貨浩瀚」,宜「置官提舉」之。於是仍「委逐處知州、通判、知縣、

〔註 85〕《通考》,卷一六〇,〈兵考〉十二,馬政,頁 1389 下。
〔註 86〕同上,廣馬,頁 1394 下。
〔註 87〕《宋史》,卷一六七,〈職官志〉七,提舉坑冶司,頁 3970。
〔註 88〕《通考》,卷六二,〈職官考〉十六,都大坑冶,頁 562 下。
〔註 89〕《繫年要錄》,卷一八二,高宗紹興二十九年閏六月辛未,頁 18 下～20 上。
〔註 90〕同註 88,頁 562 下～563 上。
〔註 91〕《宋史》,卷一六七,〈職官志〉七,提舉市舶司,頁 3971;《元豐官志不分卷》,提舉市舶司官額,頁 235。
〔註 92〕《宋會要》,〈職官〉四四之一。
〔註 93〕《通考》,卷六二,〈職官考〉十六,提舉市舶,頁 563 上。

監官同檢視」，而由「轉運司總之」。〔註94〕

貳、中、下層執行組織

綱運中、下層組織，負責實際行運任務。中層爲監督單位，設有監、催綱等官司；下層爲搬運單位，包括押綱人吏及搬運夫卒。

一、中層監督單位

前述諸上層管理機構下，多設有監、催綱運官司，其如戶部之下有催綱官及承受使臣，「專一催督諸路綱運」。（已見前述）發運司下，有管勾文字官，負責「編排綱運」；〔註95〕以及巡轄綱運官、〔註96〕催促綱運官〔註97〕等，催督綱運。諸路轉運司下，有提舉催綱、撥發等官。〔註98〕其餘總領所、〔註99〕提舉坑冶司〔註100〕等，亦皆有催綱之官，「專一往來催促大軍錢糧」，及催發坑冶錢寶之事。

北宋時期，以汴京爲中心之諸河綱運，皆有催轄、撥發等綱官，分地以領其事。如黃河綱運，原在三門白波發運司下，設有催促裝綱二人，分掌河陰至陝州，汴口至京師二段；嘉祐五年（1060），改爲輦運司，置三門白波都大提舉輦運公事，〔註101〕「以時起發綱運，而督其滯留，以供京師之用。」〔註102〕廣濟河有專一管勾催綱官一人；許、汝、石塘河，有催綱官二人；蔡河，有撥發官一人；御河，則催綱、提轄官各一人；汴河，由京上自汴口，下至泗州，各有催綱官一人。此外，並以武臣充巡檢，緣河捕捉盜賊，以維護行運安全。至於催綱、巡檢人選，必以「曾經監押、巡檢、殿直幹事者」充。〔註103〕仁宗天聖五年（1027），因由京至泗州往來舟船，多爲盜邀劫，在

〔註94〕同註91。
〔註95〕《長編》，卷四五八，哲宗元祐六年五月己巳條。
〔註96〕同前書，卷五〇六，哲宗元符二年二月己卯條；《宋會要》，〈食貨〉四五之三。
〔註97〕《宋會要》，〈職官〉四二之五四。
〔註98〕《長編》，卷一七五，仁宗皇祐五年冬十月癸丑條；《宋會要》，〈食貨〉三〇之二七；曾布，《曾公遺錄》（藕香零拾本，臺北：文海出版社，民國70年10月出版），卷七，元符二年六月己丑，頁41上～下。
〔註99〕《宋會要》，〈職官〉四一之五七。
〔註100〕同註87、88。
〔註101〕《宋會要》，〈食貨〉四五之一。
〔註102〕《通考》，卷六二，〈職官考〉十六，提舉三白渠公事，頁563下；《元豐官志不分卷》，提舉三白渠公事官額，頁242。
〔註103〕同註101。

張君平建議下，乃罷由京至楚州夾河巡檢，「凡兩驛增置捉賊使臣一員」，以確實杜絕盜寇。(《長編》，卷一〇五)

北方諸河之外，江南、兩浙、荊湖等東南諸路沿流州縣，有催綱、撥發、巡檢官，以及監裝斛斗官一或二人。〔註104〕哲宗元符二年（1099），罷眞、揚、楚、泗州監倉門斗面官，改置巡轄綱運官四員。〔註105〕南宋時期，由州縣應辦綱運事，州縣諸官屬中，普遍設有巡檢、催綱之官。〔註106〕

前述諸監、催綱官司，雖爲中層監督單位，但所負職責，卻極繁重。歐陽修在出任河北都轉運使期間，曾乞復置御河催綱司，置催綱官二員，一依舊於大名府，另一則設於乾寧軍，「以督糧餉，邊州賴之。」〔註107〕按，御河催綱司，於慶曆二年（1042）廢，至和二年（1055），因歐陽修所乞，復置。〔註108〕其時，由於御河運路不修，催綱職事久廢，兵梢相緣舞弊，以致偷減官物、遲滯行程、所過州軍任意截撥舟船、所經地分隨處拆拽釘板，因此原屬一千八百隻綱船，竟「失卻一千五百隻」，「不見蹤由」。究其原因，乃自來「全闕關防，不嚴條制」所致。於是，歐陽修針對此等弊端，條劃五事，乞下轉運司及提轄、催綱司等處遵行。茲據歐陽修〈乞條制催綱司〉所奏，就其要點述之於下：〔註109〕

其一，今後打造三百料糧船，以「每二十隻爲一綱，同用一字爲號」，再連同製造年月「刻於船梁額上，用官火印記訖，給與綱官、梢工主管」。團成一綱後，「不得輒更，分破所費，見得年限遠近，不敢故意損壞及妄行毀拆」。又，所有合於退作雜般船者，亦「須依刻記造成年月先後、資次，撥充雜般。不得隔驀，將新好船揀退」。

其二，令催綱司「將三百料船所用釘板名件，一一開坐，雕爲印板，每差梢工給帖之時，頭連一本」，寫明釘板大小、數目，「令據數交割主管」。如遇行運之次，損壞不堪，即「申報本地分官司檢覆，亦據元數拆收，立報催

〔註104〕《宋會要》，〈食貨〉四五之一；《長編》，卷八五，眞宗大中祥符八年秋七月「是月」條。

〔註105〕《宋會要》，〈食貨〉四五之三。

〔註106〕梁克家，前引書，卷二四，〈秩官類〉五，縣官，頁3上～10上。

〔註107〕杜大珪，前引書，卷二四，〈歐陽文忠公修神道碑〉，頁376；歐陽修，前引書，卷一一七，〈河北奉使奏草〉卷上，〈乞置御河催綱司〉，頁922～923。

〔註108〕同註101。

〔註109〕歐陽修，前引書，卷一一七，〈河北奉使奏草〉卷上，〈乞條制催綱司〉，頁927～928。

綱司指揮」。有「因便舟船附帶」者，「令元主管梢工於造船場依數交納」，出給收附納訖憑據，「據數關報催綱司，照會施行」。

其三，沿河諸州軍不得截撥下卸官物後之空綱船，擅作「諸般不急使用」。「遇有合般載官物」，「並申提轄、催綱等司」核准支撥，方得裝載行運。如有違背，則「重行勘罪，官員奏罰」。

其四，御河等水，所至沿河州軍，依地里遠近，「立為程限，牒與提轄、催綱司」。遇有糧船般載，「即令提轄司具裝發去處至下卸州軍」，制定行程帖，給與綱官、梢工等，並「牒催綱司，依程催促」。並由提轄司約度下卸地時日，「續便支撥，或令回載官物，或令轉載向下行運」，亦「牒與催綱石，依程催促」。如下卸後，並無官物般載，即於乾寧、軍大名府兩處，「就近赴催綱司岸下繫泊，祇候差撥」。如此，「綱運無由散失住滯作弊」。

其五，所有帳籍文簿，令提轄、催轄（綱）等司各置簿三道，即綱船都曆、裝發勾朱簿與修拆簿。

綜上所述，舉凡綱運船籍、人員、所載官物、行程等相關資料皆須登錄造冊，因此，提轄、催綱二司各有綱船都曆、裝發勾朱簿與修拆簿三簿冊，據以執行綱運相關職務。要言之，提轄司負責前置作業，制定行程帖，核撥、點檢綱船等事。催綱司掌綱船揀汰、拆修，以及依程督催行運等事。

二、下層搬運單位

（一）押綱人吏

宋初，曾擇「部民高貲者」，即富民，部送上供物，然因「民多質魯，不能檢御舟人」，而舟人「侵盜官物」，部民「破產不能償」，乃改為「牙吏」部送。〔註110〕牙吏，主要指衙前。《宋史》，卷一七七〈役法〉有云：「衙前以主官物。」配合役法施行，或差、或雇、或招而致之。此外，亦有以官員、使臣、殿侍、軍、大將等押綱。

衙前之役，據載：

> 衙前入役，曰鄉戶，曰押錄，曰長名；職次曰客司，曰通引，官優者曰衙職。建隆以來，並召募。惟鄉戶、押錄主持管押官物，必以有物力者，其產業估可二百緡，計收繫更重難，日久有勞，至都知兵馬使，試驗其才，遣赴闕，與補官。如衙前闕，即抽差年滿押

錄、里正，押錄三年、里正二年替，限內各管押重難一次，諸州各
有額。〔註111〕

種類甚多，而以鄉戶衙前、押錄衙前及里正衙前，主持管押官物。各類衙
前於諸州各有定額，其如《嘉定赤城志》載云：「本州舊以七十五人為額，
今四十六人。」〔註112〕《淳熙三山志》亦載云：「定衙前以二百五十四人為
額，內鄉戶隨事立額。」〔註113〕由於「主典府庫，或輦運官物」，〔註114〕
每「官物失陷，則令之出；綱運費用，則責之供」，〔註115〕因此最號重難，
雖以有物力、產業二百緡以上者充任，卻仍「往往破產」。〔註116〕仁宗景祐
中（1034～1038），除川、陝、閩、廣、吳、越諸路外，餘路改招募「有版籍
者」為衙前。〔註117〕至和二年（1055），又定差役衙前法，罷里正衙前，只
差鄉戶衙前，並選物力最高者為之。〔註118〕蔡襄並請以產錢高下，均定重
難分數。蓋「產錢五百者，定入十九分重難，以上遞加至三十三分止。」（《淳
熙三山志》，卷一三）

神宗熙寧四年（1071），改行募（免）役法，「罷衙前應綱運」。〔註119〕
其時，乃「拘收坊場，官自出賣，以免役錢顧投名人，以坊場錢為重難酬獎，
及以召募官員、軍員押綱。」〔註120〕元祐初（1086），罷募役法，改「招稅戶
投充」，鄉戶衙前別立條貫優假之。據司馬光奏云：

> 差將校勾當上京綱運，召得替官員，或差使臣、殿侍、軍、大將管
> 押。其糶色及畸零之物，差將校或節級管押。〔註121〕

〔註111〕趙彥衛，前引書，卷一二，〈國朝州郡役人之制〉，頁345～346。
〔註112〕陳耆卿，《嘉定赤城志》（清嘉慶二十三年台州叢書本，北京：中華書局，1990
　　　　年5月出版），卷一七，〈吏役門〉，州役人，衙前，頁1下～2上。
〔註113〕梁克家，前引書，卷一三，〈版籍類〉四，州縣役人，衙前，頁1上～3上。
〔註114〕《通考》，卷一二，〈職役考〉一，歷代鄉黨版籍職役，頁128。
〔註115〕呂祖謙，前引書，卷一○，差役法，頁23下。
〔註116〕司馬光，《溫國文正司馬公文集》，卷三八，〈章奏〉二十三，衙前箚子，頁
　　　　309～310。
〔註117〕同註114。參見唐剛卯，〈衙前考論〉，頁136～143。
〔註118〕同註114。
〔註119〕韓琦，《韓魏公集》（正誼堂全書，臺北：新文豐出版公司，民國74年1月出
　　　　版）卷一三，家傳，頁200～201。
〔註120〕蘇轍，《欒城集》，卷三六，〈右司諫論時事〉七首，〈論差役五事狀〉，頁369
　　　　～371。
〔註121〕司馬光，前引書，卷四七，〈章奏〉三十二，〈乞罷免役錢依舊差役箚子〉；《長

即衙前不再管押重難上京綱運，而全由官員、軍將、節級取代。紹聖初（1094），又復熙寧之法。南宋時期，多差現任官，闕則選募得替、待闕及寄居官有材幹者，部送綱運。〔註122〕

至於官員、使臣、殿侍、軍、大將押綱，宋初以來，即已施行。如太祖開寶三年（970）九月，有詔云：「成都府錢帛鹽貨綱運，訪聞押綱使臣并隨船人兵，多冒帶物貨、私鹽……。」太宗太平興國八年（983）九月詔：「自今荊湖諸州綱船令三司相度合銷人數，依江淮例，差軍將、大將管押。」（《宋會要》，〈食貨〉四二之一）眞宗咸平四年（1004），馬知節出知成都府，並兼本州兵馬鈐轄，又將四川地區綱運大幅改革，載云：

> 自乾德後，歲漕蜀物，以富人爲送，吏多作漂失，籍其家。公（馬知節）奏擇三班使臣，及三司軍、大將代之，而課其漕事，爲賞罰。
>
> 至今便之。〔註123〕

《長編》更詳云：「知節請擇廷臣、省吏二十人，凡舟十二艘爲一綱，以二人主之，三歲一代，而較其課。」〔註124〕三班使臣及三司軍、大將，即廷臣、省吏。其中，三司軍、大將，初隸三司中之衙司，後改歸刑部都官掌其籍，「計其所歷，而以役之輕重，均其勞逸。」已見於前。大中祥符年間（1008～1016），李溥改革漕舟，「舊以使臣若軍、大將，人掌一綱，多侵盜」之弊，「併三綱爲一，以三人共主之，使更相司察。」〔註125〕另，太僕寺下車營、致遠務，有押綱殿侍，大中祥符五年（1012）詔：「自今取累經差使，無過犯之人」任之。時，眞宗曾對近臣曰：

> 車營務、致遠務，三司自來失於條制，損失增多。即於外郡配置授人，自逐綱立定賞罰，責差殿侍管轄，死損之數，十無一二。殿侍每考其績效，入等者與三班差使。近日殿侍多乞此差遣。斯亦勸之

編》，卷三六五，哲宗元祐元年二月乙丑條。

〔註122〕《宋史》，卷一七五，〈食貨志〉上三，漕運，頁4261。

〔註123〕王安石，《臨川先生文集》（明刊本，四部叢刊初編集部，臺北：臺灣商務印書館，民國54年8月臺一版），卷八八，〈檢校太尉贈侍中正惠馬公（知節）神道碑〉，頁546～548。另，關於蜀以富人押綱，據陳師道，《後山叢談》（寶顏堂秘笈，臺北：新文豐出版公司，民國74年1月出版），卷二載云：「蜀平，以參知政事呂餘慶知益州，……蜀之富人，皆召至京師，量其材爲三等：其上官之，次省員，下押綱。」

〔註124〕《長編》，卷五四，眞宗咸平六年夏四月條。

〔註125〕《宋史》，卷二九九，〈李溥列傳〉，頁9940。

得宜也。〔註126〕

知殿侍押綱，考績入等者，可授與三班差使。元豐二年（1079）十月，並制定汴河、江南、荊湖路押綱官員比例，「以七分差三班使臣，三分差軍、大將、殿侍。」（《長編》，卷三〇〇）後，元祐元年（1086）右司諫王覿奏，都官軍、大將「以磨勘及功勞酬賞，改轉借職殿侍差使者，歲數千人，於入流最為冗濫」。建議改差使臣勾當綱運。〔註127〕蓋軍、大將可分為二：一隸中央之衙司或刑部都官，稱三司軍、大將，可差押汴河糧綱；一屬地方諸路，稱州府軍將，管押本路綱運；〔註128〕其職責則是戒護防備，押送出界上京。

此外，廣南、西川地區，如有「京朝幕職、州縣官，丁憂離任，願管押綱運者」，亦聽由之，並「仍給驛券」，以示優待。〔註129〕

（二）搬運夫卒

綱運於水路，有操舟、牽挽、裝卸之勞；於陸路，則有負檐、拉拽、牽駕之務。所役人夫，或調雇民夫，或差假兵卒，因時因地，而有不同。茲據相關史料，作一宋代綱運夫卒役使表，再作分析。

表十八：宋代綱運夫卒役使表

皇帝紀年		西　元	役夫身分	事　　　　　由	資料出處
太祖	建隆三年春正月	九六二	僑居民	詔不得役逆旅僑居民充遞夫。	《長編》，卷三；《隆平集》，卷三。
太宗	太平興國七年二月	九八二	丁男傳置卒	詔西川、嶺南、荊湖、陝西，每歲上供錢帛，勿復調民負擔，以傳置卒代之。	《長編》，卷二三。
	太平興國八年八月	九八三	召募牽船役夫	先是，每歲運江淮米四百萬斛，以給京師。牽用官錢僦牽船役夫，頗為勞擾。至是，每艘計其直，給與舟人，俾自召募，事良便。	《長編》，卷二四。

〔註126〕《長編》，卷七九，真宗大中祥符五年十一月「是月」條。

〔註127〕同前書，卷三八九，哲宗元祐元年十月庚寅條。

〔註128〕同前書，卷四九八，哲宗元符元年五月己巳條；《宋會要》，〈食貨〉四二之一。

〔註129〕同前書，卷八五，真宗大中祥符八年閏六月丙戌條。

眞宗	景德四年五月	一〇〇七	軍士充役	詔河北緣河州軍綱運，自今以軍士充役，勿差部民。	《長編》，卷六五。
	大中祥符九年二月	一〇一六	官健	詔廣南綱運，悉令官健送至闕，自今至虔州代之。	《長編》，卷八六。
	天禧元年十月	一〇一七	官健	發運司言，洪、虔、吉州歲造新船赴京，牽送擾民。望令逐州以官健給假。詔可。	《長編》，卷九〇。
	同年十二月		調民輦送	詔河東緣邊州軍，河西麟、府州歲調輦送民，特免一年。	《長編》，卷九〇。
仁宗	嘉祐五年	一〇六〇	漕卒丁夫	汴船不得出江。……論者初欲漕卒得歸息，而近歲汴船多備丁夫，每船卒不過一、二人。	《宋史》，卷一七五。
神宗	熙寧三年七月	一〇七〇	廂軍	詔京西路於有糧草州軍招廂軍三萬人，從轉運司請也。	《長編》，卷二一三。
	同年十一月		兵梢遞鋪兵	梓州路轉運司奏，……戎州近年起發牛皮、筋角三綱，……差兵梢五十有五人。……梓、遂等七州軍貯，以棕籠差遞鋪兵擔至鳳州交割，更不別差船綱。	《長編》，卷二一七。
	元豐元年五月	一〇七八	操舟士兵	提舉茶場司言，歲運官茶四萬馱饋邊，常患輦送不繼。欲以本司頭子錢置百料船三十隻，差操舟士兵六十人，軍大將一人管押。	《宋會要》，〈食貨〉三〇之一五。
	元豐二年三月	一〇七九	廂軍	（王）安石言，欲乞應軍器及材料并衣賜，凡綱運並差廂軍搬運，日支口食，如闕即和雇。	《長編》，卷二九七。
	元豐六年二月	一〇八三	發民夫	詔聞熙河路守具闕氈皮。委王欽臣具氈三千領、牛皮萬張，隨州縣發夫般運。	《長編》，卷三三三。
	同年十月		和雇腳乘籍定四等以上人戶	利州路提點刑獄司言，茶場司運茶入諸場，所歷郡縣多不依法和雇腳乘。本司訪問知利、興州曾截客人騾綱雇發；其興州更籍定四等以上人戶般運；興化府、洋州等處，除應募人外，亦如興州兩處。……	《長編》，卷三四〇。

哲宗	紹聖三年六月	一〇九六	差雇丁夫	陝府西路兼熙河路都轉運使乞定差夫起丁運糧之法。詔非因邊事,不得立爲定法。如今後雖因邊事差夫起丁,亦未得一面差雇。仍須據合差雇數目,申報朝廷指揮。	《宋會要》,〈食貨〉四三之五。
	元符二年六月	一〇九九	和雇腳乘	令成都、梓、利路轉運司,逐州選官催物帛綱出界,……,並令遞鋪闕少,即和雇腳乘般運前去。	《曾公遺錄》,卷七。
徽宗	政和六年三月	一一一六	通濟兵士	詔增置通濟兵士三千人,牽挽御前綱運。	《宋史》,卷一八九;《皇宋十朝綱要》,卷一七。
高宗	紹興五年十月	一一三五	兵卒	溫、明、虔、吉州等處所置造船場,乞委逐州守臣措置,募兵卒牽挽,使臣管押,庶幾害不及民,可以漸復漕運舊制。	《宋史》,卷三七四,〈李迨列傳〉。

　　由上表所列,役夫身分大致可分爲兩大類:一爲民夫,包括僑居民、丁男、丁夫、四等以上民戶等。一爲兵卒,又有專業與非專業二種。專業兵卒,包括傳置卒、遞鋪兵、漕卒等;非專業兵卒,指因事差充之軍士、官健、廂軍、兵梢、通濟兵士、兵卒等。其中非專業兵卒,實則以廂軍爲主體。據《宋史·兵志》云:「廂兵者,諸州之鎮兵也。……雖無戍更,然罕教閱,類多給役而已。」〔註130〕諸路廂軍名額猥多,自騎射至牢城,凡二百二十三。其間乃「因事募人,團立新額」,而「水陸運送」爲其中一項。前表所列牽挽御前綱運之通濟兵士,即屬廂軍一種。〔註131〕

　　眞宗初,李防出爲峽路轉運副使,悉以城卒取代沿江水遞歲役之民丁。〔註132〕類此,以廂軍擔負綱運任務者,實甚多,且因此造成財政上冗費支出之一要項。蔡襄曾於〈上仁宗論兵九事〉奏議中,指出冗兵冗費裁減之道,其中云及:

　　　　欲減廂軍,先減綱運。今天下無名綱運,最爲枉費兵士。……天下
　　　　持送官物入京,如牛皮、兵器之類,多由陸路。若委本路轉運司,
　　　　不急用者罷省之,或令水路,可以減省兵役。……養兵挽船,不若

〔註130〕《宋史》,卷一八九,〈兵志〉三,廂兵,頁4639。
〔註131〕同上,頁4644～4645。
〔註132〕同前書,卷三〇三,〈李防列傳〉,頁10039。

> 和雇，則止於程限之資；養兵則終歲給之，其費必倍。……。（趙汝
> 愚，《諸臣奏議》，卷一二一，兵門，兵議下，頁4上～下。）

反覆言明，無論陸路、水路，由廂軍搬挽，終歲給費，則必倍於和雇所出程
限之資。此理誠明，然終北宋之世，卻仍多以兵士漕輦綱運；至於民夫差雇，
嘗因兵士有闕，或因軍防需要，臨時發夫起丁搬輦，事畢即了，非爲定制。
及至南宋，始多以民夫當綱。〔註133〕

最後關於馬綱之押發狀況，據孝宗乾道四年（1168），樞密院言：

> 茶馬司每年起發御馬一綱，係差使臣二員，將校、醫獸各一名，牽
> 馬軍兵五十人，每人各牽馬一疋。內佳備馬五匹，附綱牽拽。如軍
> 兵名下，馬一匹到，轉一資；馬一匹不到，降一資。〔註134〕

由此大致可知，使臣、將校負責押綱外，另備有獸醫一名，「沿路檢點調護」，
〔註135〕以應沿途馬匹疾疫染病等突發情狀。而軍兵牽馬每人一匹，以一綱五
十匹馬計，則一綱有軍兵五十人。另據《嶺外代答》，卷五〈馬綱〉所載，則
通常牽馬兵士，「人牽二馬」。故常馬綱，一綱五十匹，有兵士二十五人；進
馬綱，每綱三十匹，有兵士十五人。而廣馬起發，曾有差邕、橫、賓等州土
丁牽馬者。〔註136〕由於牽馬兵士，非全皆熟諳馬性，雖有立賞罰格律，但全
綱倒斃仍時有所聞。紹興末年（1162），曾改由三衙及江上諸軍等收馬之處，
自行輪差兵官，前往興元府等馬務取馬。〔註137〕

另，乾道初（1165），川秦馬綱，一度由遵陸，改行水運。在吳璘條劃之
下，蓋於「合州造馬船二百，約三船可載一綱，若五百料船可載二十四，七
百料船可載二十五匹；五十綱，凡募梢工、火手八百人；牽馬人一千二百五
十人，每綱二十五人；以及遂州所差回船軍兵二百五十八人，每綱五人。〔註138〕
其水路馬綱編制大致如此。

〔註133〕另，虞儔曾建議，恢復軍士運糧。參見虞儔，《尊白堂集》（文淵閣四庫全書
本，臺北：臺灣商務印書館，民國75年3月出版），卷六，〈請復軍士運糧舊
制箚子〉，頁18上～19下。

〔註134〕《宋會要》，〈兵〉二五之一八～一九。

〔註135〕同上，〈兵〉二五之一。

〔註136〕同上，〈兵〉二四之三二。

〔註137〕同上，〈兵〉二二之二五～二六。

〔註138〕《朝野雜記》，甲集卷一八，〈綱馬水陸路〉，頁24下～26下。

第二節　管理辦法

　　綱運之裝發、卸納，以及行運程限均有一定規制。而對綱運人員行運成效，常因地里遠近、道途險易、運納分數等不同標準，制定推賞懲處格例。凡此，均可謂爲綱運管理辦法。茲分論於下。

壹、裝發、運程、卸納之制

一、裝發之制

　　大凡一代制度之定立，皆非一蹴而成。反之，常隨時代演進，順應所需，因革增刪，以臻詳備。宋代綱運，亦不例外。各種相關制度及管理辦法，乃因時而定立。北宋時期綱運裝發之制，眞宗大中祥符七年（1014）七月，對糖綱裝發有詔云：

> 自今處（應作虔）、吉州、南安軍納糖，以五萬斤爲一綱，交裝之時，須長吏對拜，入籠封記，付管押吏，仍具無夾帶稀嫩汁滓狀上三司，每籠以百斤爲準。〔註139〕

知糖綱每籠百斤，由地方官吏交互點實後裝籠封記，管押上京。糖綱如此，糧綱亦大致如之。據仁宗天聖元年（1023），三司言提點倉場所奏報，綱運上京載納斛斗內有濕潤者，必先攤乾後，比元樣再裝發受納。當其再裝發時，「許押綱人員指索布袋封記」，「盤量如實」。〔註140〕既要「比元樣」，又需如實數，故必有所依據。關於此點，哲宗元祐五年（1090），戶部奏道：

> 諸路起發正綱，及附搭官錢到京，例皆少欠。元豐公式令諸州解發金銀錢帛，通判所置簿，每半年具解發數，及管押附載人姓名，實封申省。〔註141〕

知金銀錢帛綱之解發，需置簿申省，元豐時並定爲公式。

　　徽宗宣和以後，主管綱運官員，即曾一再奏請申明此制。其如宣和二年（1120）七月發運判官陸寘奏云：

> 近年以來，轉運司不以上供爲先務，諸州發來上供斛斗，不令元起州縣批定色額，卻令綱運前來，轉運旋行批書，往往臨時移兌，或截作本路支用，或改作別項色額，或將州縣見管斛斗輒作剩餘，變

〔註139〕《宋會要》，〈食貨〉五二之一三。
〔註140〕同上，〈食貨〉四二之八。
〔註141〕《長編》，卷四三七，哲宗元祐五年春正月己丑條。

糴收錢，別作支使。而本年合發正額上供常是拖欠。欲乞六路每年合發上供斛斗，有裝起綱運，即時於行程內便行分明批定係甚年分、色額斛斗、送納去處，仍限當日依此開具，先申尚書省及戶部，并關發運司照會根催。如違，並乞從本司覺察，舉案奏聞，重賜責罰。詔依。〔註 142〕

又如宣和三年（1121）三月，提點內藏庫奏云：

契勘諸路州軍應起務內藏錢物，多不依條先具綱解遞報，致妨注籍拘催。若其管押人沿路或致疏虞，本庫無由檢察。乞今後諸路州軍應起發本庫錢帛寶貨，並須依條先具綱解姓名、數物、支發月日，入遞轉報提點所，并本庫照合注籍，庶可關防革去情弊，兼恐沿路轉遞文移或致沈墜。欲自支發綱運後，於一月內節次三具綱解供報。〔註 143〕

由前二述可知，至北宋末，綱運裝發之制，大抵由起發之地，於起發當日，即應開具綱解（或行程曆），載明解發色額、物數、支發日期、送納之處，以及押綱人姓名等，於一個月內，依次申報尚書省、戶部、發運司，或太府寺、內藏庫、提點所等相關主管單位。亦即所謂「三申綱解」之法。〔註 144〕據此為憑，以關防革弊，根催覺察，杜絕情偽。

及至南宋孝宗時，對諸州軍所起發諸色官錢以及上供錢物，更由戶部統一印製上供綱目，發給諸州填報，季申歲校，「以為殿最」。〔註 145〕事據《宋會要·食貨》六四之五七載云：

（乾道）六年閏五月六日，戶部尚書曾懷言：「諸州軍起發戶部諸色官錢，及上供錢物，雖各有窠名，緣州軍往往妄於名色上有分緊慢，不為盡數發納，或虛申綱解，致悞指擬。今欲印給綱目，遍下諸州軍，專委通判逐季開具已、未起發數目，如無通判去處，即委僉判判官。謂如春季錢物，即於四月初五日以前填寫綱目，申發戶部。如稽滯不到，從本部先劾所委官。夏秋冬季，准此。歲終卻將納足、欠多州軍，每路具三、兩處申奏，以為殿最。」從之。

關於綱運起發條貫，《慶元條法事類》中多有規制。今就所載相關條法，

〔註 142〕《宋會要》，〈職官〉四二之四三。
〔註 143〕同上，〈職官〉二七之二三。
〔註 144〕同上，〈食貨〉四四之一七。
〔註 145〕《宋史》，卷三四，〈孝宗本紀〉二，頁 648。

分為總論、米糧、錢銀及其他等四大項，條列於下，以茲參考。

（一）總論二條：

諸起發官物，籍記物數及管押人姓名，責到交卸處限，及具所准官司指揮年月狀（轉般者并具元來去處般到年月日），書實日連黏入遞，先報所屬（上京物屬尚書、戶部者，其綱分以千字文為號，于狀內聲說），所屬不受納，官司注籍。候交納訖，限三日給公憑，限五日給收附。雖有取會，共不得過十日。入遞起發官司得收附，限三日行下應在司銷破。若計程過限，而收附不到，在外申牒所屬監司究治。如失究治致官物失陷者，干繫人均備。（卷三一，財用門二，應在，輦運令）

諸州每半年總具州界起發上供（附載、附綱皆是）官物數、月日、押綱人、綱梢姓名，限次月實封申尚書本部。（卷三〇，財用門一，上供，倉庫令）

（二）米糧四條：

諸上供穀州，委通判不拘界分，揀選充換堪好者裝發；非在州者，別差官。（卷三〇，財用門一，上供，倉庫令）

諸起發上供穀，集綱眾定驗堪好，即交裝。若發熱者，倉司併工攤騰復州，仍取綱眾驗狀，繳申發運、輦運或撥發司。若至納處驗淳陳次不任支遣者，本綱已請工錢、口食，勒元裝處干繫官吏、專斗均備。（同上）

諸起發上供穀，定樣赴發運、輦運、撥發司，及遞樣上京者（上供物遞樣同），遞鋪差節級監傳巡轄、使臣并州縣。若巡察官司點檢催發，送合屬處照驗卸納。（同上）

諸縣便於裝發綱運處，其糴買之物，應起發者，止就本縣受納裝發。（卷三七，庫務門二，糴買糧草，倉庫令）

（三）錢銀五條：

諸上供錢綱（附載、附綱同），差官監交，取押綱人并綱梢承認堪上供足狀，干繫官吏繳申本州，州于解綱狀內開具保明，申尚書本部。（卷三〇，財用門一，上供，倉庫令）

諸大禮錢（金銀物帛同），監司于前一年，專委逐州通判（不許別差官）將合起之數，照前郊窠名劃刷實數起發。限次年七月以前，赴左藏庫送納。如虧前郊之數，或致稽違，監司按劾。（同上）

諸上供金銀，並以上色起發，內銀銷成鋌（大鋌五十兩、小鋌二十二兩，畸零湊數者聽，如無上色去處，許用山澤），仍分明鑱鑿銀數、排立字號、官吏職位姓名，用木匣封鎖，于綱解內開說色額、鋌段數目、字號。（同上，輦運令）

諸錢監鑄上供錢，並依元樣州差官看揀訖，方得起發。內抽取一貫，申納尚書省。（卷三二，財用門三，鼓鑄，倉庫令）

諸裝發錢監上供錢，每綱于所裝錢內取樣，不得揀選，監專與綱梢、管押人同封書印（一百文，人急腳傳送至文納處；一貫，隨綱仍于裝發錢數外，取別同樣錢一貫，留本州作住樣，以備照驗。轉般者，裝發日將元隨綱樣錢重加封印），以樣比驗交納。（同上）

（四）其他二條（軍須、真珠）：

乾道七年九月七日，樞密院箚子：「御前軍器所申：契勘諸路州軍歲合起黃牛皮，乞下諸路州軍於四角用火印記起發赴所，細折長三尺、闊二尺伍寸皮數交收。仍於綱解內封連火印樣記前來，以憑照驗。」右依申箚子付工部施行。（卷七九，畜產門，總法，隨敕申明，廄庫）

諸起發上供真珠，排立字號，計定斤兩、顆數。仍逐把線頭當官封記。（卷三〇，財用門一，上供，倉庫令）

另，關於舶貨裝發，據《宋會要・食貨》四四之一八載云：

乞覓方差官吏監視行人，先次分色額、等第；伺交裝日，提舉官同本司官屬公共下庫，再監無干礙行人重驗色額。仍差泉州無干礙官監視，以省降銅陶法物，對綱官兩平秤製勘兩，對官封角，每包作封頭兩箇，一係印提舉官階位，小書用本司銅朱印記；一係監裝官名銜印記。外檀香、宬木，並數計條，截兩頭各用提舉官、押官押字雕皮記，責付綱官下船。

綜上所載，可知其時綱運裝發，諸州縣除需具綱解三申所屬主管機構外，每半年並須彙總諸已發過綱運資料，呈報上屬。諸起發上供之物，又有先行

遞樣，以備勘驗之制，如米穀、錢寶等。無論取樣，或封記物色，均集綱眾、監官，「定驗堪好」，「同封書印」，以昭公信。

二、行運程限

　　水路綱運由起發地至卸納地，行運期間，依「道里遠近，立為限日」。〔註146〕其如在轉般法下「楚、泗至京千里，八十日一運」，一歲可三至四運；其後行直達法「淮南五運，兩浙及江東二千里外以四運，江東二千里外及江西三運，湖南、北二運」。〔註147〕期間，由催綱、巡轄、提轄等官，負責催趕出界。所過州軍，無故不得住滯稽留，元豐元年（1078）八月有詔云：

　　　　諸官員管押并附搭綱運，所過州軍無故不得住過五日。如違，三司
　　　　勘罪以聞。〔註148〕

　　所過州軍由逐處催綱、裝卸、排岸司，就押綱官所掌行程曆或印紙〔註149〕，批書發到日、阻滯原因、有無欠少、拋失舟船等，押綱官年滿得替，赴省投納，以比較磨勘。〔註150〕沿流催綱官司，自有催綱曆，據以催趕諸綱儘速離界；直達法行，改名催綱簿，「半年一易」，應「有綱運出入本界，並真書抄轉上簿，庶幾易為省覽。」〔註151〕至於行程曆亦有不同，據政和三年（1113）三月金部員外郎盧法原言：

　　　　承朝旨差委催督直達糧綱，其批書行程曆妄破限，無緣檢查虛實。
　　　　欲乞將糧綱行程候回元裝發官司，歲終類聚，參照雨雪、風水事故，
　　　　察其虛實真妄，批官司類申戶部，乞行黜責。從之。〔註152〕

改由原裝發官司，年終類聚察實，申報戶部。

　　南宋初仍行直達綱運。由於「駐蹕兩浙，地理比近」，「與昔日事體不同。」〔註153〕紹興四年（1134）七月，戶部建言：

　　　　乞委兩浙轉運司，各出印曆付提轄綱運官二員，於本路裝糧州軍不
　　　　住互各往來，檢察催督。仍於州縣批書所至日分。依監司例，無故

〔註146〕不著撰人，《吏部條法殘本》（永樂大典本，臺北：文海文版社，民國58年5
　　　　月初版），卷一四六二六，吏部十三，吏部條法考任門，考任撮要，頁4下。
〔註147〕同前書，卷一七五，〈食貨志〉上三，漕運，頁4255。
〔註148〕《長編》，卷二九一，神宗元豐元年八月己未條。
〔註149〕《宋會要》，〈食貨〉四二之一六。
〔註150〕同上，〈食貨〉一五～一六。
〔註151〕同上，〈食貨〉四三之八。
〔註152〕同上。
〔註153〕同上，〈食貨〉四三之一九。

不得住過三日。〔註154〕

住滯不得逾三日。另，提轄綱運官爲北宋末推行直達法時所設，〔註155〕專負往來催督之責。其後，復行轉般，催綱、巡轄又司其職。乾道八年（1172）三月，戶部上言：

> 乞自今後綱運到岸，行在委司農寺，外路委總領所，期一日先索曆驅磨。如違程或妄作緣故，量事斷遣，若所破日限數多，即將押綱官并巡尉取旨。和雇客舟往往牙保人作弊，乞自今後須和雇子本客船，如依前致欠，即將和雇牙保財產均陪。諸路州軍綱運所至州縣，令催綱、排岸官司躬親索元給行程綱解，一一點檢分明，批所給行程，催趲離界。仍遞報前路官司，如有偷盜欠數，即飛申所屬。若催綱、排岸官司及經由之處，不即催趲訊察，令本州按劾。仍令催綱、排岸官司旬具界內有無催過綱運名數，飛申戶部。（《宋會要》，〈食貨〉四四之一二）

行在由司農寺、外路由總領所，先期索取行程曆勘驗程限。而行運所過州軍，由催綱、排岸官司，取元給行程綱解，逐項點檢清楚，批給行程後，催督出界。據《慶元條法事類》載，同年，樞密院契勘諸州發納軍器等物，「仍下催綱司，將綱解批鑿經過日月」。〔註156〕

海道綱運，北宋時偶一行之，「不約日限」，故僅規定在一定時日內「有船或遇便風」，即時行運，時有由溫州至明州之米運，限於四十五日內發運。〔註157〕南宋以後，舶貨海運已成定制，則有程限。其如福建海綱，「責限兩月到行在」。〔註158〕寧宗嘉定十一年（1218），就福建市舶司裝發綱運事，戶部有言：

> 乞下綱運所經，由郡縣及沿海巡尉官司，如綱運逗遛界分之不即差人起發過界，並許本司移文所屬郡縣根究。如稍有違戾，申取指揮施行。此項乞朝廷行下所隸監司，嚴督催綱、巡尉，遇有綱運到界，繼時催趲、防護出界。及於本綱行程分明批鑿起離時日，如有違戾計從監司屬郡根究，重作施行。〔註159〕

〔註154〕同上。
〔註155〕同上，〈食貨〉四五之五。
〔註156〕《慶元條法事類》，卷三二，〈財用門〉三，點磨隱限，職制令，頁340下。
〔註157〕《宋會要》，〈食貨〉四二之一一。
〔註158〕同上，〈食貨〉四四之一八。
〔註159〕同註149。

其中，細色舶貨「遵陸前去，不以時月，有可稽考」；麤色貨物則「雇船乘載泛海」，必須於四、五月間「趕趁南風，順便發離，庶免颶風海洋阻滯。」如此趁風信發海綱，再責以日限，到所屬庫分交納。

關於陸路綱運，亦有行程曆，逐下批鑿。此於哲宗紹聖四年（1097）二月，虞部員外郎辛之武有言：

> 承朝旨差沿路催促起發熙河秦鳳路錢物綱，逐鋪曆多是止稱元押使臣等某人，並不抄上所押官物名色、赴甚處送納。蓋從來未有關防，欲應步路般輦錢物綱運，令逐路遞鋪置曆一道，遇官物到鋪，令管押人於曆內親書，批鑿日時及某官或某人姓名，所押官物名色，至某處送納，合使車幾兩，或兵士幾人；若無人軍理合行打（？）過者，亦須分明批鑿因依。或值擁併，即依到鋪先後資次撥發般運。其曆令所屬州縣鎮起置，用印給付，季別一易，仍委巡轄使臣或季點官常切呼索點檢。從之。〔註160〕

即於沿路遞鋪置鋪曆，備載人員姓名、車輛之數及所押官物名色、送納之處等資料，依到鋪先後次序般發。曆由所屬州縣起置，用印給付。與水路綱不同者，乃每季一曆。

三、收納之制

綱解、行程曆、鋪曆中，均載明卸納之處。北宋時上京綱運米糧，運達近畿地分，即由當地兵馬都監先行牒報排岸司，以預定下卸倉分。其如汴河糧綱之於雍丘牒報京東排岸司，〔註161〕即是。綱運到京由三司總其政，由諸倉監官蒞臨督責倉場庫務儘速收納；〔註162〕若有未納稽留者，「各認排岸司分於其門造飯供送。」〔註163〕監倉受納之際，必力求量平，不得減剋，「收到出剩，並不理為勞績」，〔註164〕如有欠折，即加理欠追負。諸處轉般倉卸納，則有監倉、斗子，負責收納。其間若有濕潤者，當即「監鑕梢工、綱官攤乾，比元樣受納」；〔註165〕如有欠折，梢工、綱官以及押綱人員，均勘驗情委，依條論斷。其後，施行倉法，蘇軾以其「不滿百錢入徒，滿十貫刺配

〔註160〕同上，〈食貨〉四三之五。
〔註161〕同上，〈食貨〉四二之八。
〔註162〕同上，〈食貨〉四二之四。
〔註163〕同上，〈食貨〉四二之三。
〔註164〕同上，〈食貨〉四二之四～五。
〔註165〕同上，〈食貨〉四二之七～八。

－192－

沙門島」，乃是「百姓造銖兩之罪」，而「人主報以鈞石之刑」，而暗喻之為苛政。〔註166〕

　　至於諸路錢、帛、絲、綿綱運，由左藏庫驗認封記，據數點收。倘封記全而有欠折，即由「隨處官吏庫司攤塡」；如原無或已損動封記，則令「管押軍將陪塡。」〔註167〕若收到出剩，則須據數登錄「納綱出剩曆」，入帳拘管。為防監官舞弊，陷失官物，仁宗天聖八年（1030）五月，提舉司奏請道：

> 欲下本庫監官每綱運到庫，若有出剩，須分明上曆拘管，逐月入帳，編排官物，各著庫分排垜。其置到文曆，請下三司逐月印縫給付，不得將剩數界然，比折少欠。仍出榜於監官廳張掛，常令遵守。〔註168〕

三司逐月於納綱出剩曆加蓋騎縫章，給付監官，以杜其弊。

　　其初，「每綱運至，必俟內臣監涖，始得受」，而其人常數日不至，以致綱物「暴露廡下，衛校以為病。」及韓琦監左藏庫，乃上言奏罷之。〔註169〕此後，上供錢物收納之制，據《長編》載云：

> 綱運入門，令門司置籍，錄部押人姓名、起發月日、物色、名數，申所屬省部寺監，下庫務交納。庫務具年月日、正剩、欠數，申寺監。〔註170〕

　　南宋時期，行在省倉受納綱運斛斗，自紹興元年（1131）七月起，採用由工部與戶部共同酌量製造之省樣新斗量，時有詔云：

> 今後每遇起綱，並於綱解內分明聲說係用新降斗量起發，仰省倉依條受納，不得作弊。如有違犯，許本綱諸色人越訴。〔註171〕

受納有欠折，即時具名色、數目申所屬主管官司；得有侵盜貿易之弊，即由排岸司，或送大理寺，推治其過誤損失。〔註172〕若有出剩，錢帛物色等皆須「分明上曆拘管，逐月入帳」，〔註173〕如北宋之制。錢穀之類，有事先遞樣者，至則「以樣比驗」，若不如樣者則「申所屬驗實」，據數發回原起發處驗認，

〔註166〕蘇軾，《東坡七集》，〈東坡奏議〉卷一一，〈論倉法劄子〉，頁11下～12上。
〔註167〕《宋會要》，〈食貨〉五一之二○。
〔註168〕同上，〈食貨〉五一之二三～二四。
〔註169〕《宋史》，卷三一二，〈韓琦列傳〉，頁10221。
〔註170〕《長編》，卷三七九，哲宗元祐元年六月庚寅條。
〔註171〕《宋會要》，〈食貨〉五三之二。
〔註172〕同上，〈食貨〉六二之一六。
〔註173〕同上，〈食貨〉五一之二九。

並「送所屬究治。」〔註174〕其中，上供內藏庫錢物，並「限次年十月終納畢。」
〔註175〕寧宗嘉泰四年（1204），由於「比年以來，所輸之絹，往往紕薄」，究
其原因，乃受納官不專心用事，「胥吏與攬子互為弊」。於是有「於每匹必印
受納官名銜，及本州印證，以為考證」之規定，如經稽察，「其紕薄，復有前
弊」，即申朝廷「將受納官吏重寘於罰」。又，倘「無名銜及印記」，則由戶部
「將典吏重加斷勒。」〔註176〕

貳、賞罰辦法

在綱運諸賞罰條例中，有因川流之峻急勻調，而作山河、平河之分。所
謂「山河」，指「黃河自河陽已上至三門峽，以及峽路，河、江水峻急」之河
段；所謂「平河」，指「黃河自河陽已下，并三門已上至渭橋倉；并諸江、湖、
淮、汴、蔡、廣濟、御河，應是運河」等，「水勢調勻」之河段。真宗大中祥
符六年（1013），重定山、平河虧失梶木條格，據載：

> 梶頭以一梶為準，團頭、綱副、監官、殿侍以一綱為準。山河以笞，
> 平河以杖；梶頭、團頭以家貲償官，不足則杖之；殿侍杖而勿償。……
> 計其所失為十分定罪，止杖一百。〔註177〕

此外，諸河亦各有不同標準，制定酬賞、拋欠體例。如真宗天禧三年
（1019）二月之御河押綱酬獎例，據云：

> 御河押運三司大將、軍將、殿侍，并見在本河押運人員等，並令於
> 元定二十萬物色上，更添五萬。如三年滿得替，自能於裝發去處認
> 數裝般，及得二十五萬數，即依例引見酬獎。或內有元差諸處銜前，
> 請般物色，其押運大將、軍將、殿侍等只是管押綱船，不曾任數裝
> 般官物，亦須及得三十萬數，別無損濕、少欠、拋失及雜犯罪懲，
> 亦許依例引見酬獎。〔註178〕

同年十二月，又增訂云：

> 自今押運省員、殿侍三年內般輦諸官物數中，斛斗須是般及細色軍

〔註174〕《慶元條法事類》，卷三〇，財用門一，上供，倉庫令，頁294；卷三二，財
用門三，鼓鑄，倉庫令，頁357。

〔註175〕同前書，卷三〇，財用門一，上供，倉庫令，頁293。

〔註176〕《宋會要》，〈食貨〉六八之一七～一八。

〔註177〕同上，〈食貨〉四二之四。

〔註178〕同上，〈食貨〉四二之六。

糧三萬石已上，如般廳色即依倉式例，準折貴使，押綱人員各自用
心趁逐般輦軍糧，應副沿邊支用。〔註179〕

仁宗天聖八年（1030）三月，又作第三次修正如下：

候催綱官員、使臣三年滿日得替，委自轉運司將一界催般過數開排，
逐運元裝州軍至卸納去處、附帳收管月分，及將前來三年權般過萬
數一處，立項紐計，比附委的多兩倍已上，合該酬獎，即具詣實保
明申奏數目。押運軍、大將、殿侍，如三年內自近裡州軍般細色軍
糧七萬碩已上，赴沿邊州軍卸納，依例酬獎。〔註180〕

汴河押糧綱酬獎例，於眞宗天禧五年（1021）八月制定云：

押汴河糧綱殿侍、軍大將，准將四百料至五百料綱船，自今楚州般
得四運，斛斗及三萬六千石已上；泗州般得五運，斛斗及四萬二千
石已上，到京卸納了足，及經冬短般，至年終無拋失欠少，即依例
酬獎。〔註181〕

廣濟河糧綱酬獎辦法，於天聖八年（1030）正月制定如下：

今後廣濟河糧綱，如一年內般得鄆州、徐州、淮陽軍三運，并曹州、
廣濟軍、濟州五運，斛斗至京交納，並無少欠過犯，候住發運日，
令輦運司磨勘其綱梢，令比附汴河酬獎體例，特支錢一千，梢工接
連五年，各無拋失欠少，除支賞外，與轉小節級名目便充綱官，充
綱官後及已充綱官人，相接三年，全綱並無拋失少欠，支與賞錢五
千，更轉一資。〔註182〕

同年十二月三司言：「左班殿直趙世長，先差廣州押香藥綱上京，三運了當，
各有出剩，合依敕酬獎。」詔減一年磨勘。〔註183〕

關於拋失懲罰辦法，有汴河糧綱拋欠罰例，於哲宗元祐六年（1091）三
月訂立如下：

應汴河糧綱每歲運八千碩以上，拋欠滿四百碩，押綱人差替，綱官
勒充重役。滿六百碩，軍、大將、殿侍差替，使臣衝替外，更展三
年磨勘。若行一運已上拋欠通及一千五百碩，除該差替、衝替外，

〔註179〕同上，〈食貨〉四二之一一。
〔註180〕同上，〈食貨〉四二之一二。
〔註181〕同上，〈食貨〉四二之一六。
〔註182〕同上，〈食貨〉四二之一六～一七。
〔註183〕同上，〈食貨〉四二之一八。

更展三年磨勘。其初運但有拋欠，仍無故稽程至罪者，亦行差替重役。〔註184〕

四川地區布綱拋失罰例，依仁宗天聖七年（1029）敕云：

今後川峽行運布綱，拋失官物，若全拋失，收救不獲，其本綱梢工、榜手各斷一百，配別州軍牢城收管；綱官、節級各杖九十；押綱使臣各杖八十，並勒下不令押綱。或十分中收救得一分已上，依全拋例斷遣；二分以上至四分已上，梢工、榜手、綱官、節級、使臣、殿侍、省員，每一分各遞減一等，斷遣訖，梢工、榜手勒充軍牽駕兵士，其綱官、節級已上，並依舊押綱。或收救及五分已上，不滿元數，梢工、榜手各杖六十，綱官、節級人員各笞五十，使臣、殿侍、省員罰一月食直，斷訖，並依舊行運。〔註185〕

除依收救分數定不等罰則外，更有依船隻拋失數而定者，其如：

所有綱官、節級人員、使臣、殿侍、省員，如遇本綱更有拋失，據隻數每一隻加一等罪，止杖一百，其罰食且加入笞五十，仍並據拋失收救不獲數目，勒本綱上下等第均攤陪納入官。若收救官物並足不失元數，梢工、榜手各笞四十，綱官、節級以上並放。〔註186〕

南宋時期，部綱雖多差現任官，或「選募得替待闕，及寄居有材幹者」，然以「其責繁難，人以為憚」。故自紹興以後，即「優立賞格」，其有欠者亦多方蠲放，甚至欠及一分者，亦許補足。孝宗淳熙元年（1174）更有詔云：

不以所欠多寡，並與除放。其有因綱欠追降官資者，如本非侵盜，且補輸已足，許敘復。〔註187〕

自是，綱運欠失責償於官吏，「然以其山川險遠，非一人所能究，亦時寓於蠲放焉。」〔註188〕

關於紹興以後之「優立賞格」，今據《宋會要·食貨》四五，「綱運令格」中有詳細記載。紹興元年（1131）九月十五日先行敕定：

諸路起發綱運，依法見錢二萬貫紐計，金二萬兩，銀一十萬兩，各為一全綱。推賞令權將金、銀計價，以金八萬貫，銀五萬貫為一全

〔註184〕同上，〈食貨〉四三之四。

〔註185〕同上，〈食貨〉四二之一四～一五。

〔註186〕同上。

〔註187〕《宋史》，卷一七五，〈食貨志〉上三，漕運，頁4261。

〔註188〕同上。

綱，並令交納處計價推賞。〔註189〕

接著於紹興五年（1135）正月二十四日、三月十五日，及七年（1137）閏十月
一日，分別就「諸路起發到（行在）綱運」、「行在差人管押錢物往外路州
郡」，及「四川金銀綱運」，依綱運分量輕重、地里遠近，分定等第，制定推
賞酬獎辦法，茲據《宋會要》所載，就諸路到京及四川金銀綱，作南宋綱運
推賞對照表以明其詳。

表十九：南宋綱運推賞對照表

綱 分	諸 路 發 到 行 在 綱 運		四 川 金 銀 綱 運	
	道里	推賞辦法	道里	推賞辦法
全　綱	三千里 二千七百里 二千四百里 二千一百里 一千八百里 一千五百里 一千二百里 九百里 六百里 三百里	轉一官 減三年半磨勘 減三年磨勘 減二年半磨勘 減二年磨勘 減一年半磨勘 減一年磨勘 陞一年名次 陞三季名次 陞半年名次	六千五百里 六千里 五千五百里 五千里 四千五百里 四千里 三千五百里 三千里	轉一官減三年磨勘 轉一官減二年半磨勘 轉一官減二年磨勘 轉一官減一年半磨勘 轉一官減一年磨勘 轉一官陞一年名次 轉一官陞半年名次 轉一官
九分綱	三千里 二千七百里 二千四百里 二千一百里 一千八百里 一千五百里 一千二百里 九百里 六百里 三百里	減三年半磨勘 減三年磨勘 減二年半磨勘 減二年磨勘 減一年半磨勘 減一年磨勘 陞一年名次 陞三季名次 陞半年名次 陞一季名次	六千五百里 六千里 五千五百里 五千里 四千五百里 四千里 三千五百里 三千里	轉一官減二年半磨勘 轉一官減二年磨勘 轉一官減一年半磨勘 轉一官減一年磨勘 轉一官陞一年名次 轉一官陞半年名次 轉一官 減三年半磨勘
八分綱	三千里 二千七百里 二千四百里 二千一百里 一千八百里	減三年磨勘 減二年半磨勘 減二年磨勘 減一年半磨勘 減一年磨勘	六千五百里 六千里 五千五百里 五千里 四千五百里	轉一官減二年磨勘 轉一官減一年半磨勘 轉一官減一年磨勘 轉一官陞一年名次 轉一官陞半年名次

	一千五百里	陸一年名次	四千里	轉一官
	一千二百里	陸三季名次	三千五百里	減三年半磨勘
	九百里	陸半年名次	三千里	減三年磨勘
	六百里	陸一季名次		
	三百里	支賜絹六匹半		
七分綱	三千里	減二年半磨勘	六千五百里	轉一官減一年半磨勘
	二千七百里	減二年磨勘	六千里	轉一官減一年磨勘
	二千四百里	減一年半磨勘	五千五百里	轉一官陸一年名次
	二千一百里	減一年磨勘	五千里	轉一官陸半年名次
	一千八百里	陸一年名次	四千五百里	轉一官
	一千五百里	陸三季名次	四千里	減三年半磨勘
	一千二百里	陸半年名次	三千五百里	減三年磨勘
	九百里	陸一季名次	三千里	減二年半磨勘
	六百里	支賜絹六匹半		
	三百里	支賜絹六匹		
六分綱	三千里	減二年磨勘	六千五百里	轉一官減一年磨勘
	二千七百里	減一年半磨勘	六千里	轉一官陸一年名次
	二千四百里	減一年磨勘	五千五百里	轉一官陸半年名次
	二千一百里	陸一年名次	五千里	轉一官
	一千八百里	陸三季名次	四千五百里	減三年半磨勘
	一千五百里	陸半年名次	四千里	減三年磨勘
	一千二百里	陸一季名次	三千五百里	減二年半磨勘
	九百里	支賜絹六匹半	三千里	減二年磨勘
	六百里	支賜絹六匹		
	三百里	支賜絹五匹半		
五分綱	三千里	減一年半磨勘	六千五百里	轉一官陸一年名次
	二千七百里	減一年磨勘	六千里	轉一官陸半年名次
	二千四百里	陸一年名次	五千五百里	轉一官
	二千一百里	陸三季名次	五千里	減三年半磨勘
	一千八百里	陸半年名次	四千五百里	減三年磨勘
	一千五百里	陸一季名次	四千里	減二年半磨勘
	一千二百里	支賜絹六匹半	三千五百里	減二年磨勘
	九百里	支賜絹六匹	三千里	減一年半磨勘
	六百里	支賜絹五匹半		
	三百里	支賜絹五匹		
四分綱	三千里	減一年磨勘	六千五百里	轉一官陸半年名次
	二千七百里	陸一年名次	六千里	轉一官
	二千四百里	陸三季名次	五千五百里	減三年半磨勘
	二千一百里	陸半年名次	五千里	減三年磨勘
	一千八百里	陸一季名次	四千五百里	減二年半磨勘

	一千五百里 一千二百里 九百里 六百里 三百里	支賜絹六匹半 支賜絹六匹 支賜絹五匹半 支賜絹五匹 支賜絹四匹半	四千里 三千五百里 三千里	減二年磨勘 減一年半磨勘 減一年磨勘
三分綱	三千里 二千七百里 二千四百里 二千一百里 一千八百里 一千五百里 一千二百里 九百里 六百里 三百里	陞一年名次 陞三季名次 陞半年名次 陞一季名次 支賜絹六匹半 支賜絹六匹 支賜絹五匹半 支賜絹五匹 支賜絹四匹半 支賜絹四匹	六千五百里 六千里 五千五百里 五千里 四千五百里 四千里 三千五百里 三千里	轉一官 減三年半磨勘 減三年磨勘 減二年半磨勘 減二年磨勘 減一年半磨勘 減一年磨勘 陞一年名次
二分綱	三千里 二千七百里 二千四百里 二千一百里 一千八百里 一千五百里 一千二百里 九百里 六百里 三百里	陞三季名次 陞半年名次 陞一季名次 支賜絹六匹半 支賜絹六匹 支賜絹五匹半 支賜絹五匹 支賜絹四匹半 支賜絹四匹 支賜絹三匹半	六千五百里 六千里 五千五百里 五千里 四千五百里 四千里 三千五百里 三千里	減三年半磨勘 減三年磨勘 減二年半磨勘 減二年磨勘 減一年半磨勘 減一年磨勘 陞一年名次 陞三季名次
一分綱	三千里 二千七百里 二千四百里 二千一百里 一千八百里 一千五百里 一千二百里 九百里 六百里 三百里	陞半年名次 陞一季名次 支賜絹六匹半 支賜絹六匹 支賜絹五匹半 支賜絹五匹 支賜絹四匹半 支賜絹四匹 支賜絹三匹半 支賜絹三匹	六千五百里 六千里 五千五百里 五千里 四千五百里 四千里 三千五百里 三千里	減三年磨勘 減二年半磨勘 減二年磨勘 減一年半磨勘 減一年磨勘 陞一年名次 陞三季名次 陞半年名次

由上表可知，四川以外諸路起發到行在綱運，有全綱至一分綱，內由三千里起，以下每三百里遞減一等，至三百里；推賞辦法，由全綱三千里轉一官，依次遞減至一分綱三百里，支賜絹三匹。四川地區金銀綱運，亦有全綱至一分綱，內由六千五百里起，以下每五百里遞減一等，至三千里；推賞辦

法，則由全綱六千五里轉一官減三年磨勘，依次遞減至一分綱三千里，陞半年名次止。若將二者合而觀之，則可知由六千五百里至三百里間之推賞辦法。另，紹興五年（1135）三月十五日敕定，由行在差人管押錢物往外路州郡之推賞辦法，其地里遠近同發至行在綱運，由三千里往下每三百里減一等，推賞則由全綱三千里減三年半磨勘，依次遞減至一分綱三百里，支賜絹二匹半，可對照上表「諸路發到行在綱運」之推賞辦法，減一等開始推賞之。綜而言之，此種依地里遠近、運送分量、依次立等，推而酬賞之法，實頗公允而合理，而綱運管理辦法亦因此更臻詳備。

第六章 結 論

綱運，本爲漕運改革之法。而漕運在吾國，其來有自，率皆以通京師爲目的，亦即所謂「國都之漕」。此外，供軍旅、實倉廩，亦爲其目的。至於全國性大規模遠距離漕運，最早始自於秦。漢代因之，武帝時，並因對外爭事攻戰，軍事頻仍，使漕運芻粟飛輓之事達到高峰。其後，隨時代治亂興衰，漕運亦由之繁簡起落。

唐代與漢並稱國史上兩大盛世，漕運隨其國勢而蓬勃發展。大抵從唐初至玄宗開元以前，爲第一階段起始時期，漕事尚稱簡約。玄宗開元至安史之亂前，爲第二階段興盛時期，正值唐代國勢鼎盛。國都所在之關中地區，地狹人稠，所出不足以給京師；加以官員俸祿支出沈重，以及兵制變革等因素，漕運日益迫切。於是玄宗初，始任李傑爲水陸發運使，爲漕運專使之端。因有專人掌其事，成效大不同前，漕糧數額由唐初之二十萬石，增至一百萬石，提升五倍。漕事由簡而繁達到極盛。此期間，廣開漕路及改革漕運成爲致力焦點。由於經濟發展之歷史因素使然，以東南漕運爲主幹，然水系轉換，路途遙遠，尤其洛陽至長安間，三門之險、渭河迂迴等自然險阻，再再需所克服。於是裴耀卿、李齊物、韋堅等人先後主持漕運，成效卓著。其中，尤以裴耀卿之節級轉輸法，最爲合理，爲其後劉晏創立綱運之張本。而韋堅之鑿廣運潭，齊集江南物資於都下，分船標立物貨，則又爲綱運初露端倪之徵。安史亂後至唐末，爲第三階段衰落時期。南盛北衰經濟發展，造成唐室中央用度，悉賴江淮轉漕。其間，雖有劉晏改革漕運、憲宗元和中興之盛況，但均爲時短暫。由於政治軍事頹勢難挽，漕運欲振乏力；再經黃巢一亂，江南財賦破壞無餘，大唐好景，已如昨日黃花，終而滅亡。

　　劉晏，自幼聰穎過人，及長，任事多敏，尤長於財計。代宗時，出掌漕事，並集轉運、租庸、鹽鐵、常平諸使於一身。由於握有實權，再加悉心勘察擘畫，改革漕運，克服困難，終而有成。當其改革之際，先針對河道狀況、民生經濟、政軍情勢等因素深入研究，而提出運之利弊各有四點之看法。漕運既有其利，又爲朝廷迫切所需。劉晏乃融合前人成果，改進時弊，終使漕事再興。其改革方案，主要有開通渠道、雇傭運輸、創立綱運、改善運輸工具、教習漕卒、安全措施、獎勵制度等八大項。其中尤以創立綱運，影響深遠，使漕運邁向組織化、制度化之新紀元。

　　宋代綱運，承唐而來，又自有其發展，故論綱運涵義，實有所變，亦有所不變。不變者，仍爲漕運法則也；所變者，擴而大之，泛指大宗官物之運輸。蓋劉晏創立綱運，稱利一時。綱運者，即將漕運船隻、人員以及物資等，依一定數量，分綱而運。此乃創行，一則針對時勢安全因素考量，分綱以畫定責任區，便於押運護航，以策安全，再則針對大宗物資承載不易之弊，尤其量大積重之米糧運輸，分綱乃化整爲零，分散風險，並使繁中有序，組織嚴明，合理而有效。再加配合江、汴、河、渭之分段轉輸法，綱運成爲大宗物資運輸之利器良法。中唐至唐末，已有在水路米糧之外，運用至陸路錢貨之運輸，而以綱爲名之運物，亦漸有之，如「長定綱」即是。五代十國，南北分裂，實爲唐末藩鎮割據之延續。北方五代，除後唐外，皆都於開封，其著眼點即在於汴州居水陸要衝之地理位置，尤其長久以來已爲漕運線上重要都會，都汴則有利於取給。惟此時期，政局瞬變，漕事亦少有可論，僅後唐莊宗、明宗，以及後周世宗三世，稍有表現。而後周世宗對漕運之努力疏通，更爲宋代奠下良好漕運基礎。南方十國，因割據之勢，自成獨立經濟區，其如長江流域上游之前蜀、後蜀；中游兩湖地區之荊、楚；下游與淮水以南之吳、南唐；以及太湖、錢塘江流域之吳越；福建、兩廣地區之閩與南漢。凡此諸國，經濟足以自給，供應無缺，因此亦無需大規模漕運，故無何漕事可論矣。

　　及至宋代，基於政軍情勢之不同，仍都於汴，而北與西北有遼夏強敵，於是置重兵以衛京師。又爲矯藩鎮權重之弊，定「集權中央、強幹弱枝」國策，政權、軍權、財權悉歸中央；又行重文輕武策略，壓抑武人，優禮文士。由是冗官、冗員倍增，加以冗兵之給養，造成財政上沈重負擔。由於財政需要，上供物資逐年增加。經統計，北宋末比宋初約增○‧三七倍；南宋

末又比北宋末，再增〇‧八倍。故漕運不由其不興也。再就南北經濟發展而論，東南地區無論農業、手工業，或商業，其發展均已遠盛於北方，而其經濟模式亦早已跳脫自然經濟模式，而以商品經濟爲主流。在此南盛北衰經濟發展態勢下，漕運可謂悉仰東南而來。此由宣和元年上供錢物統計表中，東南八路上供占百分之八十三之絕對優勢比率可證。

宋伐漕運發展興盛，承載物資龐雜，因此更予綱運發展以有利條件。由相關史料記載，以綱運爲名之物資運輸，已是所在多見。此外，綱運並有取代漕運地位之趨勢，所謂「國家仰給諸路綱運」、「綱運不能如期，有誤指揮」，均在當時大臣奏議中指出。總之，宋代綱運，論其涵義，有狹義與廣義之分。狹義者，指其承唐創行本意，爲漕運之法。但因施用既久，已與漕運互爲體用，相互依存。至於廣義者，指其已超越漕運本體範圍，泛指各類大宗官屬物資運輸。基於此涵義發展趨勢，宋代綱運極具多樣性而又複雜，影響所及，成爲宋代運輸史上之重要課題。

宋代綱運，承載物資繁雜爲一大特色。若論其種類，可分爲稅物、貢品、收購物三大類。其中，稅物包括賦稅、商稅、山澤之利所收之現錢與各類物色。賦稅所收，據統計，有穀、布帛絲綿、金鐵、物產四類，凡二十七品，一百二十四種。商稅徵收，以現錢爲多，亦有抽解現貨者，如竹木、舶貨等是。尤其舶貨抽解，由市舶司專門負責，或視貨品粗、細，抽解十分之一或十五分之一；或視官司需要抽解之，每因時地不同，準則不一，但率以十分之一爲常。山澤之利，包括金、銀、銅、鐵、鉛、錫、水銀、朱砂等各類礦產，以及茶、鹽、香、礬等物。其運銷方式多有變化，如坑冶所入錢帛物貨，或供官府工場造作之用，或「悉歸之內帑」。茶、鹽則均已列入稅物之中，有「折稅茶」、「折稅鹽」之徵收。香即舶貨。礬利則主要以現錢收入，其中亦有部分收歸官府工場造作之用。貢品，包括國內土貢與國外進貢。土貢物類，經統計可分藥材、布帛、器用、礦產、毛皮、茶、海物、軍須及其他等九大類，凡一百九十七種。其中以藥材類，凡八十四種最多；布帛類四十種，居次。就路分言，永興軍路貢二十三種爲最多，最少爲江南西路，僅四種。土貢因隨風土所宜貢之，故數量均不爲多，此亦可由統計表（表八）中，見其一斑。外國進貢，因距離遠近，以及政經因素影響，其時間與次數多有不同。或一年一貢，或間歲一貢，或不常至偶爾一貢。諸國貢物，分由陸上或海上而來，至邊州或海港入宋。貢物亦非照單全收，如于闐貢物

中，乳香不許進奉；安南入貢物以十分只受一分爲率等。而貢物以綱運發送者，徵諸史料，得有安南（交阯）一國，其入貢物色，經表統計，可分爲象牙、犀角類，金、銀器類，紬絹綾紗類，香藥類，寶裝椅、傘類，犀、象、馬類，以及裝飾馭象用具類等七大項。除上述稅物、貢品之外，有視官府需要而收購之物，亦爲綱運承載之大宗物資。依據史料，可分之爲米糧、布帛、舶貨、馬匹、軍須、礦產、木材及其他等八大類。其中，布帛類據統計，又分錦、綺、鹿胎、透背，羅、綾、絹，絁、紗、縠子、隔織通身，紬，布，雜色匹帛，絲綿九大類。而絹一項，即占總數百分之六九‧九八最多。

綱運物資龐雜，名目繁多，故論其名稱，約可分由定名原則以及分綱準則兩方面來看。前者可歸納爲四：即一、物資種類：有以同類物資爲名者，如稱米綱、錢綱、香藥綱、牛綱、羊綱、馬綱……等；有合異類物資而稱者，如錢帛綱、糧斛馬料綱等。二、物色品質：如貢茶與舶貨依品質精粗，而有細色綱與粗色綱之分。三、起解或交納地點：有依起解地域、行政區劃（路分），或交納機構、官署等來稱。四、運輸方法：約以採行水、陸、海路等稱，或以行直達、轉般來稱。分綱準則，亦約有四：即一、船隻數目：有以十、十二、二十五、三十、四十不等船隻團爲一綱的。二、物資計量：分別以重量，如鹽、糖等；以容量，如米；以數量，如布帛、馬等。三、綱運人數：指所載運爲人員，而非物資；或指負責部運之人員姓名。四、其他準則，有依所經運道難易，或所運物資積重、輕貴，分爲重難與優輕。此外，爲便於推賞督押運送人員，而有全綱、九分、八分……至一分綱之別。

綱運承載官屬物資，多是量大積重，故運輸方式以省力廉價之水路運輸爲主，無水道處始輔之以陸運，或由海運，上岸後再循內陸水道發送。就運輸路線而言，北宋之汴京成爲全國綱運中樞，四方物資分由汴河、惠民河、廣濟河及黃河等水道，源源而至。其中尤以汴河主運東南物資，最稱繁忙。而其每年約六百萬石之漕米，更爲京師宮廷、士庶、軍兵所仰，因有「建國之本」之稱譽。南宋時期，因軍事需要，乃實施分區運補之法，行在之外，沿江三總領所亦成綱運要地，因此臨安之於南宋綱運，已非能與北宋之汴京相比。

受自然地理因素影響，黃河流域、江淮、閩廣、四川地區，順應時代需要，而各有其運輸路線。大抵以東西向天然水道，配合南北向人工運河將之

相互連通。而沿海地區之海道綱運，北宋時期運用較少，南宋時期則發運頻繁，尤其是麤色舶貨更以海綱爲定制。

至於運輸方式，有轉般與直達二法。就其施行時間論，北宋前期以轉般法爲主；仁宗天聖以後，二法並行，米糧行轉般，金帛茶布等雜般，則已行直達；徽宗崇寧以後，全面推行直達，行之未久，轉般之法又時而復之。南宋時，仍以二法並存。轉般、直達各有利弊，取利舍弊，非易持衡。

綱運組織，可分作上層管理機構、中層監督單位與下層搬運單位三者。上層管理機構又可分爲中央與地方二級，中央管理機構在元豐以前由三司總其政，元豐改官制後，由戶部負其責，此外吏部、刑部、工部、太僕寺、司農寺及太府寺內所屬，亦有相關權責機構；地方管理機構，則以發運使、轉運使司其職，統籌綱漕大計；南宋時期又有總領所，往北撥運軍糧。此外，都大提舉茶馬司、買馬司、提舉市舶司等機構，則分別主掌茶、馬、坑冶、舶貨等綱運事務。中層監督單位，主要指負責催趲離界之催綱、撥發、提轄、巡檢等官司。下層搬運單位包括管押綱運諸官員、使臣、殿侍、軍將、大將及衙吏校尉等。其中，有因差入役之衙前，「主管官物」，成爲押綱人員之主要來源。隨著役法更改，仁宗以後已有招募衙前之法，熙寧變法，正式改差爲雇；其後則差雇並行，直至南宋。負責實際行運任務者，包括綱官、梢工、㩁工、水手、火手以及搬擔、牽駕、裝卸等勞力人夫，或則差調民夫，或則役撥兵卒充任之。

綱運之裝發、卸納、行運，有其定制。裝發、行運有綱解、行程曆、鋪曆，備載物色、數量、日期、卸納處、押綱人姓名，以及兵士、車輛之數等，先期上呈所屬主管官署，以備勘驗、點檢、催督之用。

爲加強綱運成效，防弊杜禍，乃有因地里遠近、道途險易（山河、平河）、承運分量，以及有無拋失、欠折、違程等功過得失，制定出各種賞罰條例，其如汴河、廣濟河、御河等各有標準定立酬獎、拋欠體例。南宋紹興以後，更「優立賞格」，蠲放除欠等措施。所立賞格，明定綱分、道里，依等推賞，實甚合理。至此，有關綱運獎懲之制，可謂詳備。

綜言之，宋代綱運，涵義已然擴大，承載物資關係國家財政、宮廷用度、官府造作之能否運轉自如，且若馬匹、軍須等物資，更是直接影響軍事戰備之盈虛。兩宋對綱運之重視，由開拓運輸路線、變革運輸方式，以及強化綱運組織、制定管理辦法等方面觀之，均可得知。綱運至此，已由漕法蛻

變提升爲一代制度。故論宋代綱運，非僅爲交通運輸不可缺少之環節，更爲攸關國計民生，國家興衰之關鍵。至於其對此下宋、元、明、清運輸事業之影響，則又因時代背景之不同，而有所變化。然因囿於術業專攻，個人能力有限，只有期待來者加以探討。

參考書目

壹、重要史料

1. 方萬里、羅濬,《寶慶四明志》,二一卷,清咸豐四年宋元四明六志本,北京:中華書局,1990 年 5 月出版。(宋元方志叢刊第五冊)

2. 文彥博,《文潞公文集》,四〇卷,明嘉靖五年平陽府刊本,臺北:現藏於國家圖書館。

3. 王存,《元豐九域志》,一〇卷,點校本,北京:中華書局,1984 年 12 月第一版。

4. 王泳,《宋朝燕翼詒謀錄》,五卷,百川學海,臺北:新文豐出版公司,民國 74 年 1 月出版。

5. 王曾,《王文正公筆錄》,一卷,百川學海,臺北:新文豐出版公司,民國 74 年 1 月出版。

6. 王溥,《唐會要》,一〇〇卷,點校本,臺北:世界書局,民國 52 年 4 月二版。

7. 王溥,《五代會要》,三〇卷,點校本,臺北:世界書局,民國 52 年 4 月二版。

8. 王稱,《東都事略》,一三〇卷,眉山程舍人宅刊本,臺北:文海出版社,民國 56 年 1 月臺初版。

9. 王謇,《宋平江城坊考》,五卷,宋史資料萃編第三輯,臺北:文海出版社,民國 70 年 6 月出版。

10. 王瓘,《北道刊誤志》,不分卷,守山閣叢書,臺北:新文豐出版公司,民國 74 年 1 月出版。

11. 王讜,《唐語林》,八卷,點校本,臺北:世界書局,民國 64 年 4 月三版。

12. 王之望，《漢濱集》，一六卷，文淵閣四庫全書本，臺北：臺灣商務印書館，民國 75 年 3 月出版。

13. 王安石，《臨川先生文集》，一○○卷，明刊本，四部叢刊初編集部，臺北：臺灣商務印書館，民國 54 年 8 月臺一版。

14. 王明清，《揮塵錄》，二○卷，津逮秘書，臺北：新文豐出版公司，民國 74 年 1 月出版。

15. 王欽若等，《冊府元龜》，一○○○卷，明崇禎十五年刻本，臺北：清華書局，民國 56 年 3 月初版。

16. 王象之，《輿地紀勝》，二○○卷，清咸豐庚申伍崇曜覆校本，臺北：文海出版社，民國 60 年 10 月二版。

17. 王應麟，《玉海》，二○四卷，臺北：大化書局，民國 66 年 12 月初版。

18. 王闢之，《澠水燕談錄》，一○卷，學海類編，臺北：新文豐出版公司，民國 74 年 1 月出版。

19. 孔平仲，《孔氏談苑》，五卷，藝海珠塵，臺北：新文豐出版公司，民國 74 年 1 月出版。

20. 司馬光，《溫國文正司馬公文集》，八○卷，常熟瞿氏藏宋紹興本，四部叢刊初編集部，臺北：臺灣商務印書館，民國 54 年 8 月臺一版。

21. 司馬光，《資治通鑑》，二九四卷，點校本，臺北：洪氏出版社，民國 63 年 9 月初版。

22. 司馬遷（漢），《史記》，一三○卷，點校本，臺北：鼎文書局，民國 75 年 10 月三版。

23. 田錫，《咸平集》，三○卷，文淵閣四庫全書本，臺北：臺灣商務印書館，民國 75 年 3 月出版。

24. 史能之，《咸淳毘陵志》，三○卷，清嘉慶二十五年趙懷玉刻李兆洛校本，北京：中華書局，1990 年 5 月出版。（宋元方志叢刊第三冊）

25. 包拯，《包孝肅奏議集》，一○卷，附錄一卷，明正統元年合肥方正刊本，臺北：現藏於國立故宮博物院。

26. 白居易，《白氏長慶集》，七一卷，上海涵芬樓影印本，四部叢刊正編集部，臺北：臺灣商務印書館，民國 68 年 11 月臺一版。

27. 江少虞，《皇朝類苑》，七八卷，清宣統三年武進董氏重刊本，臺北：文海出版社，民國 70 年 6 月出版。

28. 朱彧，《萍洲可談》，三卷，守山閣叢書，臺北：新文豐出版公司，民國 74 年 1 月出版。

29. 朱熹、李幼武，《宋名臣言行錄五集》，七五卷，臨川桂氏重修本，臺北：文海出版社，民國 56 年 1 月臺初版。

30. 朱長文，《吳郡圖經續記》，三卷，民國 13 年烏程蔣氏景宋刻本，北京：中華書局，1990 年 5 月出版。（宋元方志叢刊第一冊）

31. 危素（元），《元海運志》，一卷，學海類編，臺北：新文豐出版公司，民國 74 年 1 月出版。

32. 沈括，《長興集》，存二九卷，四部叢刊續編，臺北：臺灣商務印書館，民國 65 年 6 月臺二版。

33. 沈括撰，胡道靜（民國）校證，《夢溪筆談校證》，二六卷，愛廬刊本與他本互校，另《補筆談》三卷，《續筆談》十一篇，上海：古籍出版社，1987 年 9 月第一版。

34. 沈約（梁），《宋書》，一〇〇卷，點校本，臺北：鼎文書局，民國 75 年 10 月三版。

35. 汪應辰，《文定集》，二四卷，聚珍版叢書，臺北：新文豐出版公司，民國 74 年 1 月出版。

36. 宋子安，《東溪試茶錄》，一卷，百川學海，臺北：新文豐出版公司，民國 74 年 1 月出版。

37. 宋敏求，《春明退朝錄》，三卷，百川學海，臺北：新文豐出版公司，民國 74 年 1 月出版。

38. 杜佑，《通典》，二〇〇卷，武英殿浙刻本，臺北：臺灣商務印書館，民國 76 年 12 月臺一版。

39. 杜大珪，《名臣碑傳琬琰集》，一〇七卷，鈔本，臺北：文海出版社，民國 58 年 5 月初版。

40. 李石，《方舟集》，二四卷，文淵閣四庫全書本，臺北：臺灣商務印書館，民國 75 年 3 月出版。

41. 李攸，《宋朝事實》，二〇卷，武英殿聚珍版，臺北：文海出版社，民國 56 年 1 月臺初版。

42. 李壆，《皇宋十朝綱要》，二五卷，臺北：文海出版社，民國 56 年 1 月臺初版。

43. 李綱，《梁溪集》，一八〇卷，附錄三卷（原闕卷一三二），舊鈔本，臺北：現藏於國家圖書館。

44. 李覯，《直講李先生文集》，三七卷，明刊本，四部叢刊初編集部，臺北：臺灣商務印書館，民國 54 年 8 月臺一版。

45. 李燾，《續資治通鑑長編》，五二〇卷，新定本，臺北：世界書局，民國 72 年 4 月四版。

46. 李心傳，《建炎以來朝野雜記》，甲集二〇卷，乙集二〇卷，明鈔校聚珍本，臺北：文海出版社，民國 56 年 1 月臺初版。

47. 李心傳，《建炎以來繫年要錄》，二〇〇卷，清光緒庚子廣雅書局刊本，

臺北：文海出版社，民國 69 年 6 月初版。

48. 李心傳，《舊聞證誤》，五卷，藕香零拾本，臺北：文海出版社，民國 70 年 6 月出版。

49. 李曾伯，《可齋雜藁》，三四卷，續藁前八卷，續藁後一二卷，文淵閣四庫全書本，臺北：臺灣商務印書館，民國 75 年 3 月出版。

50. 李彌遜，《筠谿集》，二四卷，文淵閣四庫全書本，臺北：臺灣商務印書館，民國 75 年 3 月出版。

51. 呂陶，《淨德集》，三八卷，聚珍版叢書，臺北：新文豐出版公司，民國 74 年 1 月出版。

52. 呂本中，《東萊先生詩集》，二〇卷，四部叢刊續編，臺北：臺灣商務印書館，民國 65 年 6 月臺二版。

53. 呂祖謙，《類編皇朝大事記講義》，二四卷，清道光間抄本，臺北：文海出版社，民國 70 年 10 月出版。

54. 林駉，《古今源流至論》，四〇卷，明末翻刻元圓沙書院本，臺北：新興書局，民國 59 年 2 月新一版。

55. 孟元老等，《東京夢華錄》（外四種），點校本：（一）孟元老，《東京夢華錄》，一〇卷；（二）耐得翁，《都城紀勝》，一卷；（三）西湖老人，《西湖老人繁勝錄》，一卷；（四）吳自牧，《夢梁錄》，二〇卷；（五）周密，《武林舊事》，一〇卷；臺北：古亭書屋，民國 64 年 8 月臺一版。

56. 周淙，《乾道臨安志》，一五卷，清光緒七年武林掌故叢編本，北京：中華書局，1990 年 5 月出版。（宋元方志叢刊第四冊）

57. 周煇，《清波雜志》，一二卷，附《別志》三卷，知不足齋叢書，臺北：新文豐出版公司，民國 74 年 1 月出版。

58. 周去非，《嶺外代答》，一〇卷，知不足齋叢書，臺北：新文豐出版公司，民國 74 年 1 月出版。

59. 周必大，《文忠集》，二〇〇卷，文淵閣四庫全書本，臺北：臺灣商務印書館，民國 75 年 3 月出版。

60. 周應合，《景定建康志》，五〇卷，清嘉慶六年金陵孫忠愍祠刻本，北京：中華書局，1990 年 5 月出版。（宋元方志叢刊第二冊）

61. 岳珂，《金佗續編》，三〇卷，文淵閣四庫全書本，臺北：臺灣商務印書館，民國 75 年 3 月出版。

62. 房玄齡（唐）等，《晉書》，一三〇卷，點校本，臺北：鼎文書局，民國 75 年 10 月三版。

63. 洪皓，《松漠記聞》，一卷，續一卷，學津討原，臺北：新文豐出版公司，民國 74 年 1 月出版。

64. 洪适，《盤洲文集》，八〇卷，宋刊本，四部叢刊初編集部，臺北：臺灣

商務印書館,民國 54 年 8 月臺一版。

65. 洪邁,《夷堅志》,五〇卷,文明刊歷代善本,臺北:新興書局,民國 62 年 4 月出版。

66. 洪邁,《容齋隨筆》,七四卷,點校本,臺北:大立出版社,民國 70 年 7 月景印出版。

67. 施宿等纂,《嘉泰會稽志》,二〇卷,清嘉慶十三年刻本,北京:中華書局,1990 年 5 月出版。(宋元方志叢刊第七冊)

68. 施諤,《淳祐臨安志》,五二卷,清光緒九年武林掌故叢編本,北京:中華書局,1990 年 5 月出版。(宋元方志叢刊第四冊)

69. 祝穆,《方輿勝覽》,七〇卷,文淵閣四庫全書本,臺北:臺灣商務印書館,民國 75 年 3 月出版。

70. 范鎮,《東齋記事》,六卷,守山閣叢書,臺北:新文豐出版公司,民國 74 年 1 月出版。

71. 范曄(南朝宋),《後漢書》,九〇卷,點校本,臺北:鼎文書局,民國 75 年 10 月三版。

72. 范成大,《吳郡志》,五〇卷,民國十五年擇是居叢書景宋刻本,北京:中華書局,1990 年 5 月出版。(宋元方志叢刊第二冊)

73. 范成大,《驂鸞錄》,一卷,文淵閣四庫全書本,臺北:臺灣商務印書館,民國 75 年 3 月出版。

74. 范仲淹,《范文正公集》,二〇卷,元刊本,四部叢刊初編集部,臺北:臺灣商務印書館,民國 54 年 8 月臺一版。

75. 范純仁,《范忠宣公奏議》,三卷,明嘉靖四十年嚴州知府韓叔陽重刊本,臺北:現藏於國家圖書館。

76. 胡宏,《五峰集》,五卷,文淵閣四庫全書本,臺北:臺灣商務印書館,民國 75 年 3 月出版。

77. 胡宿,《文恭集》,四〇卷,聚珍版叢書,臺北:新文豐出版公司,民國 74 年 1 月出版。

78. 姚寬,《西溪叢語》,二卷,學津討原,臺北:新文豐出版公司,民國 74 年 1 月出版。

79. 姚廣孝(明)等奉敕編,《永樂大典》,影存帙八一九卷,臺北:大化書局,民國 74 年 8 月初版。

80. 俞希魯(元),《至順鎮江志》,二一卷,首一卷,清道光二十二年丹徒包氏刻本,北京:中華書局,1990 年 5 月出版。(宋元方志叢刊第三冊)

81. 高承,《事物紀原集類》,一〇卷,明正統十二年刻本,臺北:新興書局,民國 58 年 11 月新一版。

82. 唐順之（明），《稗編》，一二〇卷，明萬曆辛巳年文霞閣校刻本，臺北：新興書局，民國 61 年 2 月出版。

83. 馬端臨，《文獻通考》，三四八卷，武英殿本，臺北：新興書局，民國 52 年 10 月新一版。

84. 秦觀，《淮海集》，四〇卷，明嘉靖本，四部叢刊初編集部，臺北：臺灣商務印書館，民國 54 年 8 月臺一版。

85. 班固（漢），《漢書》，一〇〇卷，點校本，臺北：鼎文書局，民國 75 年 10 月三版。

86. 袁文，《甕牖閒評》，八卷，聚珍版叢書，臺北：新文豐出版公司，民國 74 年 1 月出版。

87. 袁甫，《蒙齋集》，二〇卷，聚珍版叢書，臺北：新文豐出版公司，民國 74 年 1 月出版。

88. 袁褧撰，袁頤續撰，姚士麟校，《楓窗小牘》，二卷，寶顏堂秘笈，臺北：新文豐出版公司，民國 74 年 1 月出版。

89. 袁燮，《絜齋集》，二四卷，聚珍版叢書，臺北：新文豐出版公司，民國 74 年 1 月出版。

90. 夏竦，《文莊集》，三六卷，文淵閣四庫全書本，臺北：臺灣商務印書館，民國 75 年 3 月出版。

91. 韋驤，《錢塘集》，一四卷，文淵閣四庫全書本，臺北：臺灣商務印書館，民國 75 年 3 月出版。

92. 晁補之，《雞肋集》，七〇卷，明刊本，四部叢刊初編集部，臺北：臺灣商務印書館，民國 54 年 8 月臺一版。

93. 晁載之，《續談助》，五卷，十萬卷樓叢書，臺北：新文豐出版公司，民國 74 年 1 月出版。

94. 員興宗，《九華集》，二五卷，文淵閣四庫全書本，臺北：臺灣商務印書館，民國 75 年 3 月出版。

95. 徐松（清）輯，《宋會要輯稿》，八冊十七門，臺北：新文豐出版公司，民國 65 年 10 月出版。

96. 徐夢莘，《三朝北盟會編》，一五〇卷，點校本，臺北：大化書局，民國 68 年 1 月初版。

97. 梁克家，《淳熙三山志》，四二卷，明崇禎十一年刻本，北京：中華書局，1990 年 5 月出版。（宋元方志叢刊第八冊）

98. 章如愚，《群書考索》，二一二卷，明正德戊辰年刻本，臺北：新興書局，民國 58 年 9 月新一版。

99. 許月卿，《百官箴》，六卷，文淵閣四庫全書本，臺北：臺灣商務印書館，民國 75 年 3 月出版。

100. 黃榦，《勉齋集》，四○卷，文淵閣四庫全書本，臺北：臺灣商務印書館，民國75年3月出版。

101. 黃震，《黃氏日抄古今紀要逸編》，一卷，知不足齋叢書，臺北：新文豐出版公司，民國74年1月出版。

102. 黃庭堅，《豫章黃先生文集》，三○卷，嘉興沈氏藏宋本，四部叢刊初編集部，臺北：臺灣商務印書館，民國54年8月臺一版。

103. 黃巖孫，《仙溪志》，四卷，清瞿氏鐵琴銅劍樓抄本，北京：中華書局，1990年5月出版。（宋元方志叢刊第八冊）

104. 張守，《毗陵集》，一六卷，聚珍版叢書，臺北：新文豐出版公司，民國74年1月出版。

105. 張方平，《樂全先生文集》，四○卷，明山陰祁氏淡生堂藍格本（卷一七～一九清海鹽馬氏漢唐齋鈔本），臺北：現藏於國家圖書館。

106. 張邦基，《墨莊漫錄》，一○卷，稗海，臺北：新文豐出版公司，民國74年1月出版。

107. 張舜民，《畫墁集》，八卷，知不足齋叢書，臺北：新文豐出版公司，民國74年1月出版。

108. 陸游，《渭南文集》，五○卷，明活字印本，四部叢刊初編集部，臺北：臺灣商務印書館，民國54年8月臺一版。

109. 陸心源，《宋史翼》，四○卷，臺北：文海出版社，民國56年1月臺初版。

110. 陳均，《宋本皇朝編年綱目備要》，三○卷，據靜嘉堂文庫用家藏宋本景印本，臺北：成文出版社，民國55年4月臺一版。

111. 陳壽（晉），《三國志》，六五卷，點校本，臺北：鼎文書局，民國75年10月三版。

112. 陳邦瞻（明），《宋史紀事本末》，一○九卷，江西書局本與他本互校，臺北：里仁書局，民國70年12月出版。

113. 陳耆卿，《嘉定赤城志》，四○卷，清嘉慶二十三年台州叢書本，北京：中華書局，1990年5月出版。（宋元方志叢刊第七冊）

114. 陳師道，《後山叢談》，四卷，寶顏堂秘笈，臺北：新文豐出版公司，民國74年1月出版。

115. 陳傅良，《止齋先生文集》，明弘治本，四部叢刊初編集部，臺北：臺灣商務印書館，民國54年8月臺一版。

116. 陳夢雷（清）原編，楊家駱（民國）類編主編，《古今圖書集成》，七十九冊，中國學術類編整理本，臺北：鼎文書局，民國66年4月初版。

117. 脫脫（元），《宋史》，四九六卷，點校本，臺北：鼎文書局，民國72年11月三版。

118. 曾布,《曾公遺錄》,存三卷,藉香零拾本,臺北:文海出版社,民國70年10月出版。

119. 曾鞏,《隆平集》,二○卷,清康熙辛巳年新鐫七業堂校本,臺北:文海出版社,民國56年1月臺初版。

120. 曾敏行,《獨醒雜志》,一○卷,知不足齋叢書,臺北:新文豐出版公司,民國74年1月出版。

121. 彭百川,《太平治蹟統類》,三○卷,校玉玲瓏閣鈔本影印,臺北:成文出版社,民國55年4月臺一版。

122. 單鍔,《吳中水利書》,一卷,守山閣叢書,臺北:新文豐出版公司,民國74年1月出版。

123. 程大昌,《考古編》,一○卷,儒學警悟,臺北:新文豐出版公司,民國74年1月出版。

124. 楊仲良,《續資治通鑑長編紀事本末》,一五○卷,清光緒十九年廣雅書局刊本,臺北:文海出版社,民國56年11月版。

125. 葉夢得撰,汪應辰辨,《石林燕語辨》,一○卷,儒學警悟,臺北:新文豐出版公司,民國74年1月出版。

126. 董誥(清)編校,《全唐文》,一○○○卷,臺北:大通書局,民國68年出版。

127. 虞儔,《尊白堂集》,六卷,文淵閣四庫全書本,臺北:臺灣商務印書館,民國75年3月出版。

128. 趙汝愚,《諸臣奏議》,一五○卷,宋刻明印本,臺北:文海出版社,民國59年5月出版。

129. 趙汝礪,《北苑別錄》,一卷,讀畫齋叢書,臺北:新文豐出版公司,民國74年1月出版。

130. 趙彥衛,《雲麓漫鈔》,一五卷,涉聞梓舊,臺北:新文豐出版公司,民國74年1月出版。

131. 趙與時,《賓退錄》,一○卷,學海類編,臺北:新文豐出版公司,民國74年1月出版。

132. 熊克,《中興小紀》,四○卷,清光緒十七年廣雅書局校刊本,臺北:文海出版社,民國58年5月初版。

133. 熊蕃,《宣和北苑貢茶錄》,一卷,讀畫齋叢書,臺北:新文豐出版公司,民國74年1月出版。

134. 潛說友,《咸淳臨安志》,一○○卷,清道光十年錢塘汪氏振綺堂刊本,北京:中華書局,1990年5月出版。(宋元方志叢刊第四冊)

135. 鄭剛中,《西征道里記》,一卷,金華叢書,臺北:新文豐出版公司,民國74年1月出版。

136. 樂史,《太平寰宇記》,存一九三卷,清江西萬廷蘭刻本,臺北:文海出版社,民國 52 年 4 月初版。

137. 樓鑰,《攻媿集》,一一二卷,武英殿聚珍版,四部叢刊初編集部,臺北:臺灣商務印書館,民國 54 年 8 月臺一版。

138. 樓鑰等,《南宋國信使錄》四種:(一)樓鑰,《北行日錄》,二卷,知不足齋本;(二)范成大,《攬轡錄》,一卷,知不足齋本;(三)周煇,《北轅錄》,一卷,續百川學海本;(四)倪思,《重明節館伴語錄》,永樂大典本,臺北:文海出版社,民國 70 年 10 月出版。

139. 歐陽忞,《輿地廣記》,三八卷,士禮居叢書,臺北:新文豐出版公司,民國 74 年 1 月出版。

140. 歐陽修、宋祁,《新唐書》,二二五卷,點校本,臺北:鼎文書局,民國 75 年 10 月三版。

141. 歐陽修,《歐陽文忠公文集》,一五三卷,元刊本,四部叢刊初編集部,臺北:臺灣商務印書館,民國 54 年 8 月臺一版。

142. 蔡條,《鐵圍山叢談》,六卷,知不足齋叢書,臺北:新文豐出版公司,民國 74 年 1 月出版。

143. 蔡襄,《茶錄》,一卷,百川學海,臺北:新文豐出版公司,民國 74 年 1 月出版。

144. 劉昫(後晉),《舊唐書》,二○○卷,點校本,臺北:鼎文書局,民國 75 年 10 月三版。

145. 劉摯,《忠肅集》,二○卷,聚珍版叢書,臺北:新文豐出版公司,民國 74 年 1 月出版。

146. 劉克莊,《後村先生大全集》,一九六卷,賜硯堂鈔本,四部叢刊初編集部,臺北:臺灣商務印書館,民國 54 年 8 月臺一版。

147. 劉昌詩,《蘆浦筆記》,一○卷,知不足齋叢書,臺北:新文豐出版公司,民國 74 年 1 月出版。

148. 盧憲,《嘉定鎮江志》,二二卷,清道光二十二年丹徒包氏刻本,北京:中華書局,1990 年 5 月出版。(宋元方志叢刊第五冊)

149. 謝維新、虞載,《古今合璧事類備要》,三六六卷,明嘉靖丙辰年宋版摹刻本,臺北:新興書局,民國 58 年 10 月新一版。

150. 薛居正,《舊五代史》,一五○卷,點校本,臺北:鼎文書局,民國 75 年 10 月三版。

151. 韓琦,《韓魏公集》,二○卷,正誼堂全書,臺北:新文豐出版公司,民國 74 年 1 月出版。

152. 韓元吉,《南澗甲乙稿》,二二卷,聚珍版叢書,臺北:新文豐出版公司,民國 74 年 1 月出版。

153. 魏收（北齊），《魏書》，一一四卷，點校本，臺北：鼎文書局，民國 75 年 10 月三版。

154. 魏泰，《東軒筆錄》，一五卷，稗海，臺北：新文豐出版公司，民國 74 年 1 月出版。

155. 魏徵（唐）等，《隋書》，八五卷，點校本，臺北：鼎文書局，民國 75 年 10 月三版。

156. 蘇軾，《東坡七集》，一一〇卷，四部備要，臺北：臺灣中華書局，民國 65 年 6 月臺二版。

157. 蘇轍，《龍川略志》，一〇卷，百川學海，臺北：新文豐出版公司，民國 74 年 1 月出版。

158. 蘇轍，《欒城集》，八四卷，明活字印本，四部叢刊初編集部，臺北：臺灣商務印書館，民國 54 年 8 月臺一版。

159. 蘇舜欽，《蘇學士文集》，一六卷，白華書屋本，四部叢刊初編集部，臺北：臺灣商務印書館，民國 54 年 8 月臺一版。

160. 釋文瑩，《玉壺清話》，一〇卷，知不足齋叢書，臺北：新文豐出版公司，民國 74 年 1 月出版。

161. 竇儀等，《宋刑統》，三〇卷，中華民國七年國務院法制局重校天一閣本，臺北：文海出版社，民國 53 年 8 月。

162. 顧炎武（明），《天下郡國利病書》，原編三十四冊，上海涵芬樓景印昆山圖書館藏稿本，四部叢刊續編，臺北：臺灣商務印書館，民國 65 年 6 月臺二版。

163. 顧祖禹（明），《讀史方輿紀要》，一三〇卷，聚珍版，臺北：樂天出版社，民國 62 年 10 月 25 日初版。

164. 不著撰人，《元豐官志不分卷》，國立中央圖書館藏抄本，臺北：文海出版社，民國 70 年 10 月出版。

165. 不著撰人，《吏部條法殘本》，存九卷，永樂大典本，臺北：文海出版社，民國 70 年 6 月出版。

166. 不著撰人，《宋大詔令集》，二四〇卷，北圖北大互校本，臺北：鼎文書局，民國 61 年 9 月出版。

167. 不著撰人，《宋史全文續資治通鑑》，三六卷，元刊本，臺北：文海出版社，民國 58 年 5 月初版。

168. 不著撰人，《宋季三朝政要》，六卷，清人鈔本，臺北：文海出版社，民國 70 年 6 月出版。

169. 不著撰人，《兩朝綱目備要》，一六卷，臺北：文海出版社，民國 56 年 1 月臺初版。

170. 不著撰人，《周禮》，一二卷，明刻宋岳氏相台本，四部叢刊初編經部，

臺北：臺灣商務印書館，民國 54 年 8 月臺一版。

171. 不著撰人，《皇宋中興兩朝聖政》，六四卷，宛委別藏影宋鈔本，臺北：文海出版社，民國 56 年 1 月臺初版。

172. 不著撰人，《慶元條法事類》，存三六卷，中央圖書館藏鈔本與靜嘉堂文庫本互校，臺北：新文豐出版公司，民國 65 年 4 月初版。

貳、一般論著

一、中文

（一）專書

1. 方豪，《宋史》，臺北：華岡出版有限公司，民國 68 年 10 月新一版，430 頁。

2. 王恢，《中國歷史地理》上冊，臺北：臺灣學生書局，民國 65 年 4 月初版，608 頁。

3. 王志瑞，《宋元經濟史》，臺北：臺灣商務印書館，民國 58 年 4 月臺一版，145 頁。

4. 王德毅，《宋史研究論集》，臺北：臺灣商務印書館，民國 61 年 5 月二版，268 頁

5. 中國史稿編寫組，《中國史稿》第五冊，北京：人民出版社，1983 年 6 月第一版，681 頁。

6. 中國社會科學院歷史研究所宋遼金元史研究室編，《宋遼金史論叢》，北京：中華書局，1985 年 8 月第一版，336 頁。

7. 中國唐史學會唐宋運河考察隊編，《唐宋運河考察記》，西安：陝西省社會科學院出版發行室，1985 年 8 月第一版，142 頁。

8. 石璋如等，《中國歷史地理》上、下冊，臺北：中國文化大學出版部，民國 72 年 6 月新一版，737 頁

9. 加藤繁，《中國經濟史考證》（中譯本），臺北：華世出版社，民國 65 年 6 月出版，864 頁。

10. 史念海，《中國的運河》，西安：陝西人民出版社，1988 年 4 月第一版，448 頁。

11. 史念海，《中國歷史地理論叢》第一輯，西安：陝西人民出版社，1981 年 7 月第一版，304 頁。

12. 史念海，《河山集》，北京：三聯書店，1987 年 5 月第二次印刷，302 頁。

13. 朱偰，《中國運河史料選輯》，北京：中華書局，1962 年 7 月初版，180 頁。

14. 朱重聖，《北宋茶之生產與經營》，臺北：臺灣學生書局，民國 74 年 12 月初版，400 頁。

15. 全漢昇，《中國經濟史研究》上冊，香港：新亞研究所，民國 65 年 3 月出版，395 頁。

16. 全漢昇，《中國經濟史論叢》第一、二冊，香港：新亞研究所，民國 61 年 8 月出版，815 頁。

17. 宋晞，《宋史研究論叢》第一輯，臺北：中國文化研究所，民國 68 年 7 月再版，204 頁。

18. 宋晞，《宋史研究論叢》第二輯，臺北：中國文化研究所，民國 69 年 2 月再版，276 頁。

19. 宋晞，《宋史研究論叢》第三輯，臺北：中國文化大學出版部，民國 77 年 8 月初版，243 頁。

20. 李約瑟（Joseph Needham）原著，陳立夫主譯，《中國之科技與文明》第六冊，臺北：臺灣商務印書館，民國 69 年 8 月三版，550 頁。

21. 李劍農，《宋元明經濟史稿》，北京：三聯書店，1957 年 4 月初版，297 頁。

22. 武漢水利電力學院，中國水利史稿編寫組，《中國水利史稿》上冊，北京：水利電力出版社，1979 年 8 月第一版，307 頁。

23. 武漢水利電力學院，中國水利史稿編寫組，《中國水利史稿》中冊，北京：水利電力出版社，1987 年 6 月第一版，341 頁。

24. 武漢水利電力學院，中國水利史稿編寫組，《中國水利史稿》下冊，北京：水利電力出版社，1989 年 1 月第一版，516 頁。

25. 林天蔚，《宋代香藥貿易史》，臺北：中國文化大學出版部，民國 75 年 10 月出版，405 頁。

26. 周寶珠，《宋代東京開封府》，開封：河南師大學報編輯部，1984 年 3 月第一版，138 頁。

27. 梁庚堯，《南宋的農村經濟》，臺北：聯經出版公司，民國 73 年 5 月初版，349 頁。

28. 郭正忠，《宋代鹽業經濟史》，北京：人民出版社，1990 年 7 月第一版，969 頁。

29. 張家駒，《兩宋經濟重心的南移》，臺北：帛書出版社，民國 74 年 3 月出版，168 頁。

30. 陳高華、吳泰，《宋元時期的海外貿易》，天津：天津人民出版社，1981 年 9 月第一版，272 頁。

31. 傅崇蘭，《中國運河城市發展史》，成都：四川人民出版社，1985 年 11

月第一版，432 頁。

32. 賈大泉，《宋代四川經濟述論》，成都：四川省社會科學院出版社，1985 年 5 月第一版，276 頁。

33. 楊聯陞，《國史探微》，臺北：聯經出版公司，民國 72 年 3 月初版，391 頁。

34. 漆俠，《宋代經濟史》上冊，上海：上海人民出版社，1987 年 2 月第一版，531 頁。

35. 漆俠，《宋代經濟史》下冊，上海：上海人民出版社，1988 年 7 月第一版，1240 頁。

36. 趙效宣，《宋代驛站制度》，臺北：聯經出版公司，民國 72 年 9 月初版，330 頁。

37. 潘鏞，《隋唐時期的運河和漕運》，西安：三秦出版社，1987 年出版，128 頁。

38. 鄭壽彭，《宋代開封府研究》，臺北：國立編譯館中華叢書編審委員會，民國 69 年 5 月印行，870 頁。

39. 鄭肇經，《中國水利史》，臺北：臺灣商務印書館，民國 75 年 10 月臺四版，347 頁。

40. 鄧廣銘、徐規等，《宋史研究論文集》，杭州：浙江人民出版社，1987 年 11 月第一版，612 頁。

41. 鄧廣銘、酈家駒等，《宋史研究論文集》，鄭州：河南人民出版社，1984 年 7 月第一版，592 頁。

42. 劉子健，《兩宋史研究彙編》，臺北：聯經出版公司，民國 76 年 11 月出版，382 頁。

43. 韓桂華，《宋代官府工場及物料與工匠》，臺北：花木蘭文化出版社，2010 年 9 月初版，164 頁。

44. 冀朝鼎著，朱詩鰲譯，《中國歷史上的基本經濟區與水利事業的發展》，北京：中國社會科學出版社，1981 年 6 月第一版，144 頁。

45. 戴裔煊，《宋代鈔鹽制度研究》，臺北：華世出版社，民國 71 年 9 月臺一版，382 頁。

46. 繆啓愉，《齊民要術導讀》，成都：巴蜀出版社，1988 年 8 月第一版，346 頁。

47. 聶崇岐，《宋史叢考》，臺北：華世出版社，民國 75 年 12 月臺一版，565 頁。

48. 不著撰人，《中國歷史自然地理》，臺北：明文書局，民國 74 年 5 月初版，372 頁。

（二）論文

1. 王恢，〈南宋廣馬〉，《史學彙刊》第十三期，民國 73 年 10 月出版，頁 37～48。

2. 王文楚，〈北宋諸路轉運司的治所〉，《文史》第二十八輯，1987 年 3 月第一版，頁 145～159。

3. 王文楚，〈西安洛陽間陸路交通的歷史發展〉，收入復旦大學中國歷史地理研究所編，《歷史地理研究》第一冊（上海：復旦大學出版社，1986 年 5 月出版），頁 12～32。

4. 王貴民，〈試論貢、賦、稅的早期歷程——先秦時期貢、賦、稅源流考〉，《中國經濟史研究》，1988 年第一期，1988 年 3 月出版，頁 13～29。

5. 王曾瑜，〈談宋代的造船業〉，《文物》第十期，1975 年 10 月出版，頁 24～28。

6. 王瑞明，〈宋代的造船業與船戶〉，《學術月刊》，1987 年第三期，1987 年 3 月出版，頁 63～68。

7. 王瑞明，〈宋代綱運與階級矛盾〉，《歷史研究》第十期，1980 年 10 月出版，頁 81～89。

8. 王德毅，〈南宋役法的研究〉，《中國歷史學會史學集刊》第六期，民國 63 年 5 月出版，頁 125～154。

9. 王德毅，〈略論宋代國計上的重大難題〉，收入氏著《宋史研究論集》第二輯（臺北：鼎文書局，民國 61 年 5 月初版），頁 287～313。

10. 石文濟，《宋代市舶司的設置與職權》，中國文化學院史學研究所碩士論文，民國 54 年 5 月，152 頁。

11. 江天健，《北宋市馬之研究》，中國文化學院史學研究所博士論文，民國 78 年 6 月，433 頁。

12. 朱家源、王曾瑜，〈宋朝的和糴糧草〉，《文史》第二十四輯，1985 年 4 月第一版，頁 127～156。

13. 汪聖鐸，〈宋代地方財政研究〉，《文史》第二十七輯，1986 年 12 月第一版，頁 89～132。

14. 宋晞，〈宋代役法與戶等的關係〉，《華岡文科學報》第十二期，民國 69 年 3 月出版，頁 71～84。

15. 谷霽光，〈宋元時代造船事業之進展〉，《文史雜誌》第四卷五至六期，1951 年 7 月出版，頁 14～21。

16. 周建明，〈論北宋漕運轉般法〉，《史學月刊》，1988 年第六期，1988 年 11 月出版，頁 18～22。

17. 周夢江，〈清明上河圖所反映的汴河航運〉，《河南大學學報》，1987 年第一期，1987 年 1 月出版，頁 72～74。

18. 林瑞翰，〈宋代邊郡之馬市及馬之綱運〉，《大陸雜誌》第三十一卷第九期，民國 54 年 11 月 15 日出版，頁 6～13。

19. 姜漢椿，〈北宋轉運使路略論〉，《華東師範大學學報》，1987 年第五期，1987 年 10 月 15 日出版，頁 57～61。

20. 姜漢椿，〈宋代轉運司的設官制度〉，《華東師範大學學報》（哲學社會科學版），1989 年第六期，1989 年 12 月 15 日出版，頁 81～87。

21. 泉州灣宋代海船發掘報告編寫組，〈泉州灣宋代海船發掘簡報〉，《文物》，1975 年第十期，1975 年 10 月出版，頁 1～18。

22. 侯家駒，〈宋代財賦「盡輦京師」辨〉，《大陸雜誌》第七十二卷第二期，民國 75 年 2 月 15 日出版，頁 20～21。

23. 高文，〈通濟渠──汴河方位考略〉，《史學月刊》，1980 年第二期，1980 年 3 月出版，頁 24～31。

24. 唐剛卯，〈衙前考論〉，收入《宋史論集》（河南許昌：中州書畫社，1983 年第一版），頁 124～144。

25. 袁國藩，〈元初河漕轉變之研究〉，《大陸雜誌》第二十七卷第四期，民國 52 年 8 月 31 日出版，頁 11～16。

26. 梁庚堯，〈宋元時代的蘇州〉，《文史哲學報》第三十一期，民國 71 年 12 月出版，頁 224～325。

27. 梁庚堯，〈宋元時代蘇州的農業發展〉，《第二屆中國社會經濟史研討會論文集》（臺北：漢學研究中心，民國 72 年 7 月出版），頁 257～281。

28. 梁庚堯，〈南宋淮浙鹽的運銷〉（上）、（中）、（下），《大陸雜誌》第七十七卷第一～三期，民國 77 年 7、8、9 月 15 日出版，頁 1～13，56～72，117～131。

29. 梁庚堯，〈邊糧運輸問題與北宋前期對夏政策的改變〉，《食貨》月刊復刊第十六卷第七、八期，民國 76 年 7 月 15 日出版，頁 38～47。

30. 許懷林，〈北宋轉運使制度略論〉，收入鄧廣銘、酈家駒等主編，《宋史研究論文集》，頁 287～318。

31. 黃錦堂，〈運河對唐宋的影響〉，《建設》第十卷第六期，民國 50 年 11 月出版，頁 22。

32. 郭正忠，〈隋唐宋元之際的量器與量制〉，《中國經濟史研究》，1987 年第一期，1987 年 3 月出版，頁 63～78。

33. 張家駒，〈宋代造船之地理分布〉，《大風》第一○○期，民國 30 年 11 月出版，頁 3379～3383。

34. 婁雨亭，〈宋代的汴河水運〉，《中國歷史地理論叢》第六輯，一九八八年一月出版，頁 18。

35. 陳峰，〈略論漕運與北宋的集權統治〉，《歷史教學》，1986 年第一○期，

1986 年 10 月出版，頁 14～18。

36. 陳峰，〈漕運與中國的封建集權統治〉，《西北大學學報》，1990 年第二期，
1990 年 3 月出版，頁 6～12。

37. 陳璋，〈論南宋初年四川都轉運使〉，《大陸雜誌》第四十一卷第五期，民
國 70 年 9 月出版，頁 11～16。

38. 陳有忠、陳代光，〈北宋時期的惠民河〉，《學術月刊》，1983 年第二期，
1983 年 3 月出版，頁 49～54、68。

39. 彭瀛添，〈兩宋的郵驛制度〉，《史學彙刊》第八期，民國 66 年 8 月出版，
頁 111～220。

40. 馮漢鏞，〈宋代國內海道考〉，《文史》第二十六輯，1986 年 5 月第一版，
頁 135～148。

41. 斯波義信（日）原著，郁越祖譯，〈長江下游地區的城市化和市場發展（摘
譯）〉，收入復旦大學中國歷史地理研究所編，《歷史地理研究》第一冊（上
海，復旦大學出版社，1986 年 5 月出版），頁 392～404。

42. 單遠慕，〈論北宋時期的花石綱〉，《史學月刊》，1983 年第六期，1983 年
11 月出版，頁 22～29。

43. 程民生，〈宋代糧食生產的地域差異〉，《歷史研究》，1991 年第二期，1991
年 4 月出版，頁 120～132。

44. 程光裕，〈宋代川茶之統治與博馬〉，收入吳智和主編，《中國茶藝論叢》
第一輯上冊（臺北：大立書局，民國 76 年 3 月再版），頁 65～135。

45. 程溯洛，〈南宋的車船和海船桅杆的裝置及使用如何？〉，《歷史教學月
刊》，1956 年 5 月號，頁 55。

46. 楊希義，〈略論唐代的漕運〉，《中國史研究》，1984 年第二期，1984 年 2
月出版，頁 53～65。

47. 楊育鎂，〈元代的漕運〉，《淡江學報》第二十四期，民國 75 年 4 月出版，
頁 35～56。

48. 鄒逸麟，〈宋代惠民河考〉，《開封師院學報》，1978 年第五期，1978 年
10 月出版，頁 64～72。

49. 漆俠，〈宋代市舶抽解制度〉，《河南大學學報》，1985 年第一期，1985 年
1 月出版，頁 19～22。

50. 齊濤，〈巡院與唐宋地方政體的轉化〉，《文史哲》（山東大學），1991 年
第五期，1991 年 9 月 24 日出版，頁 28～30。

51. 趙雅書，〈宋代以絲織品作為賦稅的收入與支出情況〉，收入宋史座談會
主編，《宋史研究集》第十七輯（臺北：國立編譯館，民國 77 年 3 月初
版），頁 299～354。

52. 趙葆寓，〈宋朝的和買演變為賦稅的歷史過程〉，《社會科學戰線・歷史學》

第二期，1982 年出版，頁 131～136。

53. 鄭世剛，〈北宋的轉運使〉，收入鄧廣銘、酈家駒等主編，《宋史研究論文集》，頁 319～345。

54. 黎沛虹、紀萬松，〈北宋時期的汴河建設〉，《史學月刊》，1982 年第一期，1982 年 1 月出版，頁 24～31。

55. 劉子健，〈以財持國的宋代〉，《歷史月刊》第三十二期，民國 79 年 9 月出版，頁 57～59。

56. 劉孔慶，〈花石綱始置年代考〉，《中州學刊》，1986 年第一期，1986 年 1 月 15 日出版，頁 109。

57. 韓茂莉，〈宋夏交通道路研究〉，《中國歷史地理論叢》第六輯，1988 年 1 月出版，頁 141～152。

58. 韓桂華，〈論宋代官府工場之組織及其類別〉，《史學彙刊》第十二期，民國 72 年 10 月出版，頁 189～225。

59. 魏天安，〈宋代布帛生產概觀〉，收入鄧廣銘、酈家駒等主編，《宋史研究論文集》，頁 96～111。

二、日文

（一）專書

1. 中嶋敏，《東洋史學論集－宋代史研究とその周邊－》，東京：汲古書院，昭和 63 年（1988）5 月發行，686 頁。

2. 宋史研究會編，《宋代の社會と文化》，東京：汲古書院，昭和 58 年（1983）發行，309 頁。

3. 青山定雄，《唐宋時代の交通と地誌地圖の研究》，東京：吉川弘文館，昭和 38 年（1963）3 月發行，639 頁。

4. 東一夫，《王安石新法の研究》，東京：風間書房，昭和 45 年（1970）4 月發行，1054 頁。

5. 東洋文庫宋代史研究室編修，《青山博士古稀紀念宋代史論叢》，東京：省心書房，昭和 49 年（1974）9 月 25 日發行，493 頁。

6. 長瀨守，《宋元水利史研究》，東京：國書刊行會，昭和 58 年（1983）1 月發行，765 頁。

7. 周藤吉之，《宋代經濟史研究》，東京：東京大學出版會，1962 年 3 月發行，827 頁。

8. 周藤吉之，《唐宋社會經濟史研究》，東京：東京大學出版會，1965 年 3 月發行，941 頁。

9. 星斌夫，《大運河發展史》，東京：平凡社，1982 年出版，408 頁。

10. 曾我部靜雄，《宋代財政史》，東京：大安株式會庄，1966 年 6 月再版發行，498 頁。

11. 梅原郁編，《中國近世の都市と文化》，京都：京都大學人文科學研究所，昭和 59 年（1984）3 月發行，518 頁。

（二）論文

1. 小岩井弘光，〈宋代錢塘江流域の交通について〉，《東洋史論集》第一輯，昭和 59 年（1984）1 月 15 日發行，頁 132～157。

2. 日野開三郎，〈五代藩鎮の舉絲絹と北宋朝の預買絹〉，《史淵》十五、十六輯，昭和 12 年（1937）3 月 30 日、7 月 5 日發行，頁 101～136、62～92。

3. 本田治，〈宋代杭州及び後背地の水利と水利組織〉，收入梅原郁編，《中國近世の都市と文化》，頁 125～151。

4. 石原道博，〈支那漕運史研究の覺書〉，《歷史學研究》第七卷第十二號，昭和 12 年（1937）12 月出版，頁 63～74。

5. 青山定男，〈唐宋時代の轉運使及び發運使に就いて〉，《史學雜誌》第四十四編第九號，昭和 8 年（1933）9 月出版，頁 35～59。

6. 梅原郁，〈南宋の臨安〉，收入梅原郁編，《中國近世の都市と文化》，頁 1～33。

7. 斯波義信，〈宋代運船業の基礎構造〉，《東洋史研究》第二十四卷第四號，昭和 41 年（1966）3 月出版，頁 77～97。

8. 斯波義信，〈宋都杭州の商業核〉，收入梅原郁編，《中國近世の都市と文化》，頁 35～63。

9. 橋本絋治，〈南宋における漕運の特殊性について－北邊の軍糧調達における漕運の役割－〉，收入東洋文庫宋代史研究室編修，《宋代史論叢》（青山博士古稀紀念），頁 339～369。

10. 藤田元春，〈支那大運河の地理學的考察〉，《史林》第十一卷第三號，昭和元年（1926）7 月出版，頁 35～58。

11. 礪波護，〈三司使の成立について－唐宋の變革と使職－〉，《史林》第四十四卷第四號，昭和 36 年（1961）7 月出版，頁 125～149。

三、英文

1. J. W. Haeger: *Crisis and Prosperity in Sung China*, Arizona Univ. Press, 1975.

2. Lo, Winston W.（羅文）：*Szechwan in Sung China: A Case Study in the Political Integration of the Chinese Empire*, Taipei: Chinese Culture Univ. Press, 1983.

圖六：北宋時期全圖

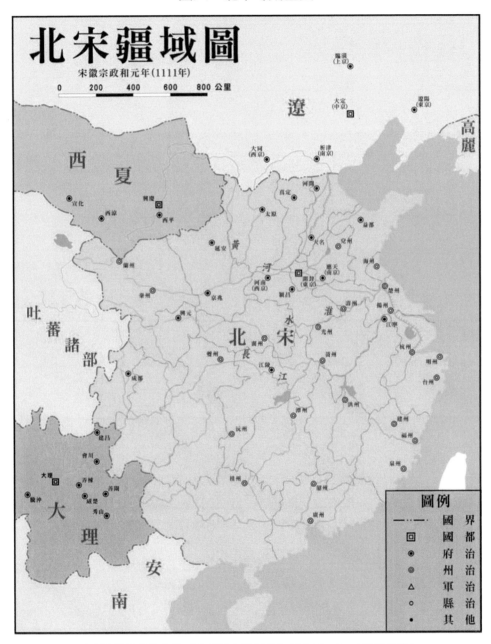

（本圖據譚其驤主編《中國歷史地圖集》第六冊，3～4圖版重繪）

圖七：南宋時期全圖

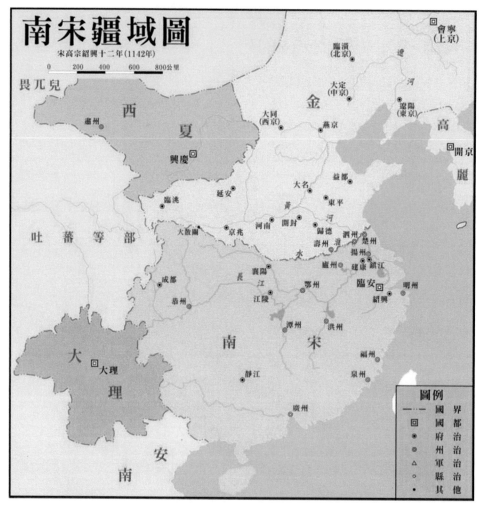

（本圖據《中國歷史地圖集》第六冊，44～45 圖版重繪）